Hilja Müller

Philippinen
Ein Länderporträt

Hilja Müller

Philippinen
Ein Länderporträt

Ch. Links Verlag, Berlin

Auch als ebook erhältlich

Die Deutsche Nationalbibliothek verzeichnet
diese Publikation in der Deutschen Nationalbibliografie;
detaillierte bibliografische Daten sind im Internet über
www.dnb.de abrufbar.

1. Auflage, September 2019
© Christoph Links Verlag GmbH
Schönhauser Allee 36, 10435 Berlin, Tel.: (030) 44 02 32-0
www.christoph-links-verlag.de; mail@christoph-links-verlag.de
Reihengestaltung: Stephanie Raubach, Berlin
Lektorat: Philipp Kaufmann, Ch. Links Verlag
Karte: Peter Palm, Berlin
Satz: Eugen Bohnstedt, Ch. Links Verlag
Druck und Bindung: Druckerei F. Pustet, Regensburg
Gedruckt auf säurefreiem, alterungsbeständigem Papier

ISBN 978-3-96289-066-7

Inhalt

Vorwort	9
Von der Schwierigkeit, ein Volk zu sein	13
Pinoys, Chinoys und noch viele mehr	13
Ethnische Minderheiten, nationaler Rassismus	15
It runs in the family	19
Die vom Müll leben	22
Chinoys – eine Klasse für sich	26
Personenkult auf Philippinisch	29
Familie und Geschlechterrollen –	
ein Spagat zwischen Tradition und Moderne	37
Familie ist alles	37
Frauen meistern viele Rollen	40
Filipinas mit Mut und Visionen	43
Männer und Machismo	45
Lola und Lolo – vom Ehrenplatz im Alter	48
Freunde fürs Leben	51
(Aber-)Glaube und Religion	53
Statthalter des Vatikan in Asien	53
Die Missionierung des Archipels	56
Teufelswerk im 21. Jahrhundert	58
Gottesdiener als Aufrührer und Vorkämpfer	62
Religionsfreiheit und Islam	64
Und dann sind da noch …	68
Wunderheiler und Geisterglaube	69

Fremdherrschaft und Demokratieversuche 74
Spanien bringt Siedler, Missionare
  und das Encomienda-System 74
Der Freiheitskampf der Filipinos 77
Geheimverhandlungen, Scheingefechte und
  viel Geld – Amerika verdrängt Spanien 78
Japanische Schreckensherrschaft und die Folgen 80
Die Unabhängigkeit 83
Diktatur und Revolution 85
Ein Neuanfang mit Schwächen 86
Der alte starke Mann 89
Nur ein Abschied auf Zeit 96

Licht und Schatten 100
Helden der Arbeit 100
Im Schatten des Wirtschaftswachstums 108
Korruption, Nepotismus und Bürokratie 112
Die Medien im Visier der Mächtigen 115
Und jetzt das – der IS im Süden 119
Zuckerbrot und Peitsche 122

Klima und Umwelt(sünden) 130
Leben am Taifungürtel 130
Unberechenbarer Feuerring 132
Bedrohung durch den Klimawandel 135
Umweltsünden im Paradies 136
Tourismus – Segen und Fluch zugleich 139
Bergbau – großer Reibach, kleiner Lohn 146
Da geht noch was: Erneuerbare Energien
  statt Kohlekraftwerke 149
Grüne Philippinen 152

Mabuhay – als Fremde(r) im Archipel	155
Reise ins Ungewisse	155
Backpacker, Taucher, Honeymooner	157
Bloß nicht hingucken	159
Und wie viele Jahre bleibt ihr?	161
Als Auswanderer auf die Philippinen	166
Hochgezogene Augenbrauen zur Begrüßung	168
Die unendliche Langsamkeit der Tropen	173
Die Kunst des Frohsinns	174
Spieglein, Spieglein an der Wand	180
Keine Angst	184
Ungeschriebene Gesetze	187
Nachwort	191
Anhang	
Dank	193
Literatur, Zeitschriften, Filme	193
Basisdaten	198
Karte	199

Vorwort

Die Philippinen sind schwer zu fassen – bereits der Name deutet an, dass es sich nicht um ein homogenes Land handelt. Die Philippinen, das sind mehr als 7000 Inseln mit einer schnell wachsenden, ganz überwiegend jungen Bevölkerung. Langgestreckt liegt der Archipel zwischen dem südchinesischen Meer und dem Pazifik. Die knapp 106 Millionen Bewohner sind je nach Herkunftsinsel so unterschiedlich wie Nord- und Südeuropäer, Ethnologen haben 180 Sprachen und Dialekte gezählt. Mehr als 400 Jahre war das Land fremdbestimmt – Spanier, Amerikaner und Japaner hinterließen tiefe Spuren im Gefüge einer ohnehin nicht einheitlichen Nation. Im Süden, auf Mindanao, hat sich der Islam gehalten. Im Rest des Archipels dominiert die katholische Kirche. Wunderheiler müssen nie auf Kunden warten, für nahezu alles haben die Filipinos eine abergläubische Deutung parat.

Als ich meinen Herausgeber Ende 2001 über unser Vorhaben informierte, nach Manila umsiedeln zu wollen, reagierte er begeistert: »Sie werden dort leben wie eine Königin!«, freute sich der distinguierte Zeitungsmann. Wie sich herausstellte, hatte er als Kind selbst in der philippinischen Hauptstadt gelebt, und schwelgte in Erinnerungen an tropische Gärten und Haushaltshilfen. Mein Chefredakteur sah die Sache ganz anders: »Sie sind wohl verrückt geworden! Das ist doch viel zu gefährlich! Was wollen Sie denn da?« Sein Wissen über vermeintliche Gefahren, die in dem südostasiatischen Archipel lauerten, stammte nicht aus eigener Erfahrung, sondern aus den Agenturmeldungen, die über seinen Tisch gingen.

Die Reaktionen meiner Vorgesetzten spiegelten wider, welches Image die Philippinen auch heute noch in Deutschland haben.

Tropenparadies für die einen, Land voller Widrigkeiten für die anderen. Und mittendrin dann wir, im Frühjahr 2002. Ein Paar Mitte 30, mit einer 20 Monate alten Tochter. Der Beruf meines Mannes hatte ihm ein Angebot beschert, das wir nach vielen Diskussionen annahmen. Wir kündigten unsere Jobs, sahen mit gemischten Gefühlen zu, wie sich unser Mobiliar auf die zweimonatige Reise nach Manila machte, und katapultierten uns heraus aus der vertrauten, soliden deutschen Welt. Es war kein lang gehegter Traum, der nach zähem Ringen in Erfüllung ging. Eher das Gebot, eine Chance zu ergreifen, die einem unversehens in den Schoß gefallen war. Und als eine Chance sahen wir es, trotz aller wohlgemeinten Warnungen. Für einige Jahre in Asien zu leben, jenem ebenso dynamischen wie vielfältigen Kontinent. In einem Inselreich, dessen offizielle Sprache Englisch ist, und dessen Bewohner bekannt sind für ihre Gastfreundschaft. Ein ideales Land für Asien-Einsteiger also.

Die ersten Monate waren dennoch voller Stolpersteine. Unvergessen der erste Tag unserer Haussuche. Der Makler zeigte uns einen großen Neubau, der kurz vor der Fertigstellung war. Wir wandelten durch viele Räume, lugten in Badezimmer und Küchen. Vom großen Balkon im zweiten Stock sah man auf einen prächtigen Garten und einen noch leeren Pool. »Und wie viele Familien sollen hier mal wohnen?«, fragte ich schließlich unbedarft. Ich wollte gern ganz oben wohnen, wegen des Balkons. »Ma'am?«, kam es vom Makler verwirrt zurück, »ich verstehe Ihre Frage nicht. Sie wären natürlich die einzigen Bewohner.« Mehrfamilienhäuser für gutbezahlte Ausländer, so etwas gab es schlicht nicht. Mein Herausgeber und seine Königin-Prophezeiung fielen mir ein. Am Ende unserer Suche war ein Apartment der moderatere Kompromiss.

Wir waren angekommen in unserem neuen Leben in Manila, diesem Millionen-Moloch, in dem Tag und Nacht das Leben brodelt. Statt trillernder Nachtigallen am Mainufer hörten wir jetzt Hähne in der Nachbarschaft krähen. Jahreszeiten wurden ersetzt durch gleichmäßig hohe Temperaturen, mal mehr, mal weniger schwül. Tages- und Nachtstunden hielten sich das ganze Jahr über nahezu dauerhaft die Waage. Die Hitze, die mit Menschen und Vehikeln aller Art vollgepackte Stadt, eine permanente Kakophonie bekannter und unbekannter Geräusche, Luftverschmutzung und die offenkundige Armut vieler Bewohner – Manila ist eine aufreibende Stadt, das lernten wir sehr schnell. Oft fiel mir die fassungslose Frage meines Chefredakteurs ein: »Was wollen Sie denn da?« Für mich war sie ein Antrieb, mich nicht abschrecken zu lassen von den Unbequemlichkeiten und der Fremdheit, die man als Mitteleuropäer in Südostasien empfinden kann. Zumindest, wenn man für mehr als drei Wochen Urlaub kommt.

Die Philippinen stehen vor großen Herausforderungen. Die sozialen Ungleichheiten sind groß und wachsen. Mächtige Familienclans haben seit der spanischen Kolonialzeit ungeheuren Reichtum angehäuft, während knapp ein Viertel der Bevölkerung unterhalb der Armutsgrenze lebt. Ein gnadenloser Präsident hat 2016 einen mörderischen Drogenkrieg entfesselt, der täglich mehr Opfer fordert. Das bescherte den Philippinen viele Schlagzeilen und verstärkte das negative Image, dass es »bei denen« gefährlich zugeht. Der Klimawandel trifft den Archipel schon heute stark und könnte ihn existenziell bedrohen. In den machtpolitischen Auseinandersetzungen zwischen den Großmächten China, den Vereinigten Staaten und Japan sowie anderen Nationen in der Region des südchinesischen Meeres kommt den Philippinen eine wichtige Rolle zu.

All diese Probleme gibt es natürlich, und nicht zu knapp. Aber es gibt auch die anderen, die schönen Seiten, die in jedem Reiseführer zu Recht gepriesen werden. Die ehrliche Neugier und warme Herzlichkeit vieler Menschen, ihre Lust zu feiern und zusammen Spaß zu haben. Den natürlichen Reichtum des Landes, unter und über Wasser. Die üppigen Gaben tropischer Fruchtbäume und verschwenderisch blühende Pflanzen. Als Ausländer, der die Philippinen begreifen will, muss man mitunter über seinen Schatten springen. Seit inzwischen zehn Jahren übe ich mich darin. So manches, was ich gesehen habe, hat mir missfallen.

Doch häufiger gab es wundervolle Momente, die sich als einmalig einprägten.

Letztlich hatten beide recht, mein Herausgeber ebenso wie mein Chefredakteur. Und zwischen den beiden Extremen finden sich die Philippinen in all ihrer verwirrenden, wunderbaren, auch anstrengenden Vielschichtigkeit. Mein Versuch wird es sein, in diesem Buch einige Facetten begreifbarer zu machen. Dabei würde ich mir nicht anmaßen, Land und Leute umfassend zu verstehen. Ich glaube, dass ich sehr viel beobachtet und gelernt habe. Dass mich meine Arbeit an Orte gebracht hat, die andere Ausländer wohl nicht aufsuchen würden. Die vielen Gespräche mit Filipinos aus allen Schichten haben mich im Kern begreifen lassen, was die Philippinen und ihre Bewohner ausmacht. Eine Annäherung an die Philippinen ist möglich und sie entfacht die Neugier auf diese Inselwelt und seine Bewohner immer wieder aufs Neue. Vielleicht wird das auch bei Ihnen so sein. Es wäre schön, denn die Philippinen sind es wert, entdeckt zu werden.

Von der Schwierigkeit, ein Volk zu sein

Pinoys, Chinoys und noch viele mehr

Die Philippinen sind ein ganz besonderes Land. Es lässt sich nicht vergleichen mit den Regionen in Europa, Zentralasien oder den USA. Was nicht nur daran liegt, dass die Philippinen im Gegensatz zu jenen Staaten ein tropisches Entwicklungsland mit kolonialer Vergangenheit sind. Vielmehr ist der zweitgrößte Archipel unseres Planeten, der sich auf einer Länge von 1850 Kilometer zwischen dem Pazifik im Osten und dem Südchinesischen Meer und der Sulu-See im Westen erstreckt, von einer faszinierenden Vielfalt. Im Laufe der Jahre war ich in den wundersamen Kordilleren Nord-Luzons unterwegs, habe Vulkane bestiegen, bin durch die fruchtbaren Ebenen Luzons gereist oder in Regenwäldern von Moskitos zerstochen worden. Von den europäisch anmutenden Dünenlandschaften bei Laoag war ich überrascht, die pulverfeinen Strände Palawans oder Boracays haben die von Reiseführern hochgesteckten Erwartungen durchaus erfüllt. Die atemberaubende Unterwasserwelt hat mich in den Visayas ebenso in den Bann gezogen wie vor Mindoro oder Mindanao.

Doch sind es nicht nur die mannigfachen Landschaften, die außerordentlichen Vegetationszonen und die exotische Flora und Fauna, die die Philippinen so außergewöhnlich machen. Es sind in erster Linie die Menschen, die sich auf etwa 2000 der 7641 Inseln angesiedelt haben. Denn der Archipel wird keinesfalls von einer homogenen Nation bewohnt, sondern von äußerst unterschiedlichen Volksgruppen. Es sind die Nachfahren alt- und jungmalaiischer Einwanderer, in deren Ahnentafeln indische, arabische oder chinesische Händler, spanische Kolonialherren sowie amerikanische und japanische Besetzer auftauchen können. Um die 100 ethnische Gruppen, so schätzen Fachleute, sollen heute in dem südostasiatischen Inselstaat leben. Es mag daher nicht verwundern, dass die Bewohner der majestätischen Reisterrassen und abgelegenen Täler in Nord-Luzon in etwa so viel mit ihren Landsleuten auf den weit im Süden des Archipels gelegenen Sulu-Inseln gemein haben wie Skandinavier mit Südeuropäern. Sprache, Religion, Kultur, Tradition – die Unterschiede manifestieren sich auf vielerlei Art.

Dennoch gibt es einen Sammelbegriff für die etwa 106 Millionen Bewohner der philippinischen Inselgruppen. Oder um genau zu sein, gibt es mehrere, wie ich nach anfänglicher Verwirrung verstand: Im offiziellen, englischen Sprachgebrauch heißen sie Filipinos. Sie selbst bezeichnen sich aber als Pilipinos oder abgekürzt als Pinoys – in der zweiten Landessprache Tagalog kommt der Buchstabe F nicht vor und wird durch ein P ersetzt. Geht es um Frauen, so heißen sie Pilipinas oder Pinays. Kommt das Gespräch auf die Nachfahren der chinesischen Einwanderer, ist von Chinoys beziehungsweise Chinays die Rede, chinesische Pinoys oder Pinays eben.

Diese unterschiedlichen Bezeichnungen für ein- und dasselbe Volk sind indes nur die Spitze des Eisbergs. Das Abstammungs- und Zugehörigkeitsdurcheinander spiegelt sich in der Vielfalt der in der Inselwelt benutzten Sprachen wider: Das statistische Amt der Philippinen listet 180 auf, darunter sind allerlei Dialekte, die nur noch von wenigen Tausend Menschen gesprochen werden. Die größte Sprachgruppe mit einem Anteil von knapp 30 Prozent der Gesamtbevölkerung sind demnach die Tagalog, die vor allem auf Zentral- und Südluzon, auf Mindoro und Marinduque leben. Etwa ein Fünftel der Gesamtbevölkerung spricht Cebuano oder Bisayan, sie sind auf den Visayas-Inseln Cebu, Bohol, Leyte und der westlichen Inselgruppe Palawan ansässig. Die Fünf-Prozent-Marke überspringen die Ilokano auf Zentral- und Nordluzon, die Ilonggo auf Panay, Guimaras, Teilen von Negros und Palawan und die Bikol, die den Süden Luzons, Masbate, Romblon und Cataduanes bevölkern.

All das wusste ich aus Büchern, die ich vor unserer Ankunft

in Manila gelesen hatte. Es war ein wenig einschüchternd, denn außer Deutsch, verschüttetem Schul-Französisch und Grundstudium-Spanisch hatte ich nur leicht poliertes Englisch in meinem Sprachköcher. Doch die Reiseführer hatten auch in einem anderen Punkt Recht, wie ich schnell erleichtert feststellte: Das Sprach-Potpourri des Archipels offenbart sich in der Hauptstadt nicht, was es zwar weniger spannend, das Einleben aber deutlich leichter macht.

Die Metropole wird von der landesweit größten Volksgruppe der Tagalog dominiert, deren Idiom seit 1937 auch offiziell Nationalsprache ist. Und – welch Glück für einen westlichen Neuankömmling! – Englisch ist seit der amerikanischen Kolonialzeit die Lingua Franca. »Mach dir gar nicht erst die Mühe, Tagalog zu lernen«, riet mir kurz nach meiner Ankunft eine wohlmeinende Ausländerin mit mehrjähriger Philippinenerfahrung, »sobald du auf eine der Inseln fährst, sprechen die Leute dort lieber ihren eigenen Dialekt. Mit Englisch kommst du irgendwie immer durch.«

Ethnische Minderheiten, nationaler Rassismus

Eine Erfahrung, die bereits darauf hindeutet, dass nicht alles Friede, Freude, Eierkuchen ist im sonnigen Inselparadies. Denn anstatt ihre kulturelle Vielfalt zu schätzen und zu schützen, äußern sich viele Filipinos desinteressiert oder abfällig über die ethnischen Minderheiten im Lande. Die per Gesetz verordnete Spracheinheit reicht nicht aus, um aus diesem Vielvölkerstaat eine homogene Gemeinschaft zu machen. Im Gegenteil, bereits seit den spanischen Eroberern, die die Philippinen mehr als 300 Jahre lang dominierten, werden die Ureinwohner des Archipels verachtet und diskriminiert, in der Regel zumindest ignoriert.

Mehrere Dutzend Stämme leben verteilt auf den Inseln, sie halten an den Traditionen, Gebräuchen und Dialekten ihrer Vorfahren fest, ihr Glaube basiert oft auf animistischen Ritualen oder einer tief verwurzelten Ahnenverehrung. Mehr als zehn Prozent der Gesamtbevölkerung sollen ethnischen Minderheiten angehören, die unterschiedlicher nicht sein könnten. Die kriegerischen Igorot leben in den Kordilleren Luzons, die sanften Mangyan verstecken sich in den dichten Bergwäldern Mindoros, stolze T'boli finden sich auf Mindanao, während die Badjao als kundige Seenomaden unter sich bleiben. Die kleinwüchsigen, scheuen Negritos, Nachfahren der ersten Einwanderer, leben im ganzen Archipel verteilt. Trotz aller Unterschiede eint die ethnischen Minderheiten, deren Zahl immerhin bei 14 Millionen liegen soll, von ihren »modernen« Landsleuten ausgegrenzt zu werden. Bis auf wenige, individuelle Ausnahmen fristen sie ein Dasein am äußersten Rand der philippinischen Gesellschaft.

Während meiner regelmäßigen Besuche auf der Insel Mindoro beobachte ich es immer wieder: In der Abenddämmerung, wenn die Boote der zahlreichen Tauchressorts wieder vertäut sind und die lokalen Fischer ihr Tagewerk lange beendet haben, tauchen scheue Gestalten scheinbar aus dem Nichts auf. Im Schlick einer Mangrovenbucht suchen sie nach Muscheln oder fangen kleine Fische im seichten Wasser. Was sie an Essbarem finden, kommt in mitgebrachte Plastiktüten. Sie gehen jedem Kontakt aus dem Weg. Am liebsten, so scheint es, wären sie unsichtbar. Mein vom Steg gerufenes »Hello, how are you?« wird nur mit einem kurzen, vorsichtigen Seitenblick beantwortet.

»Das ist kein Wunder«, meint Ewald Dinter, »diese Menschen haben allen Grund, misstrauisch zu sein.« Seit mehr als 30 Jahren lebt der Pater der Steyler Missionare bei den Ureinwohnern Mindoros, den Mangyanen. Genauer gesagt, bei den Hanunóo, einem der acht Stämme dieser Volksgruppe. Mangyan, das bedeutet Mensch. Doch von ihren Landsleuten werden die Mangyanen behandelt wie Untermenschen, Ewald Dinter kennt deren Nöte sehr genau. Früher hätten die Ureinwohner an den Küsten Mindoros gelebt, erzählt er, doch sich dort ansiedelnde Filipinos hätten die Mangyan mittels Gewalt oder Betrug von ihrem Land vertrieben. »Ihnen blieb nichts anderes übrig, als sich in die unwegsamen Bergwälder zurückzuziehen, wo das Überleben schwer ist«, wie der Deutsche aus eigener Erfahrung weiß.

Er hat eingewilligt, mich mitzunehmen zu einer kleinen Ansiedlung im Hinterland. Der Weg führt steil bergauf, weg von der schmalen Küstenstraße. Zunächst ist er noch mit Zementplatten belegt, danach gibt es nur noch einen ausgetretenen Pfad. Es ist schwül und heiß, Moskitos sirren um uns herum. Nach einer Dreiviertelstunde tauchen die ersten kleinen Hütten auf, sie sind aus Holz, Bambus und Palmwedeln gebaut. Hühner picken im Staub, dünne Hunde stromern herum, eine Kinderschar lugt scheu aus einer Hütte. Ich fühle mich fehl am Platz: zu groß, zu gut angezogen, zu fremd. Ewald Dinter beruhigt die Mangyanen, die vorsichtige bis abweisende Blicke in meine Richtung werfen. Ich sei nur zu Besuch und hätte keine bösen Pläne, sagt er in der Stammessprache. Einige Frauen sitzen vor den Hütten und flechten Korbwaren, es ist ihre einzige regelmäßige Einkommensquelle. Aber beim Verkauf der delikat gemusterten Schalen, Untersetzer und Behälter werden sie häufig betrogen. Geschäftstüchtige Filipinos erstehen das langlebige Kunsthandwerk zu einem Spottpreis und machen beim Wiederverkauf in den Urlauberorten Mindoros oder der Hauptstadt Manila einen Riesengewinn.

»Die Filipinos haben keinen Respekt vor den Mangyanen, sie halten sie für dumme Tölpel aus dem Urwald«, ärgert sich Dinter. Der über 80-jährige Priester hat es sich zur Lebensaufgabe gemacht, den Ureinwohnern Mindoros zu helfen. In den vergangenen Jahrzehnten konnte er viele Initiativen erfolgreich vorantreiben. Eine Säule seines Programms ist Bildung – der Deutsche baute mit Spendengeldern Schulen und schuf ein Erwachsenenbildungsprogramm. Nicht wenige seiner Schützlinge schaffen es dank Stipendien tatsächlich zur Universität oder an weiterführende Schulen, sie kehren als Lehrer oder Krankenpfleger nach Mindoro zurück. Filipinos, die so wenig für Mindoros Ureinwohner übrighaben, nehmen dies mit Staunen auf – als der erste Mangyan im Jahr 2000 sein Anwaltsdiplom erhielt, war das den nationalen Medien dicke Schlagzeilen wert.

Im Herbst 2018 kam ich bei einer kurzen Wanderung wieder mal durch eine Mangyan-Siedlung. Obgleich Jahre vergangen waren seit dem Besuch in einem anderen Mangyan-Dorf mit Ewald Dinter an meiner Seite, war es in vielerlei Hinsicht ein Déjà-vu: Die Hütten armselig, kein Strom, Wasser tröpfelte aus einem Schlauch. Es roch stark nach Rauch, eine alte Frau kochte auf einem Holzfeuer. Auf meinen Gruß nickte sie mit dem Kopf. Dünn gerubbelte Wäsche hing auf einer zwischen Palmen gespannten Leine. Drei Jungen beäugten mich, getrieben von Neugier, gebremst von Scheu. Hierher verirren sich kaum mal Touristen, auch wenn die Urlauberhochburgen Sabang und Puerto Galera nur eine knappe Stunde Fußmarsch entfernt sind.

Etwas weiter oben am Hang ragen die Dächer weiterer Behausungen aus dem Grün des Bergwaldes. Dort treffe ich auf eine Gruppe Mangyan-Frauen und kleine Kinder, die löchrige Hemdchen und Shorts tragen. Ich frage, ob sie mir ihre Korbwaren zeigen können. Die Verständigung ist schwierig, bis eine junge Mangyan auftaucht. Ihre Kleidung – Jeans und T-Shirt – ebenso wie ihre selbstbewusste Haltung und ihre Englischkenntnisse machen sie sofort zur Verhandlungsführerin. Offenbar kennt sie die Preise, die man von Ausländern verlangen kann. Es wird ein guter Tag für die Frauen, in meinem Beutel verschwinden eine Reihe ihrer ebenso schönen wie nützlichen Korbwaren. Auch ich freue mich, denn die urban gekleidete und selbstsicher auftretende junge Frau hat womöglich in einer von Pater Dinters Schulen das Rüstzeug dafür erlernt, in beiden Welten zu Hause zu sein, in jener ihres Stammes ebenso wie in jener der modernen Filipinos.

Es sind zaghafte Schritte, mit denen die Bemühungen um eine gleichberechtigte Stellung der indigenen Völker vorankommen, wie Senatorin Loren Legarda nicht müde wird zu betonen. Die Politikerin, die sich seit vielen Jahren mit Vehemenz für die Rechte der ethnischen Minderheiten einsetzt, forderte 2017 in einer Rede: »Die philippinischen Ureinwohner sind der Inbegriff unserer Traditionen, unserer Fertigkeiten und unserer Kreativität. Wir müssen sie in die Lage versetzen, dass sie unerlässliche und produktive Mitglieder unserer Gesellschaft werden können.« Vorerst wird dies nur Wunschdenken bleiben. Die seit der spanischen Kolonialzeit übliche abschätzige Haltung gegenüber ihren indigenen Landsleuten ist im Handeln und Denken der Filipinos auch im 21. Jahrhundert noch tief verwurzelt.

It runs in the family

Ganz am oberen Ende der gesellschaftlichen Hierarchie finden sich einige Dutzend Familien, deren Vorfahren zumeist schon während der spanischen Kolonialzeit die Fundamente für die heutigen Imperien dieser sehr kleinen Oberschicht geschaffen hatten. Die Clans der Ayalas, Cojuangcos, Lopez', Tans, Sys oder Aboitiz' – um nur ein paar zu nennen – besitzen riesige Ländereien, kontrollieren ganze Wirtschaftszweige und spielen auch in der Politik, aktiv oder passiv, eine gewichtige Rolle. Kaum anderswo in Südostasien klafft die Schere zwischen arm und reich, mächtig und unterdrückt, so weit auseinander wie auf den Philippinen. Den reichsten zehn Prozent der Bevölkerung sollen mehr als 50 Prozent der Vermögenswerte des Landes gehören.

Im Jahr 2019 finden sich 17 philippinische Milliardäre auf der Forbes-Liste der weltweit reichsten Menschen, viele davon haben chinesische Nachnamen. Als Mitteleuropäer reibt man sich verwundert die Augen ob des extravaganten Lebensstils der Oberklasse in einem Land, in dem etwa ein Viertel der Bevölkerung unterhalb der Armutsgrenze lebt. Es wird jedes aus Hollywood-Filmen bekannte Klischee bedient: Selbst in den von Mauern umgebenen und von Wachleuten rund um die Uhr beschützten »Villages« der Hauptstadt, in denen sich Diplomaten, Leute mit sehr guten Einkommen oder vermögende Familien ein Haus leisten können, fallen die pompösen – zum Teil aber auch furchtbar kitschigen – von großen tropischen Gärten umgebenen Villen der Oligarchen auf. Im Hof steht oft ein ganzer Fuhrpark von schweren Straßenkreuzern und flotten Flitzern, gern Made in Germany. So kann das Fahrverbot, mit dem jedes Fahrzeug in der Hauptstadt einen Tag pro Woche belegt ist – eine vergebliche Maßnahme, um die schlechte Luftqualität in der Metropole zu verbessern – umgangen werden. Um die prächtigen Anwesen und das Wohlergehen der Bewohner bemühen sich eine ganze Schar von Angestellten: Bodyguards, Fahrer, Haushaltshilfen, Köchinnen, Kindermädchen, Gärtner und Poolboys.

Der Nachwuchs der Superreichen geht auf die besten Schulen des Landes und studiert gern an den prestigeträchtigsten Universitäten in den USA. Von klein auf führen die Kinder der Oberschicht ein Leben im Überfluss, in dem Geld keine Rolle spielt. Zu ihren Geburtstagen laden sie nicht nur gute Freunde ein, sondern gleich den ganzen Jahrgang ihrer Schule. So kamen auch wir in Kontakt mit dieser Welt. Unsere Kinder besuchten eine internationale Schule und wurden ab und an zu einer solchen Megaparty im Disneystil eingeladen.

Zur Bespaßung der oft mehr als 100 Grundschüler standen typischerweise Clowns, Akrobaten und Zauberer bereit. An einem guten Dutzend Essständen konnten sich die kleinen Gäste nach Lust und Laune selbst versorgen – begeistert stopften sie sich mit Burgern, Pizza, Spaghetti, Eis, Kuchen und Donuts voll. Eine kleine Armee von Kindermädchen, sogenannten Yayas, kümmerte sich um die aufgedrehten Partybesucher, die auf Trampolinen oder aufblasbaren Rutschburgen etwas Energie abließen. Am Ende des Spektakels gab es dann sogenannte *giveaways,* Abschiedsgeschenke. Immer haben diese den Wert des von uns besorgten Geburtstagspräsents überstiegen. Gastgeber, die besonders auftrumpfen wollten, gaben den Kleinen einen neuen besten Freund mit nach Hause: Eine Freundin schickte mir einst eine aufgeregte SMS: »Hilfe, wir haben gerade einen Dalmatiner-Welpen bekommen!« Wir hatten da mehr Glück: Außer einem Plastikbeutel voller kleiner Fische sind uns lebende Geschenke erspart geblieben.

Es steht außer Frage, dass die extreme Ungleichheit auf den

Philippinen auf absehbare Zeit bestehen bleiben wird. Auch wenn einzelne Mitglieder der mächtigen Clans ihren Namen und ihre Ressourcen nutzen, um sich engagiert als Umweltschützer oder Menschenrechtler einzusetzen. Auch wenn einige Familien Stiftungen unterhalten, durch die zum Beispiel großzügig Geld in die Ausbildung benachteiligter Kinder fließt. Am System einer Drei-Klassen-Pyramide, deren Sockel eine sehr breite arme Schicht bildet, auf der eine schmale, allmählich wachsende Mittelschicht sitzt, die von einer kleinen Spitze der Reichen und Mächtigen gekrönt ist, wird sich nichts ändern.

Dafür sorgt auch die politische Einflussnahme, die der Oberschicht sicher ist. Denn politische Ämter, ob auf lokaler oder nationaler Ebene, werden auf den Philippinen quasi vererbt. Tritt ein Familienmitglied ab, steht ein anderes bereit, die freiwerdende Position zu übernehmen. Qualifikationen spielen kaum eine Rolle, Geld schon eher. Denn mit wenigen Pesos lassen sich in den Armenvierteln problemlos Stimmen kaufen – der einfachste Weg, auf den Philippinen Wahlen zu gewinnen. Die Demokratie des Inselstaates wird wie vieles andere bestimmt von Korruption und Kungelei, und so ist es kein Wunder, dass die Geschicke des Landes seit Generationen von den gleichen Familien gelenkt werden.

Und wer mal in große Fußstapfen treten soll, wird früh darauf vorbereitet. Es war wieder eine jener Kindergeburtstagsfeiern, zelebriert wurde der 6. Geburtstag des Enkels eines früheren Präsidenten der Philippinen. Höhepunkt des Nachmittages war ein Video, in dem populäre Persönlichkeiten dem Zweitklässler bestätigten, was für ein schlaues Kerlchen er sei. Und dass er sicher das Zeug dazu habe, einst die Philippinen zu regieren. Sollten die Vorhersagen wahr werden, bleibt zu hoffen, dass er seinen Job besser machen wird als der Opa. Der ist nämlich wegen allzu offenkundiger Selbstbereicherung den Präsidentenjob vorzeitig losgeworden.

Die vom Müll leben

Auf der Heimfahrt von diesem Großereignis hielten wir bei Rot an einer Kreuzung. Im Nu kamen kleine, zerlumpte Gestalten angelaufen, klopften in der Hoffnung auf einige Pesos an unsere Autofenster und pressten ihre schmutzigen Gesichter an die Scheiben. Sie mochten im selben Alter sein wie das Geburtstagskind, dem gerade eine goldene Zukunft prognostiziert worden war. Doch welche Zukunft haben die Millionen Familien, die auf der Schattenseite dieses Tropenlandes leben? Die ehrliche Antwort ist: eine sehr düstere.

Die von den philippinischen Behörden und internationalen Organisationen veröffentlichten Zahlen, wonach je nach Quelle etwa ein Viertel der Bevölkerung, das heißt, an die 26 Millionen Filipinos, in bitterer Armut lebt, sind bedrückend. Und arm sein auf den Philippinen bedeutet für die Menschen, pro Tag mit etwa einem Euro zu überleben. Sie müssen ohne Strom- und Wasseranschluss auskommen, hausen in kleinen Hütten aus Holz, Pappe, Plastik und Wellblech. Ihre Mahlzeiten bestehen in erster Linie aus Reis, die Kinder müssen schon sehr jung zum Unterhalt der Familie beitragen.

Der Kreislauf des Elends ist kaum zu durchbrechen: Bildung, Jobs, Gesundheits- und Altersversorgung – es mangelt an allem für die Habenichtse. Besonders prekär ist die Situation auf dem Land, am größten ist das Elend allerdings in den muslimisch dominierten Gegenden Mindanaos: Zwei Drittel der Bevölkerung leben hier unter oder an der Armutsgrenze. Aber auch andere Regionen auf Mindanao sowie der Süden Luzons und die Visayas-Inseln sind von deutlich höherer Armut betroffen als die Hauptstadt oder Zentralluzon. Die meisten Menschen sind dort auf Selbstversorgung angewiesen, Jobs sind äußerst rar, die Löhne deutlich geringer als in Manila. Kein Wunder also, dass immer mehr Menschen in der Hoffnung auf ein besseres Leben in die großen Städte ziehen. Die wenigsten haben indes Fortune und finden eine Beschäftigung als Bedienung oder auf dem Bau.

Der Großteil der Landflüchtlinge landet in den stetig wuchernden Slums der Metropolen. In der Hauptstadt wird jeder Quadratmeter Boden besiedelt, in der Regel illegal und in unheilvollen Gebieten. An den Rändern von Flüssen und Kanälen, aus denen bei jedem tropischen Schauer in der Regenzeit stinkendes Wasser über die Ufer tritt und sich durch die Armengebiete wälzt. Am Fuße steiler Abhänge, deren Erdmassen nach Regen und Sturm abrutschen und Hütten unter sich begraben. Neben lauten, mehrspurigen Straßen oder in unmittelbarer Nähe eines Flughafens, wo das Dröhnen der Maschinen jedes Gespräch unmöglich macht. Oder neben einer Müllkippe.

Wer in Manila in ein Taxi steigt, und als Fahrtziel eine Adresse im Stadtteil Tondo nennt, darf sich auf eine Warnung, wenn nicht eine Weigerung des Fahrers einstellen. Denn große Teile Tondos, jenes Viertels am Nordhafen der Hauptstadt, sind ein Epizentrum urbanen Elends. Hier wohnen die Ärmsten der Armen, ihre Wellblechhüttchen türmen sich grotesk auf- und nebeneinander, die verwinkelten Wege sind entweder staubig oder verwandeln sich nach Regenfällen für Tage in übelriechenden Morast. Es stinkt vom nahen Wasserlauf, der nur noch eine Brühe voller Fäkalien und Unrat ist. Und es stinkt von der nebenan liegenden Müllhalde, deren ausströmende Gase die Gesundheit der Anwohner gefährden. Dennoch sind die qualmenden Abfallhaufen die größte Einnahmequelle in der Gegend.

Ein Gebiet in Tondo nennt sich »Happyland« – doch Grund zum Glücklichsein haben die Einwohner hier wenig. Denn tatsächlich ist der Name ein Wortspiel: *hapilan* heißt in der Sprache der Visayas Müllhalde. Gleich daneben liegt »Aroma« – irgendjemand muss einen besonderen Sinn für Humor gehabt haben, als er sich den Namen ausgedacht hat. Die ganze Gegend war früher dominiert von »Smokey Mountain«, der größten Müllhalde der Hauptstadt. Als sie 1995 geschlossen wurde, bauten die Behörden auf dem planierten Gelände temporäre Unterkünfte für die Slumbewohner. Mehr als 20 Jahre später gibt es die nur als Übergangslösung erdachte Siedlung noch immer. Die Menschen sind geblieben, wo sollen sie auch hin? Hier finden sie ein wenn auch minimales Auskommen, denn der Müll ist zurückgekommen.

Wie Ameisen auf ihrem Hügel sind Menschen hier unermüdlich damit beschäftigt, mit einem Stock im Abfall der Millionenstadt zu stochern. Sie suchen nach recyclebaren Dingen wie Papier, Flaschen oder Schrott, für die es bei einem sogenannten Junk Shop einige Pesos gibt. Oder nach dem Höchstgewinn, etwas Essbarem. Das wiederverwerten sie entweder selbst oder verkaufen es als *pagpag*, übrig gebliebenes Essen, das grob gereinigt und nochmal gekocht oder gebraten wird. Etliche der Müllsortierer sind Kinder, die mithelfen müssen, die vielköpfige Familie zu ernähren. Zur Schule gehen viele hier nur ab und zu, der Überlebenskampf ist notwendiger als Bildung.

Dabei ist Bildung die einzige Chance, dem Elend des Slums zu entkommen. Und da die Kinder nicht zur Schule kommen, muss die Schule eben zu den Kindern kommen. Die Philippine Christian Foundation tat genau das und baute 2006 aus ausgedienten Schiffscontainern eine Schule neben Mülhalden. Groß genug, um 1000 Kinder aus den ärmsten Familien der Umgebung zu unterrichten.

Ein Trip nach Tondo ist für jeden, der noch nicht dort gewesen ist, eine emotionale Begegnung mit dem Leben, das so viele Filipinos im Schlund der Hauptstadt meistern müssen. Ich bin da keine Ausnahme: Als ich 2008 das erste Mal auf holprigen Straßen durch Manilas größtes Slumgebiet fuhr und schließlich mit Kleiderbeuteln im Arm die Containerschule betrat, war ich von Scham und Wut erfüllt. Scham darüber, dass es mir so offenkundig blendend ging, gesund und gut ernährt stand ich da im Hof der Containerschule. Wie ein Voyeur der übelsten Sorte fühlte ich mich, gänzlich hilflos angesichts des Elends, das ich auf dem Weg gesehen hatte und das sich hier präsentierte. Um mich herum tobten ausgelassen Kinder jeden Alters, magere Körper in gespendeten Kleidern. Einige trugen abgelegte Uniformen mit den Wappen teurer Privatschulen. Nichts hätte deutlicher machen können: In diesem Land leben unzählige Menschen, die von Geburt an kaum eine Chance haben. Im Gegensatz zu Nachbarländern wie Thailand oder Malaysia, in denen die soziale Ungleichheit in den vergangenen Jahren zurückgegangen ist, geht die Schere auf den Philippinen immer weiter auseinander. Weil Armut auf den Philippinen wie eine Krankheit ist, für die es keine Heilung gibt. Weil sich der Staat nicht ausreichend um die Benachteiligten bemüht. Weil diese Kinder jenen, die auf den Philippinen Einfluss, Macht und Geld haben, lästig sind wie Schmeißfliegen.

In mir keimte eine vielleicht naive Wut über diese himmelschreiende Ungerechtigkeit. Doch bevor sich die Gedanken fertig formen konnten, wurde ich von allen Seiten bedrängt. »Wie heißt du?«, »Wo kommst du her?«, »Wie alt bist du?«, prasselten die Fragen auf mich ein. Diese Kinder, die von Hunger, Hautekzemen und faulenden Zähnen geplagt wurden, strahlten mich an, lachten über mein fremdartiges Aussehen, waren unbändig in ihrer Neugier. Dabei wussten sie, dass ich wieder verschwinden würde in jene Welt, zu der sie keinen Zutritt hatten.

So viel Ausgelassenheit und Lebensfreude in tiefstem Elend zu erleben – das war wohl eine meiner bewegendsten Erfahrungen auf den Philippinen gewesen. Doch sie warf auch grundlegende Fragen auf: Warum gerät dieses Land nicht aus den Fugen, obwohl Menschen in so geringer Distanz zueinander und doch in völlig unterschiedlichen Welten leben? Wie erklärt sich die Ignoranz und Gleichgültigkeit der Mächtigen in Politik und Wirtschaft, die etwas an der erbärmlichen Situation von Millionen Landsleuten ändern könnten? Wo bleibt die Barmherzigkeit in diesem christlichen Land? All die Eindrücke und Fragen tobten durch meinen Kopf, nachdem ich die Containerschule verlassen hatte. Ein gutes Jahrzehnt später suche ich weiterhin nach Antworten, während die Slums von Manila unablässig wachsen.

Chinoys – eine Klasse für sich

Auf der Rückfahrt aus Tondo blieben wir im Verkehr stecken, wie so oft in der von allen möglichen Vehikeln hoffnungslos verstopften Hauptstadt. Der Fahrer versuchte, den Stau zu umgehen, so landeten wir in den schmalen Straßen von Binondo. In diesem Viertel, auch als China Town bekannt, spiegelt sich das Erbe der chinesischen Einwanderer wider, die vermutlich schon ab dem 10. Jahrhundert als Händler und Handwerker auf die philippinischen Inseln gekommen waren. Mit Porzellan und Seide beladene chinesische Dschunken spielten während der Kolonialzeit im Galeonenhandel zwischen den Philippinen, Mexiko und Amerika eine große Rolle. Tausende Chinesen siedelten sich im Archipel verteilt an, was Porzellanfunde belegen, die bis zur Tang-Dynastie zurückgehen. Als die Spanier ihren Stützpunkt in der späteren Hauptstadt Manila errichteten, drängten sich die von den Kolonialherren diskriminierten, »heidnischen« Einwanderer in Paria, einem Ghetto ähnlichen Stadtteil. Gleichwohl profitierten die Machthaber von Fleiß und Geschick der arbeitsamen Chinesen, denen – im Gegensatz zu Christen – neben niederen Tätigkeiten auch der Geldverleih erlaubt war. Ihr Erfolg als Geschäftsleute wurde misstrauisch aufgenommen und führte immer wieder zu Pogromen und Vertreibungen.

Doch die Auswanderer aus dem Südosten Chinas erwiesen sich als anpassungsfähig und zäh. Auch indem sie Ehen mit Einheimischen schlossen, gelang es ihnen allmählich, auf der sozialen Leiter aufzusteigen. In der jüngeren Geschichte der Philippinen spielten Abkömmlinge der Immigranten tragende Rollen: Frühere Präsidenten wie Sergio Osmeña, Corazon Aquino und ihr Sohn Benigno »Noynoy« Aquino haben Vorfahren aus Fujian. Auch die während der Revolution gegen die Spanier zu Nationalhelden avancierten José P. Rizal und General Emilio Aguinaldo haben Chinesen im Stammbaum, ebenso wie der langjährige Kardinal von Manila, Jaime Sin. Dass die erfolgreichsten Tycoons des Landes, der Banken- und Fluglinien-Besitzer Lucio Tan, und der Gründer des SM-Imperiums Henry Sy sen., chinesischer Abstammung sind, lässt sich leicht am Nachnamen erkennen.

Heute machen Chinoys – ein zusammengesetzter Begriff aus Chinese und Pinoy – Schätzungen zufolge etwa zehn Prozent der Gesamtbevölkerung aus. Der überwiegende Großteil ist seit Generationen katholisch, ein wichtiger Faktor zur erfolgreichen Integration in die zutiefst christlich geprägte Gesellschaft der Philippinen. Diskriminiert werden die Chinoys schon lange nicht mehr, und oft kann man nicht auf den ersten Blick erkennen, ob es sich beim Gegenüber um einen Pinoy oder einen Chinoy handelt.

Unter meinen Bekannten sind eine ganze Reihe Chinoys, was ich häufig erst im Laufe der Zeit mitbekommen habe. Mitunter sind es die Steinlöwen, die den Hauseingang bewachen, oder der Jadeschmuck, die einen Fingerzeig geben. Enge Kontakte in die Heimat haben offenbar nur noch wenige, auch die chinesische Sprache erlernen Chinoys nicht notwendigerweise. Andere sind hingegen stolz auf ihre Vorfahren und schätzen ihre Zugehörigkeit zu beiden Kulturen. Bei einer Artikelrecherche verbrachte ich einen Abend mit einer älteren Dame, die, wie man an den überall hängenden Fotos ihrer philippinisch-chinesischen Großfamilie leicht erkennen konnte, eine Chinay war.

»Ich fahre regelmäßig nach China, weil ich stolz darauf bin, was meine Vorfahren erschaffen haben. Meine Kinder habe ich oft mitgenommen, sie sollen auch diesen Teil ihrer Herkunft kennenlernen. Ob die nächste Generation das dann ebenfalls so macht – ich bin mir nicht sicher«, erzählte sie mit einem kleinen Anflug von Traurigkeit. Zum Essen gab es – natürlich – *pancit kanton*. Ein einfaches, schmackhaftes Gericht, bestehend aus gebratenen Glasnudeln, kleingeschnittenem Gemüse und etwas Fleisch. Denn auch auf der kulinarischen Landkarte ist die Verbindung nach China auszumachen: Neben verschiedenen Varianten von *pancit* findet sich etwa *lugaw* (Reisbrei), *hopia* (mit Mungbohnenpaste gefüllte Teigstückchen) oder die philippinische Frühlingsrollen-Variante *lumpia*.

Bei der Abfahrt fiel mir auf, wie viele Wächter auf das Anwesen aufpassten. Es war keine Überraschung – die als grundsätzlich wohlhabend geltenden Chinoys sind auf den Philippinen überproportional von Entführungen und hohen Lösegeldforderungen betroffen. Natürlich gehören aber nicht alle chinesisch-stämmigen Filipinos der Oberschicht an. Bei einem Spaziergang durch Binondo, der ältesten Chinatown in Südostasien, wähnte ich mich bald im Reich der Mitte. Zwar unterscheiden sich die engen Straßen und schmalen Häuser nicht von den einfachen Vierteln, die von Filipinos bewohnt werden. Nur ein farbenfroher, prunkvoll mit chinesischen Ornamenten verzierter Torbogen markierte symbolisch die Grenze Binondos. Doch das Fest der Sinne, das ich in den nächsten zwei Stunden erlebte, transportierte mich in eine andere Welt. Ich hörte die Menschen miteinander Mandarin oder Kantonesisch sprechen, las chinesische Namen auf den Straßenschildern und betrat Läden, deren Waren ich wegen chinesischer Schriftzeichen nicht identifizieren konnte. Vielerlei fremdartige Gerüche und Düfte entströmten den vielen Restaurants und vor allem den Shops, die Kräuter, Tees oder eingelegte Reptilien verkauften, die in der traditionellen Chinesischen Medizin zur Anwendung kommen. Nur mit Mühe konnte ich mich von den Juwelierläden losreißen, die eine überwältigende Vielzahl an Goldketten, Jadeanhängern in allen Grünschattierungen, Ohrsteckern mit wunderbar matt schimmernden Perlen und feuerroten Korallenarmbändern anboten. Nicht nur auf der Hauptgeschäftsstraße Ongpin Road war unglaublich viel Betrieb, Autos, Radfahrer und Fußgänger schoben und drängten sich durch die Straßen, die von mobilen Küchen sowie Obst- und Gemüseständen gesäumt waren. »Das ist hier immer so, nirgendwo mache ich bessere Geschäfte als in Binondo«, erzählte mir ein Straßenverkäufer. Als authentische Kulisse für einen Hollywood-Actionfilm wäre Manilas betriebsame Chinatown sicherlich perfekt geeignet.

Binondo hatte mich neugierig gemacht auf die chinesische Seite Manilas und daher lag ein Abstecher zum Chinesischen Friedhof nahe. Unter westlichen Ausländern war das große, nur wenige Kilometer nördlich von Binondo gelegene Areal damals berühmt-berüchtigt. Angeblich kam es regelmäßig zu Raubüberfällen auf Touristen. Ich solle bloß nicht ohne einen lokalen Führer gehen, wurde ich gewarnt. Widerstrebend ließ ich mich überzeugen, denn in der Regel bin ich gern alleine unterwegs. Doch der Rat stellte sich als sinnvoll heraus. Freilich nicht, weil ich mich in irgendeiner Art und Weise bedroht gefühlt hätte, sondern weil mein Führer nicht nur das riesige Areal wie seine Westentasche zu kennen schien, sondern vor allem auch die Aufpasser der zum Teil pompösen Mausoleen alteingesessener Chinoy-Familien. »Kommen Sie nur rein«, lud mich eine freundliche Alte ein, die nach eigenen Angaben seit Jahren auf dem Friedhof lebte. Genauer gesagt in dem Mausoleum einer Familie Lim, das sie pflegte. Da gab es einiges zu tun, das Mausoleum war wie viele andere größer als die Häuser vieler Filipinos. Weiß-grauer Marmorfußboden, eine lüsterartige Lampe, Schwarz-Weiß-Fotos der Verstorbenen an den Wänden. In einem Nebenraum befand sich eine kleine Küche, auch an eine Toilette war gedacht worden. Es war kalt wie in einer Gruft, fröstelnd rieb ich meine Arme. »Wir haben sogar Klimaanlage«, kicherte die Filipina fröhlich. »Wofür aber all der Luxus?«, fragte ich. »Na, wenn die Angehörigen kommen, sollen sie es doch bequem haben«, erklärte die Totenwächterin. »Besonders an Allerheiligen ist hier Hochbetrieb, dann kommt die ganze Familie und verbringt den Tag hier.«

Zu der Geschichte der Chinoys gehört für mich aber auch die Beobachtung, dass Filipinos Ausländern gegenüber sehr aufgeschlossen sind, die »fremden Kulturen« im eigenen Land aber häufig ablehnen.

Personenkult auf Philippinisch

Wenn ich eine Person benennen sollte, die auf den Philippinen als Nationalheld verehrt wird, würde mir als erstes José P. Rizal einfallen. Dieser Name begegnet einem auf Schritt und Tritt, jeder Tourist oder zugezogene Ausländer wird irgendwann von Rizal hören, über Rizal lesen oder an einer seiner Statuen vorbeischlendern. Es gibt kaum ein Städtchen, das nicht zumindest eine Rizal-Straße, einen Rizal-Platz oder eine andere nach dem Volksidol benannte Erinnerungsstätte hat. Jeder Grundschüler weiß, wer der junge Mann mit der welligen Haartolle war. Zwar ist er seit mehr als 120 Jahren tot, in Vergessenheit gerät der 1896 von den Spaniern hingerichtete Filipino indes noch lange nicht. Dafür sorgt auch, dass sein Todestag, der 30. Dezember, ein offizieller Feiertag ist.

Filipinos pflegen ein emotionales, überschwängliches Verhältnis zu jenen Landsleuten, die auf der Popularitätsliste weit oben stehen. José P. Rizal, dessen Vorfahren väterlicherseits aus Fujian stammen, ist das wohl eindrücklichste Beispiel dafür, mit welcher Hingebung und treuen Ausdauer Nationalhelden landauf, landab verehrt werden. Ich habe mich oft gefragt, warum es auf den Philippinen einen solch ausgeprägten Personenkult gibt. Der noch dazu mit so viel mehr Verständnis für Fehler oder Schwächen der Idole verbunden ist als in Deutschland, wo Menschen, die im Rampenlicht stehen, ein dickes Fell gegen Missgunst und Kritik brauchen. Eine Erklärung besagt, dass ein Großteil der Filipinos keinerlei Neid auf den Erfolg oder die Popularität eines anderen verspürt. Vielmehr bejubeln sie jeden, der es in der Geschichte und auf der Weltbühne zu Ansehen gebracht hat und so den international wenig beachteten Philippinen etwas Glanz verleiht. Das mache die ganze Nation nachhaltig stolz.

Zurück zu Rizal: In seinem Fall ist die langanhaltende Verehrung durchaus nachvollziehbar. Der 1861 geborene Sohn wohlhabender Farmbesitzer stach früh aus der elfköpfigen Kinderschar heraus: Er verfügte über einen beeindruckenden Intellekt, im Laufe seines kurzen Lebens soll Rizal ein Dutzend Sprachen erlernt haben – darunter Deutsch. Er studierte zudem Medizin, Philosophie und Anthropologie. Rizals Schicksal ist, was wenigen in seiner Heimat geläufig ist, eng an seine Erfahrungen in Deutschland geknüpft. Denn seine privilegierten Studienreisen durch Europa brachten ihn auch nach Deutschland, wo er sich zunächst in Heidelberg der Augenheilkunde widmete und später als Gast im Haus einer Pastorenfamilie in dem beschaulichen Odenwalddorf Wilhelmsfeld Schillers »Wilhelm Tell« in seine Landessprache Tagalog übersetzte. Inspiriert durch den darin beschriebenen Befreiungskampf der Schweizer gegen die Habsburger machte sich Rizal daran, sein eigenes Werk »Noli me tangere« fertigzustellen, in dem er sich mit der Feudalherrschaft der Spanier auf den Philippinen auseinandersetzte. 1887 wurde das Buch in Berlin gedruckt, die literarische Zeitbombe gelangte von dort auf die Philippinen, wo es von den Kolonialherren sogleich verboten wurde. Rizal wurde zur Persona non grata, und musste nach Europa fliehen, wo er seinen zweiten, nicht minder brisanten Roman »El Filibusterismo« schrieb. Doch es hielt den intellektuellen Freigeist nicht in der Fremde. 1892 kehrte er auf die Philippinen zurück und gründete die bürgerliche Freiheitsbewegung Liga Filipina.

Die Befreiung von den Spaniern erlebte Rizal jedoch nicht mehr. Ende Dezember 1896 wurde der 35-Jährige wegen Anstiftung zur Revolution zum Tode verurteilt und erschossen. Während die Hinrichtung Rizal in der Heimat zum Märtyrer machte, gedachten auch in Deutschland prominente Freunde wie der Mediziner und Märzrevolutionär von 1848 Rudolf Virchow des polyglotten Freiheitsdenkers.

Es sind ganz andere Fähigkeiten und Eigenschaften, die aus Emmanuel Dapidran Pacquiao einen Star machten, der landesweit wie kaum ein anderer verehrt wird. Der Mann aus dem Süden der Probleminsel Mindanao hat sich buchstäblich aus der Gosse nach oben gekämpft. Sein Vater verließ die Familie, als Manny, wie alle ihn nennen, noch in der Grundschule war. Die alleinerziehende Mutter war mit der sechsköpfigen Kinderschar völlig überfordert, die Familie besaß weder Land noch ein Haus, Hunger war ein steter Begleiter. Statt zur Schule zu gehen, versuchte der Teenager mit Gelegenheitsjobs ein wenig Geld zu verdienen. Die einzige Abwechslung war das Boxtraining, das ihm ein Onkel erteilte.

Als 15-Jähriger ging der Junge aus der Provinz nach Manila, in der Hoffnung auf eine Karriere als Boxer. Doch zunächst lebte Manny auf den Straßen der Hauptstadt, wo er in häufigen Keilereien seinen Überlebenswillen ebenso schulte wie sein Kampftalent und tatsächlich in einem Studio mit dem Training beginnen durfte. Bereits mit 16 Jahren wurde der ehemalige Straßenjunge Profiboxer – der Start einer steilen und beeindruckend lang andauernden Karriere. »Pacman«, so der Kampfname des inzwischen 40-Jährigen, ist bis heute der einzige Boxer, der in acht Gewichtsklassen Weltmeister wurde. Mehr als 60 Siege hat »Pacman« inzwischen verbucht, die meisten durch K.O. 2010 wurde der Filipino vom World Boxing Council als Boxer des Jahrzehnts ausgezeichnet. Eine Bilderbuchgeschichte, wie sie Hollywood nicht besser hätte erfinden können. Und von der in seiner Heimat viele träumen: Ein bettelarmer Bursche aus einer abgelegenen Provinz kämpft sich durch zum international bekannten Multimillionen-Superstar.

Kein Wunder also, dass die Verehrung in der Heimat grenzenlos ist. Wenn Manny in den Ring steigt, kommt das öffentliche Leben auf den Philippinen nahezu zum Stillstand. Wer Manilas sonst notorisch verstopfte Hauptverkehrsader EDSA einmal nahezu für sich haben möchte, hat dazu gute Chancen, wenn »Pacman« kämpft. Dann sitzt die ganze Nation vor dem Fernseher und jubelt laut bei jedem Treffer, den ihr Idol landet. Selbst die Kriminalitätsrate geht während Pacquiaos Kämpfen drastisch runter, wie die Polizei regelmäßig vermeldet.

Inzwischen ist der Boxer auch in der Politik angekommen, eine nicht untypische Karriere für philippinische Sporthelden oder Fernsehstars. Zunächst als Kongressabgeordneter, nun als Senator bringt der Champion beinharte Gesetzesvorlagen ein, so etwa die Forderung nach der Wiedereinführung der Todesstrafe. Wie erzkonservativ er ist, bewies »Pacman« auch, als er Homosexuelle als »schlimmer als Tiere« bezeichnete. Das kostete ihn seinen Sponsorenvertrag mit Nike, was der Multimillionär sicher verkraften kann.

Sein Heldenstatus zu Hause wackelte dennoch nicht. Das Volk verzieh ihm sogar, dass er sich von der katholischen Kirche ab- und einer evangelikalen Gruppe zuwandte. Pacquiaos Kultstatus hat nicht nur mit seinen sportlichen Erfolgen zu tun. Obgleich der Multimillionär inzwischen sündhaft teure Villen auf den Philippinen und in den USA sein Eigen nennt und sich ein luxuriöses Leben leisten kann, hat er nie vergessen, was Elend und Hunger bedeuten. Ohne viel Aufhebens davon zu machen, wendet er sich ärmeren Landsleuten zu.

Es war kurz vor Weihnachten, ich war vom Einkaufen nach Hause unterwegs. Um diese frühe Vormittagszeit ist eigentlich nie etwas los in meiner Nachbarschaft, doch ich sah viele Bauarbeiter und Hausangestellte die sonnigen Straßen entlangeilen. Sie wirkten aufgekratzt und voller Vorfreude. »Was ist denn los?«, fragte ich meinen Fahrer. Der sagte nur: »Bei Manny gibt's Geld, wie jedes Jahr.«

Das wollte ich sehen, und tatsächlich stand bereits eine lange Schlange vor dem Haus des Boxstars, es hatte sich wie ein Lauffeuer herumgesprochen, dass »Pacman« Weihnachtsgeld an die Kleinverdiener ausgab. Die Menschen warteten geduldig in der Hitze, bis sie an der Reihe waren. Tausend Pesos gab es für jeden, erfuhr ich, damit war das Festessen für hunderte Familien gesichert. Die ganze Aktion sollte zwei Stunden dauern, doch als das Geld aus war und die Schlange noch immer lang, wurde bei einer Bank Nachschub besorgt. Es sind Aktionen wie diese – und davon gibt es viele – die Manny Pacquiao auch außerhalb des Rings zum Idol der Massen machen.

Das unterscheidet ihn fundamental von einer anderen, eher bizarren Kultfigur der Philippinen: Imelda Marcos hat ihr Leben an der Seite des Diktators Ferdinand Marcos nicht dazu genutzt, ihre Schatzschatullen für die Armen des Landes zu öffnen. Im Gegenteil, das infame Paar hat während seiner mehr als 20 Jahre im Präsidentenpalast Malacañang das Land ausgepresst wie eine Zitrone und gewaltige Summen an sich gerafft.

Dabei war der jungen Imelda solch eine steinreiche Zukunft

keinesfalls sicher. Auch wenn sie in den einflussreichen Romualdez-Clan hineingeboren wurde, der seinen Stammsitz auf der Visayas-Insel Leyte hat, war Imeldas Kindheit und Jugend überschattet vom frühen Tod ihrer Mutter und dem beruflichen Niedergang ihres Vaters. Dieser war als Anwalt in Manila nicht erfolgreich und musste aus Geldnot mit seiner Kinderschar nach Leyte umsiedeln, wo das Leben billiger war als in der Hauptstadt. Zweifelsohne eine Schmach für die ganze Familie, waren sie nun doch der verarmte Zweig einer mächtigen und reichen Dynastie. Man kann nur spekulieren, ob Imelda unter der Situation in einem Ausmaß litt, dass es ihre spätere Raffgier und Verschwendungssucht erklären könnte.

Was die junge Frau an materiellen Werten nicht hatte, konnte sie gut mit körperlichen Reizen wettmachen: Die attraktive Filipina gewann in ihrer Heimat bei einem Schönheitswettbewerb den Titel »Rose von Tacloban«. Kurz darauf kehrte Imelda nach Manila zurück, wo sie es bis in die Endrunde der Wahl zur Miss Philippinen schaffte. Kurz darauf traf sie den Kongressabgeordneten Ferdinand Marcos – und nach nur elf Tagen heirateten die frisch Verliebten. Marcos' Bilderbuchkarriere spiegelt wider, dass sich da zwei getroffen hatten, die bestens zusammenpassten. Der rasche Aufstieg Marcos' ins Präsidentenamt im Jahr 1965 lag nicht nur an seinem politischen Verstand und seinen rhetorischen Fähigkeiten, sondern zu einem Gutteil an seiner schönen Gattin, die ihren Charme und ihr Charisma blendend zu nutzen verstand.

Diese »Arbeitsteilung« behielt das Paar während Marcos' 21 Jahren in Malacañang bei: Er regierte, sie repräsentierte. Und damit sie ihrer Rolle gerecht werden konnte, gab Imelda Unsummen für Kleidung und Juwelen aus. Dabei machte es keinen Unterschied, ob sie auf der Weltbühne Mao Tse Tung, Fidel Castro und Saddam Hussein traf oder ab und an herausgeputzt durch die Elendsviertel der Hauptstadt stöckelte. Ersteres bereitete ihr Vergnügen, letzteres tat sie, »weil ich den armen Menschen etwas Schönes zeigen will, und ihnen Hoffnung auf ein besseres Leben geben möchte«.

Während im Präsidentenpalast rauschende Partys gefeiert wurden, ging das Land den Bach runter. Als Marcos ins Amt gewählt wurde, waren die Philippinen die zweitstärkste Wirtschaftsnation Asiens hinter Japan. Doch das Duo Diabolo kreierte ein Netzwerk aus engen Verbündeten, ihren *cronies,* die sich schamlos aus der Staatskasse bereicherten und den Inselstaat in einem Maße ausbluteten, von dem er sich bis heute nicht erholt hat. Jede Opposition wurde im Keim erstickt, von 1972 bis 1981 herrschte Marcos mit Kriegsrecht. Tausende politische Gegner wurden gefoltert oder ermordet, während Imelda sich weiter ihrer Verschwendungssucht hingab. Erst 1986 erhob sich das philippinische Volk gegen die Despoten, Marcos und seine Gefolgsleute flohen mit Hilfe der USA nach Hawaii. Im Gepäck hunderte Kisten mit Wertsachen, auf weltweiten Konten waren Milliarden US-Dollar gebunkert. Zurück blieben die oft beschriebenen 3000 Paar Schuhe, die die Diktatorengattin ihr Eigen nannte.

Doch das war nicht das Ende der Imelda-Saga. Ferdinand Marcos starb 1989 auf Hawai. Die frühere First Lady durfte jedoch 1991 auf die Philippinen zurückkehren und hatte ein famoses Comeback. Im Nu war die Diktatorenwitwe wieder salonfähig, bei rauschenden Festen der oberen Zehntausend fabulierte Imelda darüber, was sie für eine Wohltäterin gewesen sei und dass sie alles nur zum Nutzen ihres Volkes getan habe. Obgleich bis heute zig Verfahren wegen ihrer Vergehen an der Seite ihres Mannes gegen sie anhängig sind, wurde die inzwischen 90-Jährige mehrmals als Abgeordnete von Ferdinand Marcos' Heimatdistrikt in den Kongress gewählt. Dabei wird nicht nur hinter vorgehaltener Hand über ihre Senilität gesprochen.

Als sie im November 2018 wegen illegaler Bereicherung – es ging um mehr als 600 Millionen Euro, die während der Marcos-Präsidentschaft in die Schweiz verschoben worden waren – zu bis zu 77 Jahren Haft verurteilt wurde, schien es, dass die Diktatorenwitwe doch noch zur Rechenschaft gezogen würde. Die Reaktionen auf den Philippinen waren indes keineswegs eindeutig. Während einige Kolumnisten jubelten und Angehörige von

Opfern der Marcos-Tyrannei feierten, hatten andere Filipinos auch Mitleid. Imelda Marcos sei zu alt, die Taten lägen so lange zurück, das Geld sei ohnehin verloren – so hörte ich allerorten und fragte mich: Sind die blutige Diktatur und die schamlose Selbstbereicherung nach knapp 30 Jahren bereits vergessen und vergeben? Warum konnte die raffgierige Imelda so schnell wieder als Partyqueen in Manilas Salons glänzen und als Kultfigur durch die Gesellschaftskolumnen der Zeitungen geistern? Wie kann es sein, dass die frühere First Lady und einige ihrer Kinder wieder in der Politik des Landes mitmischen, das sie mit an den Rand des Ruins getrieben haben?

Wirklich befriedigende Antworten habe ich nicht bekommen. Häufig hörte ich, dass Filipinos als gläubige Christen Vergebung üben würden. Oder dass sie sich nicht gern mit der dunklen Vergangenheit beschäftigen würden, zumal ein großer Teil der insgesamt jungen Bevölkerung die Jahre der Diktatur nicht erlebt hat. Es scheint eine Melange aus perfekter Inszenierung und jahrzehntelanger Indoktrinierung zu sein. Auch Drohungen und Bestechung spielen eine Rolle. Gar nicht so selten kommen auch Sprüche wie: »Unter Marcos herrschte wenigstens Ordnung, heute ist doch alles Chaos. Was wir bräuchten, wäre wieder so ein starker Mann an der Spitze!« Eine Aussage, die die Legitimation liefert für einen Hardliner wie Rodrigo Duterte, der seit Juni 2016 an der Macht ist. Es kann da nicht verwundern, dass Duterte ein guter Freund des Marcos-Clans ist.

Familie und Geschlechterrollen – ein Spagat zwischen Tradition und Moderne

Familie ist alles

Eine Standardfrage, die mir früher bei Taxifahrten gestellt wurde, lautete: »Wie viele Kinder haben Sie, Ma'am?« Wenn ich dann, als End-Dreißigerin, antwortete: »Ich habe eine Tochter«, erhaschte ich im Rückspiegel oft diesen überrascht-mitleidsvollen Blick des Fahrers. Sein Gedankengang war offensichtlich – die arme Frau, da muss etwas nicht so richtig klappen. Sie sieht gesund aus, und Geld genug für eine große Familie hat sie sicher auch, und trotzdem nur ein Kind? Später wurden es zwar zwei Kinder, aber das half auch nichts. Die Blicke blieben die gleichen, das Gespräch wurde rasch auf die steigenden Benzinpreise oder den jüngsten Korruptionsfall in der Regierung gelenkt.

Denn für Filipinos ist eine große, kinderreiche Familie das Lebenselixier. Sie ist pulsierendes Herz und stabilisierendes Rückgrat der philippinischen Gesellschaft. Das fest geknüpfte Beziehungsgeflecht ist für Filipinos zum Glücklichsein unabdingbar, allein und fern der Familie zu sein, ertragen sie kaum. Stattdessen muss es wuseln in den Mehrgenerationen-Häusern, und auch wenn mal die Fetzen fliegen, hält die Familie gegen Ungemach von außen doch fest zusammen.

Wobei der Begriff Familie auf den Philippinen anders definiert ist, als wir es in Deutschland kennen. Ich hörte bald auf, mich zu wundern, dass, wenn immer ich etwas brauchte oder suchte und ich philippinische Bekannte um Rat fragte, die Antworten in etwa so lauteten: »Oh, kein Problem, meine Cousine hat einen Schwager, und dessen Bruder kann dir das besorgen.« Denn zum Familienverband gehören auf den Philippinen nicht nur Großeltern, Eltern und Kinder mit Onkeln und Tanten, sondern ebenso Cousinen und Cousins bis zum dritten Grad, Nichten und Neffen von Großonkeln und Großtanten, und natürlich die jeweils angeheirateten Familien mit all ihren mannigfachen Verwandten.

Für Filipinos kann es kein schöneres Fest geben als eine *family reunion*, eine Feier, zu der alle Verwandten anreisen, vom Baby bis zum Greis. Dutzende Teilnehmer strömen dann aus den verschiedenen Provinzen des Inselstaates oder gar aus dem Ausland zusammen. Nur wirklich schwierige Umstände halten Filipinos davon ab, an dem möglichst jedes Jahr stattfindenden Großereignis teilzunehmen. Die Planungen für solch ein Mega-Event beginnen Monate im Voraus, denn nicht nur Termin und Ort müssen gefunden, sondern auch das Festgelage und das Entertainment – zumeist Karaoke, Tanzeinlagen oder Spiele – organisiert werden. Das i-Tüpfelchen sind T-Shirts in der Familienfarbe für jeden Teilnehmer, auf dem zum Beispiel »Grand Family Reunion 2019« steht oder ein gemeinsames Logo prangt. Nicht selten werden ganze Ressorts für ein Wochenende gebucht, denn wer kann schon die vielköpfige Sippschaft, die auch mal einhundert Personen übersteigen kann, in seinem Haus beherbergen?

Aber das weitreichende Verwandtschaftsgeflecht ist nicht das einzige Netzwerk, das den Filipinos am Herzen liegt. Zur erweiterten Familie zählen auch enge, oft lebenslange Freunde aus Schul- oder Universitätszeiten. Ebenso wie Paten oder Sponsoren, deren wichtige Rollen bei Anlässen wie Taufe, Kommunion oder Hochzeit beginnen. Für Eltern gilt es, möglichst viele, und vor allem möglichst einflussreiche, wohlhabende oder respektable Paten für die verschiedenen Anlässe zu finden. Das steigert das Ansehen der eigenen Familie – die dank der rekrutierten *ninongs* und *ninangs* wieder um einige Personen anwächst – und soll für materielle Stabilität des Täuflings oder des Hochzeitspaares sorgen.

Ich war recht arglos, als mich meine Haushaltshilfe eines Tages bat, die Hochzeit ihrer einzigen Tochter zu sponsern. Natürlich sagte ich zu, ahnend, dass ich einiges würde berappen müssen für die auf den Philippinen üblichen, überbordenden Hochzeitsfeierlichkeiten. Nicht klar war mir hingegen, welch eine gewichtige

Rolle mir am Tag der Trauung zufallen würde. Ich litt unpassender Weise unter einer Tropengrippe, aber eine Absage war als *ninang* nicht möglich.

Also fuhr meine ganze – lediglich vierköpfige Familie – zu der weit entfernten Kirche. Während meine jüngere Tochter in ihrem goldfarbenen Blumenmädchen-Kleid schwitzte und auf ihren Job des Blütenstreuens vorbereitet wurde, bat man mich als »wichtigsten Sponsor«, doch bitte ad hoc eine Rede auf das Brautpaar zu halten. Meine krächzende, kaum hörbare Stimme verhinderte dies, sehr zu meiner Erleichterung, denn mir geht die natürliche Gabe vieler Filipinos ab, aus dem Nichts schwungvolle und unterhaltende Ansprachen darzubieten.

Dennoch drehte sich in den nächsten Stunden viel um mich, Foto hier, Foto da, ein Ehrenplatz als *ninang* an der Hochzeitstafel. Und dann erhob sich das Hochzeitspaar zum ersten Tanz. Ich schaute zu – und alle anderen Gäste schauten mich an. Die Tradition will es, dass die Sponsoren und danach alle Gäste, die es sich leisten können, der Braut während des Tanzes Geld an ihr Kleid heften. Geflüsterte Instruktionen brachten mich endlich auf Trab, so vermied ich es gerade noch, endgültig mein Gesicht zu verlieren. Doch alle Anwesenden sahen großzügig über meine Patzer hinweg, begrüßten uns im Kreis der Familie und spielten mit meinen Kindern, als wären es ihre.

An diesem schwülen Tag lernte ich gleich mehrere Lektionen. Was viele Menschen in Deutschland unter Familie verstehen, entspricht nicht der Bedeutung der Familie auf den Philippinen. Dass ich so unvorbereitet in mein Patenabenteuer geschlittert war, beruhte auf meiner »modernen«, westlichen Anschauung, dass die Eheschließung heutzutage kein *big deal* mehr sei. Dabei übersah ich, dass dies auf den katholisch geprägten Philippinen völlig anders ist. Vor allem begriff ich, dass diese eng geknüpften Familienbande zwar Liebe, Geborgenheit und Stabilität geben, das Individuum jedoch zugleich auch stark verpflichten und einschränken können. Denn meine Nachbarin am Patentisch erzählte mir von der Kehrseite der Medaille: Filipinos fühlten sich dazu verpflichtet, ihre eigenen Wünsche und Ambitionen notfalls dem Wohl der Familie unterzuordnen. Ein klassisches Beispiel seien junge Filipinos, die als älteste Geschwister statt auf die Universität zu gehen oder eine perspektivische Berufsausbildung anzufangen, irgendeinen Job annähmen, um so einen wichtigen finanziellen Beitrag zum Schulgeld der jüngeren Brüder und Schwestern leisten zu können. »Anders geht es in ganz vielen Familien nicht, und diese Verantwortung nehmen die ältesten Kinder auch an, selbst wenn sie ein Stipendium für eine Universität in Aussicht hätten«, erklärte mir die Filipina.

Ein weiteres ungeschriebenes Gesetz in der philippinischen Gesellschaft regelt die Beziehungen innerhalb eines Familienverbandes: Das Prinzip des *utang na loob*, was so viel bedeutet wie »zum Dank verpflichtet zu sein«, regelt seit Jahrhunderten das Zusammenleben der Filipinos, ob es nun darum geht, sich für ein Geschenk in angemessener Weise erkenntlich zu zeigen, oder sich um die gebrechlich gewordenen Eltern zu kümmern, die einen aufgezogen und die Erziehung finanziert haben. Es ist eine goldene Regel, dass auf eine Leistung – auch wenn diese freiwillig oder ungefragt erfolgte – eine Gegenleistung zu erfolgen hat. Salopp ausgedrückt, ist es ein stetes Hin und Her von Geben und Nehmen, von Hilfe und Gegen-Hilfe. *Utang na loob* kann Filipinos aber auch in die Bredouille bringen: So könnte zum Beispiel ein Uni-Absolvent, dem ein reicher Onkel das Studium finanziert hat, sich dazu verpflichtet fühlen, dass er diesen nie in Schwierigkeiten bringen wird. Selbst wenn er wüsste, dass der Onkel sein Geld mit krummen Geschäften macht.

Frauen meistern viele Rollen

»Die Philippinen sind eine matriarchalische Gesellschaft mit dominierenden und vielseitigen Müttern, die ihren Töchtern früh Verantwortung überlassen.« So hat Marites Vitug, eine der prominentesten Journalistinnen des Landes, mir einmal die

Rolle der Frauen in ihrer Heimat beschrieben. Es mag also nicht wundern, dass Frauen auf den Philippinen im Vergleich zu ihren Geschlechtsgenossinnen in anderen asiatischen Ländern wie Indonesien, Japan oder Indien deutlich mehr Möglichkeiten und Freiheiten genießen. Bereits 1937 erhielten philippinische Frauen das Wahlrecht, das Gleichstellungsgesetz von 1992 schreibt vor, dass Behörden fünf Prozent ihres Budgets für Frauenförderung einsetzen müssen. Ich kenne die Philippinen als ein Land, in dem Filipinas gut die Hälfte der Uni-Absolventen stellen, vergleichbar ist die Quote in der Ärzteschaft. Frauen geben beim Militär als Vorgesetzte Soldaten Befehle oder leiten als Geschäftsführerinnen große Unternehmen. Sie machen als Professorinnen von sich reden oder bestimmen als Politikerinnen die Geschicke des Landes mit. Im derzeitigen 24-köpfigen Senat sitzen acht Frauen, die sich von ihren männlichen Kollegen gewiss nicht die Butter vom Brot nehmen lassen.

Auch in internationalen Studien drückt sich aus, dass die Philippinen in Sachen Frauenrechte und Gleichstellung eine Vorbildrolle in der Region haben. Seitdem das Weltwirtschaftsforum den Global Gender Gap Report im Jahr 2006 publiziert, war der Inselstaat immer unter den Top Ten. In der jüngsten Untersuchung von 2018 kamen die Philippinen auf den achten Rang von 149 überprüften Ländern und ließen alle anderen asiatischen Staaten weit hinter sich.

Dabei haben sich die spanischen Eroberer viel Mühe gegeben, während ihrer mehr als 300 Jahre dauernden Herrschaft den philippinischen Frauen die Freiheiten zu nehmen, die sie Überlieferungen zufolge in vorkolonialer Zeit genossen hatten. Männer hatten zur Kolonialzeit in allen gesellschaftlichen Bereichen das Sagen, während für Frauen die Rolle der Mutter und Hausfrau blieb. Die Amerikaner eröffneten ihnen dann Anfang des 20. Jahrhunderts wieder Chancen, in dem sie etwa das Bildungssystem erneut für Frauen öffneten. Ein wichtiger Schritt zur Gleichberechtigung war es, als Filipinas 1937 mit dem Wahlrecht auch die Möglichkeit erhielten, sich für politische Ämter zu bewerben.

Dennoch darf man sich nicht täuschen lassen – wenn man von Chancengleichheit und Frauen in Führungspositionen auf den Philippinen spricht, so geht es dabei bis auf Ausnahmen um Filipinas aus der allmählich wachsenden Mittelschicht und natürlich der Oberschicht. Das Gros der philippinischen Frauen lebt nun mal in armen Verhältnissen, in denen es gar keine Rolle spielt, ob sie theoretisch Zugang zu Universitäten haben oder nicht. Für Millionen Filipinas heißt es, sich täglich anstrengenden Mehrfachbelastungen zu stellen, um ihre Familie durchzubringen. Zu den vielen Jobs, die sie klaglos erledigen sollen, gehören die Erziehung der Kinderschar, die Pflege siecher alter Verwandter und die Hausarbeit, die nicht von Spül- oder Waschmaschinen erleichtert wird.

Um Geld in die Kasse zu bringen, arbeiten viele Filipinas zudem als Kindermädchen *(yaya)* oder Haushaltshilfe *(maid)* für besser gestellte Familien. Häufig betreiben sie auch einen sogenannten Sari-Sari-Store, eine Art Kiosk, wo es allerlei Dinge des täglichen Lebens zu kaufen gibt: Vom Snack für unterwegs bis zum Waschmittel oder Shampoo sind die kleinen Buden vollgestopft mit Einmal-Portionen, weil sich niemand in der Nachbarschaft große Packungen leisten kann. Mädchen werden bereits früh auf die vielfältigen Aufgaben vorbereitet, die sie später als Familienmanagerin und Ich-AG erwarten werden. Es ist üblich, dass sie sich um ihre jüngeren Geschwister kümmern, im Haushalt zupacken oder im Sari-Sari-Store aushelfen.

Doch nicht nur um ihre Familie bemühen sich Frauen aufopferungsvoll, auch für die Belange ihrer Kommune setzen sie sich ein. Bei meinen Recherchen bin ich immer wieder Filipinas aus einfachsten Verhältnissen begegnet, die sich mit viel Energie und Furchtlosigkeit als Anführerinnen von lokalen Widerstandsgruppen hervortaten. Ob es um Umsiedlungsprojekte in Elendsvierteln, zu niedrige Löhne oder einen korrupten Lokalpolitiker ging – Frauen streiten auf den Philippinen durchaus an vorderster Front, statt allein Männern das Kommando zu überlassen.

Dieses Selbstverständnis findet sich auf den Philippinen quer durch alle sozialen Schichten und Altersgruppen. Mich haben viele Filipinas mit ihrem Mut, ihrer Hartnäckigkeit und ihren Visionen beeindruckt. Ich habe sie als Macherinnen und Entscheiderinnen erlebt, aber nicht unbedingt als überzeugte Feministinnen. Um das gesellschaftliche Gefüge der Philippinen zu verstehen, lohnt es sich, einige dieser Frauen näher kennenzulernen.

Filipinas mit Mut und Visionen

Eine von ihnen ist die Journalistin Marites D. Vitug, deren Karriere zu einer denkbar ungünstigen Zeit begann. Denn 1983 duckten die Philippinen sich noch unter dem repressiven Präsidenten Ferdinand Marcos, von Pressefreiheit war nicht zu reden. Vitug wagte sich als eine der wenigen Journalisten überhaupt bei ihrer damaligen Zeitung trotzdem an die politische Berichterstattung. Die 28-jährige Reporterin riskierte eine Menge: Sie nahm Marcos und dessen Vasallen aufs Korn und berichtete aus den Camps militanter Kommunisten. »Viele sind damals für weniger umgebracht worden, aber irgendwie fehlt mir ein Sinn für Gefahr. Vielleicht bin ich deswegen heil durchgekommen«, resümiert die zierliche Filipina während eines Interviews ihre »wilden Jahre«.

Mittlerweile ist die 64-Jährige eine vielfach ausgezeichnete Journalistin, eine Mutter Courage der Philippinen, die in ihren Artikeln und Büchern beharrlich vertuschte Skandale und fortwährendes Fehlverhalten der unheiligen Dreifaltigkeit des Inselstaates – Regierung, Kirche und Militär – aufdeckt. In den verschiedenen Redaktionen, die sie auch als Chefin geleitet hat, gab es oft einen sehr hohen Frauenanteil, was Vitug mir so erklärte: »Ich muss zugeben, dass ich sehr gern mit Frauen zusammenarbeite, die haben irgendwie mehr Drive als Männer.« Und offenbar nicht weniger Mut: Weder Verleumdungsklagen noch Morddrohungen haben die Filipina mit dem Kurzhaarschnitt einschüchtern können.

Auch Pacita »Chit« Juan ist eine Kämpferin. »Wir waren acht Geschwister und alle mussten in den Ferien in der Automobil-Manufaktur unserer Familie helfen. Von klein auf hat unser Vater uns dazu ermutigt, unser eigener Chef zu sein und ein Geschäft zu führen, statt als Angestellte für jemand anderes zu arbeiten. Ich hab' schon als 8-Jährige in der Schule Schokolade an meine Klassenkameraden verkauft«, erzählte mir das unternehmerische Naturtalent bei einem Treffen und fügte lachend an: »Der Profit war zwar klein, aber ich hatte einen Riesenspaß dabei.«

Kein Wunder also, dass sie später den väterlichen Betrieb übernommen hat, »obwohl diese ganze Metall- und Mechanikerwelt ja eher Männersache ist. Aber auf den Philippinen macht es Männern nichts aus, unter Frauen zu arbeiten. In unserer Gesellschaft genießen Frauen Respekt, wenn sie ihren Job gut machen.« Und dass sie das kann, hat »Chit« Juan als Entrepreneurin bewiesen: Zusammen mit Freunden gründete und leitete sie viele Jahre die erfolgreiche Kaffeehauskette Figaro.

Inzwischen kümmert sich die mehrfach ausgezeichnete Geschäftsfrau nicht mehr in erster Linie um wirtschaftlichen Erfolg. Sie hat den ersten Shop der Philippinen gegründet, in dem Nachhaltigkeit und Bio-Produkte im Mittelpunkt stehen. Ihr Wissen und ihre Erfahrung gibt Juan an Frauen weiter, die als Kleinstunternehmerinnen ein Auskommen für ihre Familien schaffen wollen. In einem Interview hat die arrivierte Filipina ihre neue Rolle so definiert: »Ich nutze meine 30-jährige Erfahrung nun, um den größtmöglichen Einfluss auf das Leben anderer zu haben. Es geht nicht mehr um Geschäft oder Profit, sondern darum, die Welt zu einem besseren Ort zu machen.«

Ganz sicherlich möchte Leila de Lima die Philippinen zu einem besseren Ort machen. Doch das wird der Vollblut-Politikerin schwer gemacht – seit Februar 2017 sitzt de Lima in einem Militärgefängnis ein. Der Senatorin wird zur Last gelegt, während ihrer Amtszeit als Justizministerin im Kabinett von Präsident Benigno »Noynoy« Aquino in Drogengeschäfte verwickelt gewesen zu sein. Stichhaltige Beweise scheint es kaum zu geben, anders lässt sich nicht erklären, dass der Prozess gegen die 58-Jährige mehr als zwei Jahre nach ihrer Verhaftung noch nicht begonnen hat. Dass die resolute Oppositionspolitikerin hinter Gittern sitzt, dürfte vielmehr damit zu tun haben, dass sie im Senat die hartnäckigste und mutigste Kritikerin des amtierenden Präsidenten ist. Immer wieder hat de Lima öffentlich Stellung gegen die Politik von Rodrigo Duterte bezogen, vor allem gegen dessen mörderischen Drogenkrieg.

Warnungen aus dem Präsidentenpalast ließen sie nicht verstummen, obgleich jeder weiß, wie der amtierende Staatschef Rodrigo Duterte mit Kritikern umgeht: Er sägt sie ab, entzieht ihnen Posten, macht sie mundtot. Im Falle von de Lima wirkten Einschüchterungskampagnen nicht. Dass hinter der Inhaftierung der Senatorin der lange Arm des Präsidenten steckt, wird nicht nur hinter vorgehaltener Hand diskutiert. Doch den Schneid haben sie de Lima nicht abgekauft, selbst aus ihrer Zelle heraus nimmt sie die Regierung weiter aufs Korn. Und wartet auf einen fairen Prozess – oder ihre Freilassung: »Aber das ist nur eine vage Hoffnung. Es bräuchte ein Wunder, damit sie mich wieder rauslassen.«

Männer und Machismo

Im Gegensatz zu ihren Schwestern führen Jungen auf den Philippinen traditionell ein bequemeres Leben. Von ihnen wird nicht erwartet, bei der Hausarbeit oder der Betreuung der Geschwister zu helfen. Je besser eine Familie finanziell gestellt ist, desto leichter ist das Leben der männlichen Kinder. Sie genießen deutlich mehr Freiheiten als ihre Schwestern, werden eher gehätschelt und verwöhnt, stehen ihnen doch viele Jahre als hart arbeitendes Familienoberhaupt bevor. Diese Schonzeit kann sich auch nach der Schulzeit fortsetzen. Im Gegensatz zu westlichen Kulturen, in denen Eltern ihre Kinder auf eine frühe Selbständigkeit vorbereiten, ist es auf den Philippinen nicht ungewöhnlich, dass junge Männer während des Studiums und selbst als Berufstätige noch zu Hause wohnen und sich bemuttern lassen. Auch eine Hochzeit bedeutet nicht unbedingt die sofortige Trennung vom Elternhaus. Wenn das Einkommen des jungen Paares niedrig ist, lebt es vorerst weiter bei den Eltern des Mannes.

So ziehen philippinische Mütter seit den Zeiten der spanischen Kolonialherren Generation für Generation Söhnchen heran, die sich spätestens ab der Hochzeit als Machos outen. Zunächst muss ein erwachsener Mann beweisen, dass er in der Lage ist, seine Familie zu ernähren und, im besten Fall, ein Geschäft auf- oder auszubauen, das er seinen Nachkommen hinterlassen kann. Beruflicher Erfolg ist der Garant für gesellschaftliche Anerkennung, darin unterscheiden sich die Philippinen nicht von westlichen Ländern. Sehr wichtig für das eigene Rollenverständnis ist einem Filipino, nach außen als Entscheider und Oberhaupt der Familie wahrgenommen zu werden – auch, wenn jeder weiß, dass seine Ehefrau hinter verschlossenen Türen ein gewichtiges Wort mitzureden hat und den Haushalt leitet.

Meine ersten Erfahrungen damit, dass philippinische Männer sich in einigen Bereichen von ihren männlichen Counterparts unterscheiden, die ich bisher kennengelernt hatte, machte ich beim Friseur. Während ich noch diskutierte, welcher Haarschnitt zu meinem Typ passen würde, sah ich im Spiegel einen Filipino, der bequem in einem Liegesessel hinter mir ruhte. Eine junge Frau massierte und balsamierte seine Füße, eine andere widmete sich seinen Fingernägeln. »Wollen Sie nach der Maniküre auch Nagellack, Sir?«, hörte ich sie zu meiner Verwunderung fragen. Noch mehr erstaunte mich die Antwort: »Natürlich, wie immer.« Zumindest war es kein farbiger Lack, der aufgetragen wurde, sondern ein transparenter. Während dieser trocknete, ließ sich der Filipino noch eine sanfte Gesichtsmassage geben und einige frech sprießende Haare aus den Augenbrauen zupfen. Die Verschönerungsprozedur war offensichtlich etwas, das der junge Mann sich nicht zum ersten Mal gönnte. Ich kramte in meinem Gedächtnis, ob ich mir einen Freund, Bekannten oder Kollegen vorstellen konnte, der Nagellack auftragen und Augenbrauen zupfen genießen würde. Mir fiel niemand ein. Doch für Filipinos – sofern sie es sich leisten können – sind Maskulinität und Schönheitspflege kein Widerspruch.

Ein ganzer Kerl ist ein Filipino indes immer im Kreis seiner Freunde. Je niedriger er in der sozialen Rangordnung steht, desto gröber werden die Attribute der zur Schau gestellten Männlichkeit: Trinkfestigkeit, ein prächtiger Kampfhahn oder gar eine vorgezeigte Schusswaffe gehören zum Repertoire, wenn sich Nachbarn oder Freunde in feucht-fröhlicher Runde treffen. Ein die Einkommensklassen überbrückender Beweis der Männlichkeit ist die sexuelle Aktivität, die sich in der Anzahl der Nachkommen widerspiegelt.

Und so hat sich ausgerechnet auf den streng katholischen Philippinen, dem Standbein des Vatikans in Asien, bereits seit der spanischen Kolonialzeit das sogenannte Queridasystem etabliert: Männer haben neben der Ehefrau nicht selten eine Geliebte, eine *kerida*, mit der sie in den meisten Fällen ebenfalls Kinder haben. Nach christlichen Werten beurteilt ist dies natürlich eine verwerfliche Sünde, doch gesellschaftlich ist es akzeptiert, dass ein Mann zwei Familien hat – solange er für sie sorgen kann. Was nicht immer der Fall ist, so dass eine Familie letztendlich vernachlässigt wird oder sich der Mann völlig seiner Verantwortung entzieht.

Ich lernte die Welt dieses bigotten Doppelstandards besser kennen, als meine sonst sehr zuverlässige und fröhliche Haushaltshilfe einmal zu spät und völlig verheult zur Arbeit kam. Dass sie selbst vor Jahren von ihrem Mann kurz vor der Geburt des fünften Kindes wegen einer *kerida* sitzengelassen worden war, wusste ich bereits. Aber nun hatte es ihre Tochter erwischt. Gerade mal 18 Jahre alt, hielt diese ihr erstes Baby im Arm. Und nun hatte sich der Mann aus dem Staub gemacht, zu seiner Geliebten. Name und Adresse unbekannt. »Welche Zukunft haben meine Tochter und das Baby jetzt?«, fragte meine Haushaltshilfe weinend. Ich blieb ihr eine hilfreiche Antwort schuldig.

Es ist ein leidvoller, gesellschaftlich dennoch tolerierter Kreislauf, der sich in den Hütten der Armen ebenso abspielt wie in den Palästen der Reichen. Ob Taxifahrer oder Wirtschaftsboss, ob hochrangiger Politiker oder Aushilfe im Supermarkt – sie alle nehmen sich das Recht eines Doppellebens heraus, was nicht mit bösen Blicken geahndet, sondern eher mit einem Augenzwinkern zur Kenntnis genommen wird.

Lola und Lolo – vom Ehrenplatz im Alter

Wer auf den Philippinen die 60 überschritten hat, kann sich sicher sein, bei Familienfesten mit besonderer Aufmerksamkeit bedacht zu werden. Alte Menschen werden auf den Philippinen häufig respektvoller behandelt, als es heute in vielen westlichen Industriestaaten leider der Fall zu sein scheint. *Lola* und *lolo*, wie Omas und Opas auf Tagalog heißen, haben seit alters her im hierarchischen Gefüge der philippinischen Großfamilien einen Ehrenplatz inne. Sie werden stets mit Respekt behandelt und im Krankheitsfall mit langanhaltender Fürsorge gepflegt. Um Einsamkeit im Alter, eine Unterkunft oder den Lebensunterhalt müssen sich philippinische Rentner kaum Sorgen machen, bis zu ihrem Tod wohnen sie bei einem ihrer Kinder, oft dem ältesten Sohn. Getreu der ungeschriebenen Regel *utang na loob* nimmt die Elterngeneration die Betreuung der Groß- oder gar Urgroßeltern als Verpflichtung an.

Es wäre aber falsch, daraus zu schließen, dass Filipinos mit der Betreuung von *lola* und *lolo* nur eine althergekommene, lästige Bringschuld erfüllen. Der Rat und die Erfahrung der ältesten Familienmitglieder werden hochgeschätzt, jeder Geburtstag ist ein fröhliches Fest in der Hoffnung auf weitere gemeinsame Lebensjahre. Was inzwischen gar nicht so wenige sind, denn die Lebenserwartung der Filipinos ist in den letzten Jahrzehnten stetig gestiegen. Im statistischen Durchschnitt werden Männer nun 69 Jahre, Frauen 75 alt.

Auch in der Gesellschaft haben die *senior citizens* stets Vorrang, ob es um den am besten gelegenen Parkplatz oder die exklusive Supermarktkasse geht. Von Gesetz wegen stehen den über 60-jährigen Filipinos eine ganze Reihe an Vergünstigungen zu. So haben sie einen 20-prozentigen Nachlass auf medizinische Behandlungen und Medikamente, auch Restaurants, Kinos oder Taxis gewähren diesen Abschlag, um nur einige Punkte einer langen Liste zu nennen. Selbst eine nationale Seniorenwoche wird auf den Philippinen gefeiert, in der ersten Oktoberwoche dreht sich bei *Linggo ng Katandaang Pilipino* alles um die ältere Generation.

Gemessen am Alltag vieler Rentner in westlichen Ländern sind die Philippinen fürwahr ein Paradies für alte Menschen. Wenn Filipinos hören, wie viele Altenheime es in Deutschland gibt, und dass die Mehrheit der Senioren nicht bei der jüngeren Generation lebt, nehmen sie dies mit ungläubigem Staunen zur Kenntnis. Tatsächlich gibt es auf den Philippinen so gut wie keine Altenheime. In der Zwölf-Millionen-Stadt Manila machte ich mich vor Jahren auf die Suche nach einem staatlichen Heim – und fand genau eines. Es trug den schönen Namen Golden Acres, goldenes Feld. Doch golden war gar nichts an dieser Einrichtung, die im Stadtteil Quezon City ein isoliertes Dasein führte. Im Gegenteil, der Besuch in der tristen Anlage, in der damals 224 Senioren lebten, war äußerst bedrückend.

»Wer bei uns wohnt, hat alles verloren, was ihm im Leben wichtig war«, erzählte mir die Chefin der Sozialarbeiter, die sich alle Mühe gaben, den freudlosen Alltag der in Golden Acres gestrandeten alten Menschen zu verschönern. Aber mit gerade mal etwas mehr als einem Euro pro Tag und Bewohner vom Staat ließe sich nicht viel machen, seufzte die Filipina. Ein regelmäßiges Freizeitangebot seien Bastelstunden, die mit wenigen Ressourcen auskämen. Wir gingen zu einem der flachen Häuser auf dem Gelände, wo ein halbes Dutzend Senioren an türkisfarbenen Plastiktischen saß und mit unendlicher Geduld bunte Papierschnipsel zu kunstvollen Blumen, Körbchen oder Schwänen faltete. Die Recyclingarbeiten werden in dem Heim für wenige Pesos zum Verkauf angeboten, »doch wir haben ja so gut wie keine Besucher«, bedauerte die Heimleiterin.

Die Geschichten der Bewohner von Golden Acres ähnelten sich: »Manche wurden verwirrt und verwahrlost auf der Straße aufgelesen, manche kommen aus dem Gefängnis zu uns. Einige wurden von Krankenhäusern zu uns transportiert, weil niemand ihre Rechnung bezahlt hat. Letztlich ist es bei allen das gleiche Problem: Ihre Kinder kümmern sich nicht um sie«, sagte die Heimleiterin frustriert, »dabei ist das in unserer Gesellschaft eine Schande für die ganze Familie. Deswegen lassen sich Verwandte hier so gut wie nie blicken.«

Aber auch die Senioren, die in Golden Acres lebten, empfanden Scham und Verbitterung über ihre Situation. Statt wie ihre Altersgenossen von den Kindern und Enkeln umsorgt zu werden, darbten sie in schlecht ventilierten Steinhütten aus dem Jahr 1969 dahin. Die Einrichtung war spärlich: Metallbetten, Plastikstühle, hie und da ein wackeliges Regal. Persönliche Habseligkeiten hatten die verarmten Heimbewohner kaum. Wie die große Mehrheit der philippinischen Senioren hatten sie nie in die staatliche Sozialversicherung eingezahlt. Entweder, weil sie kein Geld dafür hatten, oder weil sie sich auf ihre Familie als Versorger im Alter verlassen hatten.

Eigentlich sollte die Wohnanlage nur ein Übergangsheim sein, aber in den meisten Fällen mussten die Sozialarbeiter einsehen, dass sie vergeblich auf ein Einlenken der Familien hofften. So blieben die Alten bis zu ihrem Tod, Sieche und Kranke lagen gemeinsam in einem Gebäude, dass gerade mit einem Schlauch ausgespritzt wurde. Die drückende Tropenhitze in dem dunklen Raum ließ sich davon nicht vertreiben. Ebenso wenig wie der Geruch nach Schweiß, Urin und Fäkalien, der in den Steinporen festzustecken schien. »Wir tun, was wir können«, entschuldigte sich die Heimleiterin, »aber ein Sterben in Würde ist hier nicht möglich.«

Inzwischen ist das Altenheim außerhalb der Hauptstadt angesiedelt. Das Land, auf dem es in Quezon City stand, ließ sich für viel Geld vermarkten. Dabei hatten sich die Sozialarbeiter allesamt heftig gegen den Umzug ausgesprochen. Viele erklärten, dass sie aus familiären Gründen nicht aufs Land ziehen konnten, um sich dort weiter um die Senioren zu kümmern. Die vereinsamten Alten hat niemand gefragt. Sie mussten froh sein, überhaupt eine Bleibe zu haben.

Freunde fürs Leben

Meine Jahre auf den Philippinen haben mich in vielerlei Hinsicht bereichert, daran haben philippinische Freunde und Bekannte einen besonderen Anteil. Denn für Filipinos sind Offenheit, Mitgefühl und Loyalität wichtige Werte, die sie bereitwillig in freundschaftliche Beziehungen einbringen. Der im Internetzeitalter der Likes und Followers altmodisch klingende Begriff »ein Freund fürs Leben« kann da durchaus bemüht werden. Im Gegensatz zu vielen anderen Gesellschaften gibt es keine Kleingruppen-Mentalität. Im Gegenteil, die Bewohner des Inselstaates sind immer offen dafür, neu gewonnene Freunde im Makrokosmos der erweiterten Sippschaft andocken zu lassen.

So kam ich neben meinem Titel als *ninang* auch sehr rasch zu dem Beinamen *tita*. Auf den Philippinen ist es üblich, dass die Freunde der Eltern von deren Kindern mit *tita* (Tante) oder *tito* (Onkel) angeredet zu werden. Während diese respektvoll gemeinte Bezeichnung bereits bei losen Freundschaften zum Einsatz kommt, bedeuten Einladungen zu besonderen Anlässen, ob erfreuliche oder traurige, dass man zum Kreis der engeren Freunde gehört.

Es war sofort klar, dass etwas passiert sein musste, als meine engste philippinische Freundin, die vor einiger Zeit nach Europa gezogen war, mich anrief und sagte, sie sei in Manila: Ja, ihr Vater sei gestorben, erzählte sie mit belegter Stimme. Und sie wolle mich zur Trauerfeier einladen, die in engstem Kreis stattfinden würde. Für einen Moment fehlten mir die Worte, denn ich hatte zuvor nur den Mann und die Kinder meiner Freundin getroffen, den Rest ihrer Familie kannte ich nur aus vielen Anekdoten und Erzählungen. Ob das für ihre Verwandten denn in Ordnung sei, fragte ich. Der Begriff engster Familienkreis suggerierte mir, dass ich bei der Trauerfeier fehl am Platz sein würde. »Mach dir keine Gedanken«, sagte meine Freundin, »sie würden sich freuen, wenn du dir die Zeit nimmst.«

Zwei Tage später fuhr ich zu der Kirche, unsicher, wie ich mich verhalten sollte. Meine Scheu war unbegründet, kaum betrat ich die Kapelle, kam eine Filipina auf mich zu, die Schwester meiner Freundin, wie sich herausstellte. Ihre Trauer war offensichtlich, aber sie umarmte und begrüßte mich mit warmen Worten, ebenso wie die übrigen Verwandten, die ich an jenem Nachmittag kennenlernte. Wie selbstverständlich erlaubte mir die ganze Familie, mit großer Nähe an dieser sehr privaten Trauerfeier teilzuhaben. Den Familienkreis so bereitwillig für eine *matalik na kaibigan,* eine beste Freundin, zu öffnen, das ist, glaube ich, eine Stärke meiner Gastgeber.

Zum Wesen der Freundschaft gehört auf den Philippinen auch eine unbedingte Hilfsbereitschaft und Solidarität. Hat man ein Problem oder Sorgen, wird es zum Problem oder den Sorgen der Freunde, die mit viel Energie und ihrem großen Netzwerk helfen, bis alles wieder im Lot ist. Freundschaft bedeutet auch, sich viel und sehr offen auszutauschen und immer füreinander da zu sein, ob es zeitlich nun passt oder nicht – man gehört eben quasi zur Familie. Und auf den Philippinen hat das einen unschätzbaren Wert.

(Aber-)Glaube und Religion

Statthalter des Vatikan in Asien

Wir waren gerade dabei, Ostereier zu bemalen und unsere Wohnung zu schmücken, da schickte mir ein Bekannter Fotos auf mein Handy, dazu nur eine Zeile: »Was für ein blutiges Schauspiel, unglaublich!« Auf den ersten Bildern waren Flagellanten zu sehen, deren Rücken aufgeplatzt waren von den Schlägen, die sie sich mit Ästen und Bambuspeitschen, die mit Glasscherben bestückt waren, selbst zugefügt hatten. Die nächsten Fotos zeigten Männer, die wie einst Jesus Christus am Kreuz hingen, die Hände von Nägeln durchbohrt, auf den Köpfen Dornenkronen. Im Hintergrund waren Reiter in Römerkostümen und massenweise Zuschauer zu erkennen.

Der Kontrast der blutüberströmten Gestalten zu unserer familiären Idylle war frappierend, denn die Fotos stammten nicht etwa von Dreharbeiten zu einem Historienfilm, wie ich wusste. Sie gaben Zeugnis eines sich gerade abspielenden Schauspiels in der Stadt San Fernando unweit von Manila, wo sich die blutigen Rituale alljährlich am Karfreitag wiederholen. Diese Art des auf die Spitze getriebenen Büßertums und die ans Fanatische grenzende Selbstgeißelung finden an Ostern auch in anderen Städten der Philippinen statt. Es sind bizarre Spektakel, die Reporter aus aller Welt ebenso anziehen wie abertausende Touristen und Einheimische. Sie sind aber auch der überdeutlich werdende Ausdruck eines tief verwurzelten katholischen Eifers, der den Philippinen in einem islamisch, buddhistisch und hinduistisch geprägten Kontinent eine Sonderrolle zuweist.

Der Inselstaat ist der Statthalter des Vatikan in Asien, ungefähr 85 Prozent der 106 Millionen Filipinos sind katholischen Glaubens. Und das ist keineswegs nur eine statistische Aussage, die lediglich auf dem Papier existiert: Filipinos leben ihren Glauben intensiv, er durchzieht ihren Alltag und ist überall sichtbar. Ich habe selten in einem Taxi gesessen, in dem nicht ein Kreuz vom Rückspiegel baumelte oder eine kleine Figur der Jungfrau Maria auf dem Armaturenbrett befestigt war, in der Hoffnung, dass diese Fahrer und Passagiere vor Unfällen schützen möge. Die allgegenwärtigen Jeepneys – eine verlängerte Version amerikanischer Militärjeeps aus der Besatzungszeit – sind oft mit frommen Leitsätzen oder einem Abbild von Jesus Christus versehen. In nahezu allen Häusern, die ich auf den Philippinen betreten habe, gab es einen kleinen Hausaltar, der mit Heiligenbildern, Statuetten und einem Kruzifix geschmückt sein kann. Auch wenn mir die Inbrunst der Religionsausübung und die nicht selten devote Frömmigkeit immer fremd blieben, war doch schnell klar, dass ablehnendes Unverständnis oder Kritik daran völlig unangebracht sind. Im Gegenteil ist es für Ausländer unumgänglich, zu begreifen und zu akzeptieren, welchen Stellenwert der christliche Glaube in der philippinischen Gesellschaft hat.

So stehen Gottesdienste und Kirchenbesuche nicht nur sonntags auf dem Programm, sondern sind ebenso Bestandteil des Alltags. Obgleich es wahrlich keinen Mangel an katholischen Gotteshäusern gibt, finden sich an vielerlei Orten Gebetsräume oder integrierte Kapellen. Besonders frequentiert sind diese, wenn sie in einer klimatisierten Shoppingmall liegen. Es ist für Filipinos völlig normal, einen Aufenthalt in einem belebten Konsumtempel mit einem stillen Gebet oder dem Besuch einer Messe zu verbinden. Gehe ich am Wochenende mal ins Kino und sehe eine Menschenansammlung den Gang vor mir verstopfen, weiß ich, dass sie höchstwahrscheinlich nicht etwa für das gerade auf den Markt gekommene Modell einer beliebten Handymarke ansteht, sondern dem per Lautsprecher übertragenen Gottesdienst lauscht, der gerade in der überfüllten Kapelle des Einkaufszentrums stattfindet. Kirche und Kommerz, auf den Philippinen passt selbst das irgendwie zusammen.

In der Weihnachtszeit kulminiert die philippinische Religionsausübung in der *novena:* Vom 16. bis 24. Dezember, also an neun aufeinanderfolgenden Tagen, füllen sich die Gotteshäuser des Archipels zwischen drei und fünf Uhr früh mit Gläubigen zur *Misa de Gallo,* der Messe beim ersten Hahnenschrei. Wer etwas auf sich hält, besucht diese in der Landessprache *Simbang Gabi* genannten Gottesdienste. Aber nur wer die *novena* komplett durchstehe, dem werde Gott seinen innigsten Wunsch gewähren, ermahnt die Kirche die müden Gläubigen.

Doch es wären keine Filipinos, wenn sie aus dem Kirchgang zur Unzeit nicht auch ein heiteres Happening machen würden. Während drinnen inbrünstig gebetet und gesungen wird, bauen findige Landsleute vor den Gotteshäusern geschäftig ihre Stände auf. Die Zwiesprache mit dem Allmächtigen in aller Herrgottsfrühe mag Nahrung für den Geist sein, der Magen knurrt nach der Messe dennoch gewaltig. Gut also, dass sich die hungrigen Kirchgänger sogleich an einheimischen, sättigenden Spezialitäten wie *bibingka* (süßer Reiskuchen), *puto bumbong* (in Bambus gedämpfter klebriger Reis, mit gehäckselter Kokosnuss und braunem Zucker) und einer *tsokolate* (dicker Kakao) laben können. Solcherart angeregt werden Tipps für Last-Minute-Geschenke ausgetauscht.

Religiöse Feste ziehen auf den Philippinen immer Massen an, oft erinnern sie in ihrer Ausgelassenheit und dank farbenprächtiger Kostüme eher an Karneval denn an tiefsinnige Prozessionen. Jeder Ort feiert einmal im Jahr seine *Barrio Fiesta,* die geprägt ist von Gottesdiensten und einem Umzug zu Ehren des jeweiligen Schutzpatrons, dies alles aber im sehr weltlichen Umfeld einer lauten und fröhlichen Jahrmarktatmosphäre. Besonders hoch her geht es beim *Ati-Atihan*-Festival auf der Insel Panay, wo schwarz angemalte und bunt gekleidete Gestalten an die urzeitlichen Einwanderer aus Borneo erinnern, zugleich aber *Santo Niño,* das Jesuskind, verehren. Das mehrtägige Schauspiel im Januar wird von Hunderttausenden Besuchern begeistert gefeiert. Ebenso populär ist das *Moriones*-Fest auf der Insel Marinduque, wo als römische Soldaten verkleidete Männer auf Christenjagd gehen.

Regelrecht beängstigend ist der Andrang beim Umzug des Schwarzen Nazareners in der Hauptstadt Manila. Der aus dem 16. Jahrhundert stammenden, aus dunklem Holz geschnitzten Statue schreiben die Filipinos wundersame Kräfte zu: Wer die lebensgroße Jesusfigur berührt, die die Last eines schweren Holzkreuzes trägt, könne auf Heilung selbst von lebensbedrohlichen Krankheiten hoffen oder der Erfüllung seiner Wünsche und Träume entgegensehen. Gelegenheit gibt es dazu einmal im Jahr, am 9. Januar. Dann tritt der Schwarze Nazarener, der täglich Tausende in Manilas Quiapo-Kirche lockt, eine 6,2 Kilometer lange Reise an. Obgleich die Länge der Strecke überschaubar ist, dauert der Umzug bis zu 22 Stunden – die Prozession lockt Filipinos selbst aus fernen Provinzen in die Hauptstadt. Die Attraktion des Schwarzen Nazareners übersteigt selbst die des Pontifex. Bei der Abschlussmesse des Besuchs von Papst Franziskus im Jahr 2015 sprach das Kirchenoberhaupt vor geschätzten sechs Millionen Gläubigen. Entlang der Prozessionsstrecke des wundersamen Nazareners sollen sich bis zu zehn Millionen Menschen drängen. Nur wenige erreichen ihr Ziel, die Jesusfigur zu berühren. Doch nichts wird unversucht gelassen, vor allem junge Männer drängen sich durch das Meer an Leibern, klettern über Hindernisse und Menschen hinweg, um den offenen Wagen zu erreichen, auf dem der Schwarze Nazarener von Bewachern umgeben ist. Ihre waghalsigen Versuche, den Wagen zu erklimmen, enden oft mit Stürzen in die Tiefe. Sanitäter haben an diesem Tag ohnehin einen Großeinsatz, denn das stundenlange Stehen in der Hitze, das Gedränge und die Aufregung lässt Tausende erschöpft und dehydriert zusammenbrechen.

Die Missionierung des Archipels

Dass der Katholizismus den südostasiatischen Archipel so entscheidend geprägt hat, liegt an der eifrigen Missionarsarbeit der spanischen Kolonialherren. Bevor die ersten Europäer im

16. Jahrhundert auf den Philippinen vor Anker gingen, war das Christentum dort völlig unbekannt. Vor allem im Süden des Inselstaates hatte sich zu jener Zeit bereits der Islam etabliert, der im 14. Jahrhundert von Indonesien und Malaysia aus die Philippinen erreicht hatte. Der Großteil der Einheimischen praktizierte indes animistische Rituale im tiefen Glauben an einen von Naturgeistern und den unsterblichen Seelen der Vorfahren bevölkerten spirituellen Kosmos.

Die ersten Filipinos, die sich christlich taufen ließen, taten dies der Überlieferung zufolge nicht unbedingt als Beweis ihres Glaubens: Die 1521 auf der zentralen Visayas-Insel Cebu angelandeten Spanier sollen – so besagt eine Überlieferung – den erkrankten Enkel des Fürsten von Cebu, Radscha Humabon, geheilt haben. Zum Dank ließen sich Humabons Familie sowie 800 Gefolgsleute von einem katholischen Priester taufen. An der Stelle dieser Massentaufe steht bis heute »Magellan's Cross« – allerdings ist das Original in einem hohlen Holzkreuz verborgen, um es vor Beschädigungen zu schützen. Das Kreuz des Magellan im Zentrum der Millionenstadt Cebu City ist gleichwohl bis heute Pilgerstätte und Touristenattraktion.

Ein wichtiger Pfeiler der Kolonisierung war von Beginn an die zügige Christianisierung der philippinischen Bevölkerung. Spanische Missionare wanderten auch in abgelegene Gebiete des Archipels, lernten die lokalen Sprachen, lebten mit den Einheimischen, um ihr Vertrauen zu erwerben und sie zum Katholizismus zu bekehren. Die Brutalität, mit der die spanischen Konquistadoren in Südamerika vorgegangen waren, blieb den Filipinos glücklicherweise erspart. Dennoch zeigten die Iberer keine Toleranz: Lokale Traditionen und animistische Rituale wurden verboten, heilige Stätten und Symbole zerstört. Nur in einigen Landesteilen regte sich zumeist passiver Widerstand gegen die Verkünder des christlichen Glaubens. Vor allem in den schwer zugänglichen Kordilleren auf der größten Insel Luzon und im abgelegenen, islamisch geprägten Süden des Archipels hatten die Missionare keinen Erfolg.

Ansonsten dominierte bald der Katholizismus, was die Spanier vor das Problem stellte, den Inselstaat nun flächendeckend mit kirchlicher Infrastruktur versehen zu müssen. Während der Bau von Gotteshäusern voranschritt, wurden aus Personalnot auch Filipinos in den Priesterstand erhoben. Die höheren Ränge in der Kirchenhierarchie blieben allerdings dem spanischen Klerus vorbehalten, der sich im Verlauf der Jahrhunderte kräftig an Land und Gütern bereicherte. Dies legte das Fundament für den immensen Reichtum und die Macht, über die die katholische Kirche auf den Philippinen bis heute verfügt. Die Erzdiözese von Manila ist Untersuchungen zufolge eine der reichsten weltweit, ihr millionenschweres Vermögen wird seit Jahrzehnten gewinnbringend an der Börse angelegt. Erst vor wenigen Jahren wurde die Entscheidung getroffen, bei den Finanzgeschäften etwas genauer hinzuschauen, um nicht gegen die eigenen Lehren zu verstoßen: Unternehmen, die etwa mit der Ausbeutung von Rohstoffen oder Glücksspiel ihr Geld verdienen, sind nun auf einer Negativliste. Ebenso Firmen, die in Zusammenhang mit Kinderarbeit gebracht werden.

Auch an anderer Stelle zeigten die Kirchenmänner einen geschickten Umgang mit ihrem Geld: Die Renovierung der altersschwachen Kathedrale in Manila hätte man sich sicherlich alleine dank der Börsengewinne leisten können. Stattdessen wurde die Bevölkerung um Spenden gebeten, die tatsächlich so reichlich flossen, dass die knapp 2,3 Millionen Euro teure Restaurierung gewährleistet war. Auf ihre Gläubigen kann sich die katholische Kirche auf den Philippinen verlassen.

Teufelswerk im 21. Jahrhundert

Der Einfluss, den die zum Teil ultrakonservativen Geistlichen ausüben, geht weit über die seelsorgerische Betreuung ihrer Gemeinden hinaus. Seit Jahrzehnten nehmen sich die Bischöfe das Recht heraus, ein gewichtiges Wort bei brisanten politischen

Debatten mitzureden und den Kirchgängern von der Kanzel aus Direktiven zu erteilen. Besonders deutlich wird dies zu Wahlkampfzeiten: Kandidaten, die sich die Gunst der Kirchenmänner sichern konnten, werden öffentlich unterstützt. Wer es sich hingegen mit dem Klerus verdorben hat, muss damit rechnen, dass die Kirche gegen seine Bewerbung Front macht.

Außerordentlich scharf werden die Töne, wenn es um Dauerstreitthemen wie Scheidung, das Recht auf Abtreibung oder schlicht Familienplanung geht. Wie groß die Macht der Bischöfe ist, zeigt sich daran, dass die Philippinen weltweit der einzige Staat sind – den Vatikan mal ausgenommen –, in dem es kein Scheidungsrecht gibt, lediglich Annullierungen sind unter bestimmten Umständen möglich. Dabei mangelte es in den letzten Jahren wahrlich nicht an Gesetzesvorlagen progressiver Politiker, doch die Mehrheit in Kongress und Senat hat sich bisher nicht dazu durchringen können, der Kirche so offen die Stirn zu bieten.

Die Annullierung einer Ehe ist juristisch aufwendig und nur auf Grundlage medizinischer oder psychologischer Gutachten möglich, was sie zu einem komplizierten und vor allem teuren Prozess macht. Diesen können sich nur wohlhabende Filipinos leisten, während es für den Großteil der Bevölkerung keinen Ausweg aus einer fehlgeschlagenen Ehe gibt. Die Folgen sind für viele Familien gravierend. Immer wieder hatte ich Gespräche mit Filipinos, die in unglücklichen oder gar gewalttätigen Beziehungen feststeckten und darüber verzweifelten. Oder die sich nach langem Zaudern getrennt und einen neuen Partner gefunden hatten, mit dem sie aber nur ohne Trauschein in wilder Ehe zusammenleben konnten. Was natürlich der katholischen Lehre widerspricht, und ein moralisches Dilemma und eine Scham ist, mit der viele Filipinos zurechtkommen müssen.

Noch vehementer wird der Widerstand der Kirche, wenn es um die Legalisierung von Abtreibungen geht. Dies ist nach Ansicht der Vertreter Roms ein absolutes Tabu, und auf Drängen des Klerus ist sie auf den Philippinen gesetzlich ausnahmslos verboten, selbst wenn ein Teenager vergewaltigt wurde oder das

Leben der Mutter durch eine Schwangerschaft oder die bevorstehende Geburt gefährdet ist. Doch die Illegalität kann nicht verhindern, dass Abtreibungen vorgenommen werden. Filipinas, die es sich leisten können, fliegen in liberalere Nachbarländer wie Hongkong oder Singapur, um eine ungewollte Schwangerschaft zu beenden. Für Frauen mit wenig Geld bleibt nur die heimliche Abtreibung, die von zweifelhaften »Ärzten« oder Hebammen, mitunter auch einfach erfahrenen Nachbarinnen, in schlechten hygienischen Verhältnissen durchgeführt wird. Die Methoden reichen von brutal schmerzhaften Massagen des Unterleibs bis zur Benutzung spitzer Gegenstände, die den Fötus abtöten sollen. Wer sich diese wenige Euro kostenden Prozeduren nicht leisten oder antun kann, versucht es mit Kräutertrünken, die zum Beispiel in Manila ironischerweise im Schatten der besonders populären Quiapo-Kirche für einige Pesos feilgeboten werden.

Frauenrechtsgruppen schätzen, dass jährlich mehr als eine halbe Million Schwangere illegal und unter großem Risiko abtreiben, die Zahl der Toten soll in die Tausende gehen. Der häufigste Grund für eine Abtreibung ist Armut, viele Familien können sich schlicht kein weiteres Kind leisten. Dass für arme Frauen auf den Philippinen nach dem dritten oder vierten Kind nicht Schluss ist, liegt nicht zuletzt daran, dass die Kirche die Benutzung von Verhütungsmitteln tabuisiert und Sexualerziehung in den Schulen und Slums ablehnt. Letzteres hat zur Folge, dass Teenagerschwangerschaften und -abtreibungen leider keine Seltenheit sind.

Obgleich die Philippinen im Vergleich zu ihren Nachbarländern mit einer Bevölkerungsexplosion konfrontiert sind, ist die dringend notwendige Familienplanung den Bischöfen bis heute ein Graus. Kondom, Spirale, die Pille – das alles ist in den Augen der meisten Würdenträger Teufelszeug unserer modernen Zeit. Die Familie als Heiligtum, Kindersegen als Gottes Gnade, so lauten die Formeln, die Filipinos von klein auf eingetrichtert werden und die von »Pro-Life«-Gruppen vehement und unermüdlich verkündet werden.

Doch was ist, so habe ich Kirchenvertreter oft gefragt, mit dem deutlichen Zusammenhang zwischen Kinderreichtum und Familienarmut? Die Antworten klangen in meinen Ohren mitunter zynisch: Die Kirche kümmere sich um die Armen, war eine der Standardfloskeln. Wer in Not sei, könne auf Hilfe von Gott und der Gemeinde hoffen. In der Praxis schaut das leider ganz anders aus. Die Realität in den Slums der Großstädte oder den kaum entwickelten ländlichen Gebieten ist so eindeutig wie frustrierend. Erhebungen der Asiatischen Entwicklungsbank von 2015 zeigen, dass knapp 22 Prozent der Bevölkerung unterhalb der Armutsgrenze leben – ein deutlich höherer Anteil als in anderen südostasiatischen Ländern wie Kambodscha (14 Prozent), Indonesien (10,9 Prozent) oder Thailand (10,4 Prozent). Als Ursachen nennt die in Manila beheimatete Entwicklungsbank unter anderem die Größe der Familien: Arme hätten in der Regel vier oder mehr Kinder. Diese wachsen in prekären Verhältnissen mit minimalem Zugang zu Strom und Wasser sowie zu Gesundheitsversorgung oder Bildungseinrichtungen auf. Als Faustregel kann man sagen: Je ärmer die Eltern, desto größer die Wahrscheinlichkeit, dass sie viele Kinder haben. Denn Kinder gelten als Altersversicherung, eine irrige Hoffnung, die sich hartnäckig hält, und die Armutsspirale immer weiter antreibt. Chancen auf ein besseres oder gar ein langes Leben haben die wenigsten dieser Kinder.

Allerdings wird sich das hoffentlich in Zukunft Schritt für Schritt ändern. Denn nach jahrelangem Ringen in Kongress und Senat und gegen den erbitterten Widerstand der katholischen Kirche wurde 2012 tatsächlich ein Familienplanungsgesetz verabschiedet. Dies war eine große Niederlage der Kirche, manche Beobachter meinen, diese Schlappe sei der Beginn eines allmählich schwindenden Einflusses der Bischöfe. Für das Land ist es indes ein wichtiger und überfälliger Schritt, den Präsident Duterte mit einem 2017 unterzeichneten Erlass gegen erneut wachsenden Widerstand verteidigt hat.

Erstmalig haben nun Arme über Gesundheitszentren Zugang zu verbilligten oder kostenlosen Verhütungsmitteln. Zunächst müssen sie noch lernen, wie diese zu benutzen sind. Vor allem aber müssen sie davon überzeugt werden, dass Verhütung kein Mord am ungeborenen Leben ist. Auch die Einsicht, dass ein halbes Dutzend Kinder kein Garant für eine rosigere Zukunft sind, muss noch wachsen. Bisher läuft die Familienplanung eher schleppend, die Geburtenraten sind weiterhin die höchsten in Asien. Zu tief verwurzelt ist der Glaube an den Segen des Kinderreichtums.

Gottesdiener als Aufrührer und Vorkämpfer

Auch wenn mich mit meinem liberalen Blick auf die Dinge das konservative Weltbild vieler Gottesdiener häufig irritiert und ich den großen Einfluss der Kirche auf die politische und gesellschaftliche Entwicklung für fragwürdig halte, so orientiere ich mich doch an den Worten einer philippinischen Freundin: »Wir Filipinos brauchen die Kirche und unseren Glauben. Es gibt uns Kraft und Halt, und das haben wir vielen anderen Nationen voraus.«

Vor allem in Zeiten der Not werden Gotteshäuser zu Rettungsankern und Priester zu Katastrophenmanagern. Bei dem verheerenden Taifun Haiyan im November 2013, der vor allem die Inseln Leyte und Samar mit unvorstellbarer Wucht traf, kamen 10 000 Menschen durch den Sturm und die davon ausgelösten Flutwellen ums Leben. Nach dem Unglück war ich in den niedergewalzten Straßen von Leytes Hauptstadt Tacloban unterwegs, um für deutsche Medien zu berichten. Die Verwüstungen waren immens, ganze Viertel dem Erdboden gleichgemacht oder weggeschwemmt worden. Unzählige Familien hatten ihr Hab und Gut verloren, und vermissten Verwandte, Freunde und Nachbarn.

Der Kirchturm von St. Niño, des ältesten und größten Gotteshauses Taclobans, überragte die Verheerungen, aber selbst die dicken Mauern und das solide Dach wiesen deutliche Schäden auf. Ich betrat das Innere der Kirche, wo ich einige Filipinos diskutieren hörte. Die Gruppe löste sich gerade auf, ein hemdsärmeliger Mann gab letzte Anweisungen. Es war der Priester, der sich gemeinsam mit Gemeindemitgliedern tatkräftig um die Aufräumarbeiten bemühte. Seine größte Sorge galt den Familien, die in der Sturmnacht in die Kirche geflohen waren, und nun dort lebten, weil ihre Häuser zerstört worden waren. Einige Dutzend Menschen mussten mit Nahrungsmitteln, Wasser und Decken versorgt werden. In einem Nebenraum hatte er seine weltliche Kommandozentrale, gerade waren Kleiderspenden angekommen, die an freiwillige Helfer zum Sortieren weitergegeben wurden. Geschlafen habe er seit dem Taifun nur stundenweise, sagte der Priester, der über Nacht zum Krisenmanager seiner Gemeinde geworden war: »Ich verstehe mich nicht nur als Seelsorger, sondern auch als praktischer Helfer. Bei der Kirche suchen die Menschen hier eher Hilfe und Zuflucht als bei den Behörden.«

Die Frühmesse um sechs Uhr am nächsten Tag besuchten Hunderte, die mit dem Leben davongekommen waren und der Toten gedenken wollten. In Gedanken versunken saßen sie auf den hölzernen Kirchenbänken, die Sonne schickte Strahlen durch das zerstörte Dach des Mittelschiffs. Auf der Kanzel suchte der Priester nach Worten der Ermutigung, er beschwor Zusammenhalt und Durchhaltekraft. Die Menschen beteten und sangen, viele weinten. Eliza Mendoza, eine der Überlebenden, ist dankbar, dass wenigstens dieser Teil ihres Lebens unbeschädigt geblieben ist: »Es gibt mir Halt, dass ich wie früher jeden Tag zum Gottesdienst kommen kann. Hier finde ich trotz all des Elends um mich herum Ruhe, Zuversicht und Kraft.«

In Zeiten der Not, das hat die Kirche vielfach bewiesen, scheut sie ihre Verantwortung nicht. Und das gilt nicht nur nach Naturkatastrophen wie Haiyan, die den Archipel regelmäßig heimsuchen: Dass die unsägliche Marcos-Diktatur 1986 endlich zu einem Ende kam, ist nicht zuletzt dem Aufruf von Kardinal Jaime Sin zu verdanken, sowie all den Nonnen und Priestern, die bei der »Peoples Power« genannten Revolution gegen den Despoten in vorderster Front marschierten und sich betend vor anrückende

Panzer knieten. Es machte den Mit-Demonstranten zweifelsohne Mut, Seite an Seite mit Geistlichen die Rückkehr der Demokratie einzufordern. Und es hatte einen entscheidenden Einfluss darauf, dass die aufmarschierten Soldaten keine Schüsse auf die Menge abgaben, sondern sich im Gegenteil in großer Zahl dem Aufstand anschlossen.

Auch während der aktuellen Regierungszeit von Präsident Rodrigo Duterte – einem bekennenden Kirchenverächter – regt sich Widerstand gegen den von ihm entfesselten Drogenkrieg. Wohl mehr als 20 000 Menschen sind Dutertes Feldzug bisher zum Opfer gefallen, fast ausnahmslos sind es Kleindealer oder Abhängige aus den Armenvierteln. Erzbischof Socrates Villegas erzürnte sich: »Warum sind wir nicht geschockt von den Schüssen und dem Blut auf unseren Straßen? Wieso werden nur die Armen erschossen, während reiche Verdächtige mit Verbindungen ein ordentliches Verfahren bekommen?« Die Bischofskonferenz mahnte in einem offenen Brief: »Noch größere Sorgen bereitet uns die Gleichgültigkeit vieler gegenüber diesem falschen Handeln. Durch Zustimmung oder schweigende Akzeptanz macht man sich zum Komplizen des Bösen.« Doch bisher verpuffen die Mahnungen der Kirche, täglich erhöht sich die Zahl der Toten im Drogenkrieg.

Religionsfreiheit und Islam

Man mag sich fragen, wie es ausschaut mit Religionsfreiheit und der Toleranz gegenüber Andersgläubigen in einem so dominant katholischen Land? Freunde, die aus einer protestantischen Familie stammen, sehen das sehr entspannt: »Wir haben nie Ablehnung oder Diskriminierung wegen unserer Konfession erlebt. Filipinos sind von Natur aus tolerant.«

Allerdings endet die Toleranz in der Regel, wenn es sich um die muslimische Minderheit im Archipel dreht. Etwa fünf Prozent der Bevölkerung bekennen sich zum Islam, der Großteil der philippinischen Muslime lebt seit Jahrhunderten auf der südlichen Insel Mindanao und den Inseln in der an Malaysia grenzenden Sulu-See. Dort können sie nach Meinung vieler Filipinos auch gern bleiben. Die Journalistin Marites Vitug attestierte ihren Landsleuten in einem Gespräch »eine hartnäckige Voreingenommenheit gegen Muslime, vielleicht wegen der stereotypen Meinung, dass sie gewaltbereit sind«.

Die Kluft zwischen katholischen und muslimischen Filipinos geht bis zur Kolonialzeit zurück. Die Spanier versuchten auf Mindanao vergeblich, das Christentum mit Gewalt zu etablieren und die Moro genannten Anhänger des Islam gefügig zu machen. Die Kolonialherren akzeptierten schließlich, dass Teile der südlichen Philippinen sich nicht christianisieren ließen und fortan ein Eigenleben führten. Die Amerikaner setzten hingegen auf Zuckerbrot und Peitsche. Während sie sich mit einflussreichen Moros gut stellten und eine Nicht-Einmischung in religiöse Belange versprachen, bekämpften sie widerspenstige Koran-Anhänger, die den neuen Kolonialherren ebenso Widerstand leisteten wie seinerzeit den Spaniern.

Die Besatzer reagierten mit Siedlungsprogrammen, die bis in die späten 1950er Jahre dauerten und abertausende katholische Familien nach Mindanao brachten. Sie verließen ihre Heimat auf Luzon oder den Visayas-Inseln und ließen sich im Süden nieder, wo fruchtbare Böden gute Ernten versprachen. Die muslimische Bevölkerung wurde nicht um Zustimmung gebeten, sie mussten zähneknirschend zusehen, wie ihr angestammtes Land aufgeteilt und von Andersgläubigen besiedelt wurde. Die Amerikaner und die folgenden philippinischen Regierungschefs versprachen sich davon eine bessere Integration der Muslime, tatsächlich sollte die »Filipinisierung« aber auch dazu dienen, mehr Kontrolle über den islamisch geprägten Teil des Landes zu gewinnen.

Das Gegenteil war indes der Fall, religiöse und ethnische Vorbehalte zwischen den ursprünglichen Bewohnern und den Neuansiedlern führten zu starken Spannungen und Misstrauen, die nach der philippinischen Unabhängigkeit in bewaffneten Konflikten endeten. In den frühen 1970er Jahren begannen radikalisierte muslimische Gruppen, für Selbstbestimmtheit und Unabhängigkeit von der Zentralregierung in Manila zu kämpfen. Dem jahrzehntelangen Konflikt mit zahllosen Gefechten zwischen muslimischen Rebellen und Regierungstruppen sind Zehntausende Menschen zum Opfer gefallen, Hunderttausende sind zu Flüchtlingen geworden.

Die Machthaber in Manila versuchten auf verschiedenen Wegen, den Mindanao-Konflikt in den Griff zu bekommen. Präsident Ferdinand Marcos schickte seine Truppen mit dem erbarmungslosen Ziel der »verbrannten Erde« los; die Massaker und Menschenrechtsverletzungen durch die Soldaten haben viele Muslime erst radikalisiert und die Reihen der Unabhängigkeitskämpfer anwachsen lassen. Marcos' Amtsnachfolger Corazon Aquino und Fidel Ramos setzten hingegen auf Verhandlungen und Friedensangebote, deren Erfolge indes von dem ab 1998 regierenden Joseph Estrada zunichte gemacht wurden. Dessen »totaler Krieg« gegen die Muslimrebellen ließ die Gewaltspirale eskalieren, terroristische Splittergruppen wie die Abu Sayyaf verbreiteten mit Entführungen und Bombenattentaten nicht nur im Süden des Archipels Angst und Schrecken. Die Nachfolgeregierung unter Gloria Macapagal-Arroyo hatte kein Konzept. Sie überließ es dem philippinischen Militär und den zu Hilfe gerufenen amerikanischen Verbündeten, die islamischen Freiheitskämpfer in den Griff zu bekommen.

Erst ab 2010 keimte unter Präsident Benigno »Noynoy« Aquino die Hoffnung auf ein Ende des Blutvergießens auf, zähe Verhandlungen mündeten in einen 2014 geschlossenen Friedenspakt zwischen der Zentralregierung und der größten Rebellengruppe MILF (Moro Islamic Liberation Front). Kernstück des Vertrages ist es, die 1989 geschaffene autonome Region, die mehrere dominant muslimische Provinzen umfasst, zu erweitern, mit mehr Autonomie und einem festen Budget auszustatten sowie dem demokratisch zu wählenden Regionalparlament die Hoheit über lokale Bodenschätze und Ressourcen zu gewähren. Im Juli 2018 unterschrieb Präsident Duterte ein entsprechendes Gesetz, das im Januar 2019 bei einer Volksbefragung in den betroffenen Provinzen auf eine große Mehrheit stieß.

Frieden für Mindanao – das klingt zu schön, um wahr zu sein. Wie oft habe ich im Fernsehen Bilder von den Schlachtfeldern im Süden gesehen, wie häufig wurden wir in der Hauptstadt gewarnt, dass ein terroristischer Anschlag bevorstehen könnte. Und wie selten bin ich in der Millionenmetropole, die Filipinos aus allen Provinzen anzieht, philippinischen Muslimen begegnet. Oder ich erkannte sie nicht als solche, weil sie sich lieber als »normale« Filipinos ausgaben. So war ich mehrere Male mit einem einheimischen Guide und Übersetzer für einige Tage unterwegs gewesen. Für mich war er Tom – ein typischer philippinischer Familienvater, der bedauerte, seine Kinder wegen des Jobs nicht oft genug zu sehen.

Während der stundenlangen Autofahrten unterhielten wir uns buchstäblich über Gott und die Welt, nichts ließ darauf schließen, dass Tom eigentlich Rustum hieß und kein Katholik, sondern ein Muslim war. Ich erfuhr es nur durch Zufall und sprach Tom alias Rustum in einem geeigneten Moment auf seine Heimlichtuerei an. »Ma'am, es ist einfacher für mich, wenn meine Kollegen das nicht wissen. Dann gibt es keine blöden Bemerkungen und keine schrägen Blicke. Solange ich Tom bin, kann ich der nette Kumpel bleiben. Ausländer hätten wahrscheinlich weniger Probleme mit meinem Glauben, aber die meisten Filipinos mögen Muslime nun mal nicht.«

Es wird sicher ein langer und holpriger Weg werden, bis sich die katholische Mehrheit und die muslimische Minderheit auf den Philippinen annähern. Wenn es der Zentralregierung in Manila ernst ist mit dem Frieden in Mindanao, reicht es nicht, die Kriegshandlungen zu beenden. Solange die überwiegend muslimischen Provinzen, die so reich an Bodenschätzen und natürlichen Ressourcen sind, weiter zu den ärmsten des Archipels gehören, werden die Unzufriedenheit und das Misstrauen der lokalen Bevölkerung neuen Widerstandsbewegungen Nahrung geben.

Und dann sind da noch ...

Es ist fast unmöglich, auf den Philippinen unterwegs zu sein, ohne an Kirchen vorbeizukommen, die sich optisch deutlich von den katholischen Gotteshäusern unterscheiden. Mit ihren spitzen Türmen, gotischen Rosetten und dem strahlend-hellen Anstrich sehen sie so proper aus, als wären sie gerade für einen Werbeprospekt auf einen sauber gefegten Platz gestellt worden. »Iglesia ni Cristo« steht mit großen Lettern über den Portalen, durch die die Anhänger des 1914 von Felix Manolo gegründeten Glaubenszweigs zu ihren Gottesdiensten gehen.

Manolo, der sich bereits als junger Mann von der Katholischen Kirche abgewandt hatte, und auch bei Methodisten, Presbyterianern oder anderen Gruppierungen keine religiöse Heimat finden konnte, schuf schließlich seine eigene Glaubensgemeinschaft. Binnen weniger Tage soll er die Doktrinen aufgeschrieben haben, auf denen die einzig wahre Kirche, wie er selbst seine Iglesia ni Cristo (INC) nannte, bis heute basiert.

Von einer zunächst lokal begrenzten Sekte ist die INC inzwischen zur drittgrößten Glaubensgruppe auf den Philippinen angeschwollen. Sie ist in mehr als hundert Ländern vertreten, ihre etwa 2,3 Millionen Mitglieder müssen sich strengen Regeln beugen: Sie dürfen keine Andersgläubigen heiraten, müssen bei Wahlen den Vorgaben der INC-Führer Folge leisten und einen »freiwilligen« Anteil ihres Einkommens an die einzig wahre Kirche abtreten. In der Praxis sind es wohl zehn Prozent, auch wenn die INC-Führung bestreitet, diese Summe einzufordern. An der Spitze der steinreichen INC steht heute Eduardo V. Manolo, der charismatische Enkel des Gründers. Auch wenn er und seine Anhänger der katholischen Kirche ein Dorn im Auge sind, wird Manolo gerade in Wahlzeiten von Politikern umworben, die auf die Stimmen der INC-Mitglieder hoffen. Dabei muss auch das religiöse Gewissen der katholischen Kandidaten mal hintenanstehen.

Nicht ganz so viel Einfluss und Geld hat die »Iglesia Filipina Independiente«, die Anfang des 20. Jahrhunderts von Gregorio

Aglipay gegründet worden ist. Der Priester und ehemalige Militärgeistliche wollte die katholische Kirche »filipinisieren«, ein Affront, den der Vatikan mit Exkommunikation bestrafte. Die Gründung der Unabhängigen Philippinischen Kirche konnte Rom indes nicht verhindern. Aglipays Glaubensgemeinde – die Schätzungen zufolge knapp zwei Millionen Mitglieder hat – steht der Römisch-Katholischen Kirche ablehnend gegenüber, erkennt die Autorität des Papstes nicht an und hat den Zölibat abgeschafft.

Wenn ich das Gespräch auf eine der beiden mitgliederstarken Glaubensgruppen bringe, löst das in der Regel hochgezogene Augenbrauen aus. Vielen Filipinos gelten sie als abgeschirmte Gemeinschaften, die vom Weg des rechten Glaubens abgekommen sind. Tiefgreifendes Misstrauen oder gar offene Feindschaft dem INC oder der Unabhängigkeitskirche gegenüber habe ich indes nie feststellen können. Toleranz und Religionsfreiheit gibt es auf den Philippinen sehr wohl, da haben meine protestantischen Freunde Recht. Nur wenn die Bibel auf den Koran trifft, stößt diese Toleranz rasch an Grenzen.

Wunderheiler und Geisterglaube

Es ist einer jener Widersprüche, die die Philippinen so spannend machen: Während der Katholizismus felsenfest in der Kultur des Landes verankert ist, sind die Filipinos unabhängig von sozialem Status, Einkommen oder Bildungsstand zugleich ein äußerst abergläubisches Volk. Für einfache Filipinos mit wenigen Jahren Schulbildung ist es ebenso natürlich wie für Landsleute mit Universitätsabschluss, zum Gottesdienst in die Kirche zu gehen, um sich dann gleich um die Ecke bei einem der Wahrsager für wenige Pesos die Zukunft aus der Hand oder den Karten lesen zu lassen. Wann ist das ideale Datum für den Abschluss eines lukrativen Deals? Ist der künftige Schwiegersohn etwa doch ein Schuft? Wird das Baby ein Junge oder ein Mädchen? All das steht in den Sternen, man muss nur einen Weissager befragen.

Und wehe, wenn ein Heiler eine Warnung ausgesprochen hat: »Ma'am ich kann auf keinen Fall mit Wasser zu tun haben, bevor ich bügele«, sagte mir eine Filipina, die sich zu Beginn unserer Zeit in Manila als Haushaltshilfe vorstellte, mit großem Ernst. »Sonst kriecht ein böser Geist meinen Arm hinauf und setzt sich fest«, erklärte sie weiter und wartete auf ein verstehendes Nicken von meiner Seite. Ich hingegen muss sie recht entgeistert angestarrt haben, woraufhin die junge Filipina nachschob, dass diese Warnung von ihrem Heiler stamme, und sie diese natürlich äußerst ernst nehmen müsse.

Seither hatte ich zahllose solche Momente, mein anfängliches Staunen ist einem akzeptierenden Verständnis gewichen: In meinem Gastland gibt es eine spirituelle Parallelwelt, die sich seit Jahrhunderten hält. Im Leben der Filipinos spielen Wunderheiler und Weissager eine ebenso wichtige Rolle wie Priester – natürlich sehr zum Ungemach der katholischen Kirche. Selbst der präkoloniale Animismus, in dessen Zentrum die Beseeltheit der Natur und eine vielköpfige Götterwelt stehen, hat noch seinen festen Platz im rituellen Leben einiger Stämme. Der feste Glaube an die heilende oder schützende Kraft von Amuletten und Tinkturen, an gute und schlechte Omen oder an Prophezeiungen eint die Bewohner aller Inselgruppen. Es wird nie ein Problem sein, an einem beliebigen Ort auf den Philippinen einen Heiler ausfindig zu machen, sollte man das Vertrauen in die Schulmedizin verloren haben. Wobei die Grenze zwischen Scharlatanerie und natürlicher oder spiritueller Heilkunst äußerst dünn gezogen ist. Besonders im Bereich der unblutigen Operationen, der sogenannten psychischen Chirurgie, ist Vorsicht geboten. Tausende schwerkranke oder als unheilbar geltende Menschen aus der ganzen Welt pilgern jedes Jahr auf die Philippinen, in der Hoffnung auf Rettung durch Handauflegen. Anhänger solcher paramedizinischer Behandlungen schwören auf deren unerklärliche Form der Heilkraft. Gegner beschimpfen Handaufleger hingegen als skrupellose Betrüger und Ausbeuter. Zweifelsohne lässt sich mit der Aura des erfolgreichen Heilers eine Menge Geld verdienen –

die prominentesten Vertreter dieser Zunft haben Dutzende Patienten auf der Warteliste und touren durch die Welt, um ihre – vermeintlich – übersinnlichen Kräfte möglichst vielen Kunden angedeihen zu lassen.

Deutlich weniger profitorientiert geht es hingegen auf der Insel Siquijor zu, dem Epizentrum des philippinischen Schamanismus. Von den Filipinos wird Siquijor auch als »Witch Island«, Hexeninsel, oder als Voodoo-Insel betitelt. Asiatische Touristen meiden das wunderschöne Eiland aus Furcht, denn an dessen dicht bewaldeten Berghängen, wo angeblich die wirkungsvollsten Heilpflanzen des Archipels wachsen, praktizieren zahlreiche gute wie auch böse Medizinmänner. In der Osterwoche reisen zudem tausende Kollegen an: Gemeinsam werden uralte Rituale zelebriert, Tinkturen gebraut und Amulette für alle lebenswichtigen Situationen hergestellt.

Soviel Übersinnliches sowie die Aussicht auf eine vom Massentourismus verschonte Insel hatten mein Interesse geweckt, doch als ich meine Reisepläne mit einer Freundin besprach, erntete ich völliges Unverständnis: »Das solltest du auf keinen Fall machen, schon gar nicht mit den Kindern! Siquijor ist unheimlich, weißt du das nicht?« Abgehalten hat uns die Warnung nicht. Wieder einmal siegte die Neugier, aber auch die Tatsache, dass wir anders »ticken« als die Bewohner unseres philippinischen Gastlandes und nicht zugänglich sind für den allgegenwärtigen Aberglauben. Filipinos hingegen sind meisterhaft darin, ihren Glauben mit ihrem Aberglauben zu einer höchst ungewöhnlichen Melange zu verbinden.

Siquijor entpuppte sich zunächst als wunderbar entspannte Insel, deren Bewohner noch warmherziger und freundlicher waren als andernorts im Archipel. Reich gesegnet mit natürlicher Schönheit und da nur per Fähre zu erreichen, war sie zweifelsohne ein Geheimtipp. Wobei das Wort Geheimnis in diesem Zusammenhang besonders gut passt, denn im Hinterland vollzieht sich eben jene unerklärliche Kunst, für die Siquijor berühmt-berüchtigt ist. Dort verrichten *mananambals* ihr gutes Werk. Sie gelten als Meister im Brauen von geheimnisvollen Kräutersäften, die gegen allerlei Krankheiten und anderes Ungemach helfen sollen. Für wenige Euro kann man zum Beispiel *gayumpa* erstehen, ein Gebräu, nach dessen Genuss einem angeblich Glück und Erfolg sicher sind. Besonders nachgefragt seien Liebestränke, heißt es. *Sumpa*-Schutzamulette wehren hingegen böse Geister ab und sind ebenfalls ein echter Verkaufsschlager. Nicht zuletzt, weil es auf Siquijor auch schwarze Magier gibt, die, so erzählen es Filipinos schaudernd, anderen Pech in der Liebe oder gar unheilbare Krankheiten anhexen können. Glaubt man den Geschichten, reisen Politiker und Geschäftsleute aus der fernen Hauptstadt Manila an, um ihren Gegnern gegen Zahlung von einigen hundert Euro mit üblem Hexenwerk das Handwerk legen zu lassen.

Dies war nicht mein Ziel, als ich mich an einem besonders schwülen Nachmittag auf den steilen Weg zu einer kleinen Ansiedlung im Inselinnern aufmachte. Dort sollte ein *mananambal* wohnen, dem man vertrauen könne, hatte ich im Ressort unten an der Küste erfahren. Während Donnergrollen in der Ferne ein Gewitter ankündigte, entdeckte ich im Dschungel die ersten Hütten. Vor einer saß ein besonders prächtiger Kampfhahn mit schillerndem Gefieder, der Besitzer musste über Geld und Prestige verfügen. Tatsächlich war es der gesuchte Heiler, der sich als altes Männlein entpuppte, dessen Augen fast vollständig eingetrübt waren.

»Ich muss nicht sehen können für meine Arbeit«, versicherte er mir, »meine Hände sind meine Arbeitsgeräte.« Ich bat ihn, meinen Gesundheitszustand zu beurteilen. Es folgte ein Abtasten meiner Arme und Beine, des Kopfes, Brustkorbs und des Rückens. Hier verharrte der alte Mann – er hatte meine Schwachstelle gefunden. »Dir kriecht ein böser Wind den Rücken hoch, das musst du unbedingt behandeln«, sagte der Heiler streng und schickte einen Buben los, die Blätter einer bestimmten Pflanze zu pflücken.

Wenig später hatte ich einen heißen Kräuterbrei auf dem Rücken, die Haut fing an, angenehm zu kribbeln, die Muskeln entspannten sich. Keine Frage, es war ein wohliges Gefühl, das sich breitmachte. Doch allzu lange konnte ich die heilende Kraft der Paste nicht genießen, der nächste Ratsuchende wartete bereits. Als ich nach kurzem Überlegen meine freiwillige Spende abgab – kein *mananambal* verlangt feste Preise, diese Art der Bezahlung würde ihn seiner Kräfte berauben – überkam mich ein mulmiges Gefühl. Sah der Alte mich komisch an, oder war es schlicht sein milchig-trüber Blick? Vielleicht hatte ich zu wenig bezahlt und ihn dadurch beleidigt? Ich war froh, als ich meinen Rückweg vorbei an einem Tisch voller Tinkturen und Amulette antreten und hinter Palmen verschwinden konnte. So ganz entziehen konnte ich mich der mystischen Stimmung da oben jedoch nicht. Auch wenn ich mit Aberglauben allgemein nichts am Hut habe – irgendwas ist wohl doch dran an der wundersamen Kraft und Ausstrahlung der *mananambal*, die seit Jahrhunderten einen so hohen Status in der philippinischen Gesellschaft genießen.

Es ist eine besonders faszinierende Facette in dem Kaleidoskop, das sich Philippinen nennt. Dass der heidnische Glaube an Wunderheiler, uralte Riten oder animistische Parallelwelten im Zeitalter von Facebook, Twitter, Snapchat und Co. und trotz der Gegenwehr der mächtigen katholischen Kirche überlebt hat, lässt für mich keinen Zweifel daran, dass die mystische Welt der Heiler und die Spiritualität der Filipinos auch das 21. Jahrhundert überdauern werden.

Fremdherrschaft und Demokratieversuche

Spanien bringt Siedler, Missionare und das Encomienda-System

Bevor wir 2002 in Manila landeten, hatte ich die vage Hoffnung, dort meine eingerosteten Spanischkenntnisse wieder aufpolieren zu können. Denn immerhin hatten die Iberer für Jahrhunderte den Ton auf der südostasiatischen Inselgruppe angegeben. Und tragen nicht die meisten Filipinos spanische Nachnamen? So zumindest stand es in den Reiseführern, die wir vor dem Abflug aus Deutschland eifrig gelesen hatten. Den Hinweis, dass nur noch ein sehr geringer Teil der philippinischen Elite die Sprache der ersten Kolonialherren beherrscht, hatte ich in meiner Vorfreude nicht ganz wahrhaben wollen. Auch ansonsten suchte ich vergeblich nach offenkundigen Spuren der einstigen Kolonialmacht, doch außer einigen Gerichten, die der spanischen Küche entlehnt sind, wurde ich nicht fündig.

Dabei waren die ersten Spanier sicherlich heilfroh, als sie im Jahr 1521 den philippinischen Archipel erreichten. Die von dem portugiesischen Seefahrer und Entdecker Ferdinand Magellan im Auftrag des Habsburger Kaisers Karl V., zu dessen Reich Spanien gehörte, geleitete Expedition stand zu jenem Zeitpunkt kurz vor dem Scheitern. Mit fünf Schiffen war man aufgebrochen, um einen von Ost nach West verlaufenden Seeweg nach Indien zu finden. Stürme, Flauten, Hunger und Skorbut dezimierten die wagemutigen Besatzungen so sehr, dass es nur drei Schiffe waren, die im Golf von Leyte auf der unbewohnten Insel Homonhon anlegten, um Vorräte aufzufrischen.

Es waren zwar nicht wie erträumt die sagenumwobenen Molukken, deren Gewürze zu jener Zeit Gold wert waren, doch immerhin – Magellan hatte einen bis dato in Europa unbekannten Archipel entdeckt, und damit der spanischen Krone eine Bastion in Südostasien gesichert. Wie sich herausstellen sollte, war es die Kolonie, die am längsten im Besitz der Spanier blieb. Magellan selbst erlebte allerdings nicht einmal das erste Jahr der Kolonisierung – auf sein Geheiß fuhr die kleine Flotte weiter und ankerte Anfang April 1521 vor der Insel Cebu. Mit Hilfe von Geschenken und der Demonstration von Kanonendonner und einschüchternden Rüstungen gelang es rasch, den Herrscher des Eilands, Radschah Humabon, friedlich zu stimmen. Auch wenn die Insel weder Nelken, Zimt noch Pfeffer zu bieten hatte, so konnten die Spanier zumindest mit der Taufe der Herrscherfamilie samt einiger hundert Untergebener zufrieden sein.

Auf der winzigen, Cebu vorgelagerten Insel Mactan hatte hingegen ein kriegerischer Häuptling das Sagen: Lapu Lapu wollte sich weder Magellan noch dem Christenkreuz unterwerfen. Vielleicht war es die Arroganz eines an Erfolg und Gehorsam gewöhnten Kapitäns, die Magellan zu einer fatalen Fehlentscheidung verleitete. Er wollte den Heiden eine Lektion erteilen und befahl den Angriff. Doch weder Musketen noch Rüstungen halfen der nur einige Dutzend Mann starken Eroberertruppe, die es laut Aufzeichnungen des Reisechronisten Antonio Pigafetta mit mehr als 1500 Insulanern zu tun bekam. Der Hagel aus Pfeilen und Lanzen schlug die Seefahrer rasch in die Flucht. Der Legende nach kämpfte Magellan ebenso verbissen wie vergeblich, laut Pigafetta stürzten sich zum Schluss »alle Feinde auf ihn und hieben auf ihn ein«.

Mit seinem Sieg erkämpfte sich Häuptling Lapu Lapu einen Platz in der philippinischen Geschichte; den Vormarsch der Spanier und die Christianisierung des Archipels konnte der erste Freiheitskämpfer allerdings nicht aufhalten.

Das konnten auch die Inder, Chinesen und Araber nicht, die lange vor den ersten Europäern auf den philippinischen Inseln gelandet waren und eifrig Handel trieben. Am stärksten war der Einfluss der arabischen Geschäftsleute, die den Islam auf vielen philippinischen Inseln etabliert hatten. Dies war den katholischen Spaniern ein Dorn im Auge, die die Inselgruppe, die Magellan zunächst als Archipelago de San Lorenzo für die spanische Krone in Besitz genommen hatte, 1542 zu Ehren Philipps II. von Spanien in Islas Filipinas umbenannt hatten.

Der spanische Regent war es dann auch, der eine ernsthafte Kolonisierung und Missionierung der Inseln als strategisch günstig gelegenes Handelszentrum anordnete. Im Jahr 1565 erreichte eine von Miguel López de Legazpi angeführte Flotte die zentrale Inselgruppe der Visayas. Zunächst diente die neu gegründete Stadt Cebu auf der gleichnamigen Insel als Hauptstadt. Von dort aus eroberten die Spanier den Archipel, 1571 zerstörten sie die muslimische Siedlung Maynilad an der Mündung des Pasig River. Legazpi ließ eine solide Festung mit dicken Mauern errichten – es war die Geburtsstunde von Manila, das bis heute die Hauptstadt der Philippinen ist.

In der Kernstadt Intramuros, was übersetzt »innerhalb der Mauern« bedeutet, lebten die spanischen Kolonialherren. Einheimische hatten allenfalls als Bedienstete Zugang, ihre Behausungen befanden sich, ebenso wie die der in der Rangordnung noch weiter untenstehenden Chinesen, außerhalb der Festungsmauern. Die von Mexiko aus verwaltete Kronkolonie wurde in *encomiendas* aufgeteilt: Verwaltungsbezirke, die von Spaniern, Kirchenmännern und Einheimischen, die sich als ergeben und nützlich erwiesen hatten, geleitet wurden.

Das *encomienda*-System erlaubte es den an der Spitze stehenden Ordensleuten und lokalen Günstlingen, sich gewaltige Ländereien einzuverleiben – der Grundstein für den Reichtum und die Macht der katholischen Kirche sowie der philippinischen Dynastien bis zum heutigen Tag. Ihre Untergebenen mussten Zwangsabgaben entrichten und 40 Tage im Jahr unentgeltlich Kirchen, Straßen oder andere Infrastruktur bauen. Die Aufsicht über dieses ausbeuterische System delegierten die von Manila eingesetzten Generalgouverneure wiederum an Ortsvorsteher. Diese Posten waren selbstredend äußerst begehrt, nicht nur wegen des damit verbundenen Ansehens und der Macht, sondern auch wegen der leicht möglichen Eigenbereicherung. Es ist kaum von der Hand zu weisen, dass die heute allgegenwärtige Kultur der Korruption und der Vetternwirtschaft ihren Ursprung im spanischen *encomienda*-System hat.

Für die spanische Krone war der weit entfernte Archipel weniger als Quelle von Rohstoffen oder Gewürzen wertvoll. Vielmehr war es der 250 Jahre lang währende Galeonenhandel, der die Philippinen zum Knotenpunkt eines Handelsnetzes zwischen Asien und Europa machte. In der Bucht von Manila wurden kostbare Ladungen aus China umgeschlagen: Seide, Elfenbein, Porzellan und Gewürze machten sich von dort auf den langen und gefährlichen Seeweg nach Mexiko, wo sie abermals umgeladen und nach Europa verschifft wurden. Die in Acapulco entladenen Galeonen machten sich indes auf die Rückreise – beladen mit spanischen Silbermünzen, auf die die Händler in Manila sehnsüchtig warteten. Ebenfalls an Bord waren spanische Kolonisten und Missionare, die sich im Archipel ansiedelten. Bis auf den Süden, wo sich Muslime der weltlichen und geistlichen Obrigkeit widersetzten, und die schwer zugänglichen Kordilleren Nordluzons, wo animistische Bergvölker sich behaupteten, waren die Philippinen gegen Ende des 16. Jahrhunderts christianisiert.

Feinde von außen gab es auch: Chinesische Piraten, Holländer und Briten gierten nach dem Handels-Drehkreuz in Südostasien. Letztere eroberten Manila im Jahr 1762 tatsächlich, mussten aber zwei Jahre später nach dem Friedensvertrag von Paris wieder abrücken.

Der Freiheitskampf der Filipinos

Abgesehen von einigen kleinen lokalen Aufständen hatten die Spanier ihre Kolonie bis zur zweiten Hälfte des 19. Jahrhunderts fest im Griff. Doch die Unzufriedenheit mit den ausbeuterischen Feudalherren und der Diskriminierung im eigenen Land brach sich allmählich Bahn, einheimische Priester und aufgebrachte Bauernführer setzten sich an die Spitze philippinischer Widerstandsgruppen, deren Ziele die Vertreibung der Kolonialherren und die Unabhängigkeit waren. Angefacht wurde die Sehnsucht nach Freiheit von den sogenannten *illustrados,* Abkömmlingen aus gut betuchtem Hause, die wie der spätere Nationalheld José Rizal zum Studium nach Europa geschickt wurden und von dort die Ideen der Französischen Revolution und anderer Freiheitsbewegungen mit in die Heimat brachten.

Der von Andrés Bonifacio im Jahr 1892 mitgegründete Geheimbund Katipunan fand viel Unterstützung in der ärmeren Bevölkerung, die Flamme der Philippinischen Revolution breitete sich rasch auf Luzon aus. Die Versuche der zahlenmäßig deutlich unterlegenen Spanier, den Widerstand mit Waffengewalt und exemplarischen Exekutionen – wie der des Nationalhelden José Rizal, der nie Mitglied des Katipunan war – in den Griff zu bekommen, scheiterten. Ende 1897 verhandelten die Revolutionäre mit den Kolonialherren einen Waffenstillstand und die Abdankung des spanischen Gouverneurs.

Geheimverhandlungen, Scheingefechte und viel Geld – Amerika verdrängt Spanien

Doch das war nur der Anfang vom Ende der spanischen Ära: Die aufstrebenden Vereinigten Staaten erklärten der alten Großmacht 1898 den Krieg. Zuvor war eines ihrer Kriegsschiffe vor dem spanisch annektierten Kuba versenkt worden. Die amerikanische Pazifikflotte zerstörte daraufhin die spanischen Schiffe im Hafen von Manila und belagerte die Hauptstadt monatelang. Der philippinische Anführer der Befreiungsarmee, General Emilio Aguinaldo, sah seine Chance gekommen, und verbündete sich mit den Angreifern. Während Aguinaldo die Unabhängigkeit der Philippinen verkündete, verhandelten die Amerikaner heimlich mit den Spaniern, die eine sich abzeichnende Niederlage zumindest ehrenvoll gestalten wollten. Das hieß, sie wollten lieber gegen »weiße« Gegner als gegen die »braunen« Einheimischen unterliegen. Amerika ließ sich auf das Tauschgeschäft ein und gewann verabredungsgemäß ein Scheingefecht. Der spanisch-amerikanische Krieg endete mit einem Deal, der für beide Seiten akzeptabel war: Spanien erhielt von den USA die damals gewaltige Summe von 20 Millionen Dollar, die Amerikaner dafür die spanischen Kolonien Guam, Puerto Rico und die Philippinen.

Die Betrogenen waren die Filipinos, die 1899 unter Aguinaldos Führung einen Partisanenkrieg gegen die neuen Herrscher begannen. Zwei Jahre währte der grausame amerikanisch-philippinische Krieg, bei dem Schätzungen zufolge 4000 US-Soldaten starben. Wesentlich höher waren die Verluste auf der philippinischen Seite: 16 000 Freiheitskämpfer und 200 000 Zivilisten sollen bei den Gemetzeln ihr Leben verloren haben. Der brutale Unterwerfungs-Feldzug endete mit Aguinaldos Festnahme im Jahr 1901, auch wenn lokale Widerstandsgruppen insbesondere in den muslimischen Gebieten von Mindanao sich noch bis 1913 Gefechte mit dem US-Militär lieferten.

Was dem offiziellen Kriegsende folgte, war die Amerikanisierung der Philippinen. Die neuen Kolonialherren brachten protestantische Missionare, amerikanische Lehrer und ihre Lebenskultur in den südostasiatischen Staat. Sie bauten die Infrastruktur und ein Verwaltungsnetz auf, vor allem aber strebten die Amerikaner an, eine funktionierende Demokratie nach dem Vorbild der USA zu errichten. Auch die wirtschaftliche Entwicklung wurde von Washington genau kontrolliert, sie zielte allerdings nicht darauf ab, dass es dem »kleinen Mann« bald besser gehen sollte. Von dem 1909 beschlossenen Freihandelsabkommen profitierten nicht die Bauern, sondern die unter den Spaniern reich gewordenen Familienclans, von deren gewaltigen Ländereien vor allem Zucker und Reis in die USA verschifft wurden. Der Wohlstand und die Macht der philippinischen Dynastien wurden in jenen Jahren zementiert.

Immer wieder wurde den Filipinos die Unabhängigkeit in Aussicht gestellt, doch das 1935 ausgerufene »Commonwealth of the Philippines« läutete lediglich eine zehnjährige Übergangsphase ein. Während der Inselstaat weiter auf seine Souveränität warten musste und die USA ihre als »wohlwollende Einverleibung« verbrämte Kolonialpolitik fortsetzten, tobte in Europa der Zweite Weltkrieg. Am 8. Dezember 1941 erreichte er die Philippinen.

Japanische Schreckensherrschaft und die Folgen

Am 7. Dezember 1941 griff die japanische Luftwaffe den amerikanischen Marinestützpunkt Pearl Harbor auf Hawaii an, um die US-Pazifikflotte unschädlich zu machen. So wollte die kaiserliche Armee verhindern, dass die USA den geplanten Annexionen Japans in Südostasien in die Quere kommen konnte. Die bis dato nicht in den Zweiten Weltkrieg verwickelten USA reagierten prompt und erklärten Japan den Krieg. Doch auf die Militäraktionen Japans waren die Amerikaner nicht vorbereitet, bereits wenige Stunden nach der verheerenden Attacke auf Pearl Harbor landeten japanische Streitkräfte auf den Philippinen.

Der Widerstand der überrumpelten philippinischen und amerikanischen Verteidiger war nicht von langer Dauer, am 9. April 1942 kapitulierten mehr als 70 000 Kämpfer, die sich auf der in der Manila Bay gelegenen Insel Corregidor und der Halbinsel Bataan festgesetzt hatten. Für mehr als die Hälfte der Männer war es das Todesurteil: Den 100 Kilometer langen »Todesmarsch von Bataan« in Gefangenenlager überlebten viele der ausgemergelten Gestalten nicht. Auch in den Lagern, in denen die Japaner ein brutales Regiment führten, starben viele Tausend Filipinos und Amerikaner.

Der Bevölkerung erging es kaum besser, unberechenbar und grausam gingen die Invasoren während der dreijährigen Besatzungszeit mit Zivilisten um. Folterungen, Zwangsprostitution und Hinrichtungen waren an der Tagesordnung, trotzdem wagten Mutige es, sich der Widerstandsbewegung Hukbalahab anzuschließen. Im Oktober 1944 wendete sich das Blatt: Der zuvor von den USA evakuierte General Douglas MacArthur machte sein

Versprechen »I shall return« wahr und legte mit US-Einheiten auf der Insel Leyte an. Die Schlacht um die Hauptstadt im Februar 1945 war furchtbar, ein erbitterter Häuserkrieg ließ Manila zur nach Warschau am meisten zerstörten Stadt des Zweiten Weltkriegs werden. Als das japanische Kaiserreich im September 1945 endlich kapitulierte, beklagte die philippinische Bevölkerung unzählige Tote: Von den 16 Millionen Filipinos waren nahezu eine Million in den Jahren der Schreckensherrschaft umgekommen.

Dieser verheerende Teil der philippinischen Geschichte ist im Ausland im Wesentlichen unbekannt. Im Gegensatz zu der Attacke auf Pearl Harbor ist die Schlacht um Manila in Vergessenheit geraten. Auch die Filipinos widmen den dunklen Kriegsjahren nicht mehr allzu viele Gedanken, dabei ist die heutige Hauptstadt das unattraktive Resultat jenes zerstörerischen Häuserkrieges. Wenn wir Besucher aus Europa haben, bemühe ich mich zwar, ein ansprechendes Besichtigungsprogramm zu organisieren. Allerdings eignet sich Manila denkbar schlecht für Sightseeing. Denn was nach der Schlacht zwischen Filipinos, Amerikanern und Japanern aus den Ruinen gewachsen ist, sind mangels eines Masterplans lieb- und wahllos zusammengewürfelte Straßenzüge und Stadtteile in unendlicher Ausdehnung. Grünanlagen finden sich viel zu wenig, so dass die tropische Metropole eher als Zementwüste betitelt werden muss.

Am ehesten lohnt der Stadtteil Intramuros, jener Bezirk, in dem einst die spanischen Kolonialherren ein Leben mit allerlei Annehmlichkeiten geführt haben, einen Besuch. Hier findet man die Kathedrale von Manila, das Fort Bonifacio, in dem der Volksheld Rizal seine letzte Nacht im Kerker verbrachte, die Casa Manila, ein zweistöckiges spanisches Herrenhaus aus dem 19. Jahrhundert und die San Agustín Kirche, eines der ältesten aus Stein gebauten Gotteshäuser der Philippinen. Auf holprigen Pflastersteinstraßen rumpeln zwischen hupenden Autos zweirädrige, von bedauernswert mageren Pferdchen gezogene *kalesas*. Eine Rundfahrt in dem überschaubaren Kolonialteil des Viertels dauert nicht lange, dafür wollen die Kutscher horrende Preise. Um Fahrgäste muss ihnen dennoch nicht bange sein, in der brütenden Hitze nutzen Touristen das Angebot gern.

Meine Streifzüge durch das kleine Viertel enden zumeist im Patio genannten Innenhof der Casa Manila, wo meine erschöpften Besucher dankbar kalte Getränke oder einen Espresso bestellen. Die Ruhepause gibt Muße zum Nachdenken und Fragen stellen, das läuft dann ungefähr so ab. »Also, das ist jetzt sozusagen das historische Viertel von Manila? Mehr gibt es da wirklich nicht? Die Stadt ist doch so groß ...« Nein, mehr gibt es da wirklich nicht. Und Intramuros hatte es nach der Schlacht von Manila auch nicht mehr gegeben. Hier hatten sich die letzten Truppen der Japaner eingegraben, was Intramuros zum Ziel amerikanischer Bomben machte. Einzig die San Agustín Kirche stand nach der Kapitulation der Japaner noch, wenn auch schwer beschädigt. Dass Intramuros den Eindruck eines historischen Viertels macht, ist langwierigen Wiederaufbauarbeiten, die in den 1950er Jahren begannen, zu verdanken.

Wer mehr über diesen Teil der philippinischen Geschichte erfahren möchte, den begleite ich nach Corregidor, jenem Eiland, wo Amerikaner und Filipinos ihren verzweifelten Kampf gegen die japanischen Invasoren geführt hatten. Mit einer Fähre geht es vom Hafen in Manila hinüber auf das Inselchen, während der Fahrt läuft ein Informationsfilm zur Einstimmung. Die anschließende Tour im Bus ist unspektakulär, hier ein Bunker, dort ein verfallenes Gebäude oder eine rostige Kanone. Erst im Tunnel, wo sich die Verteidiger monatelang verschanzt hatten, werden die Dramatik und der Schrecken jener Monate spürbar. In völliger Dunkelheit bricht auf einmal ein Inferno aus: Schreien, Donnern, Schüsse, Explosionen! Die Erkenntnis, dass die höllische Lärmkulisse vom Band kommt, erreicht das Hirn erst mit Verspätung. Instinktiv habe ich mich bei meinem ersten Corregidor-Besuch geduckt, als das Trommelfeuer des lange zurückliegenden Krieges durch den stockfinsteren Gang hallte. In jenem kalten, dunklen Tunnel wurden nicht nur die Schrecken des Krieges für Momente spürbar. Der Gedanke, dass Filipinos hier an der Seite ihrer früheren Besatzer gegen die Invasoren aus Ostasien gekämpft haben, ließ mich besser begreifen, wie maßgeblich die Philippinen, die ich kenne, von fremden Mächten geformt worden sind. Wenn Spanien, die USA und Japan den Archipel nicht zum jeweils eigenen Vorteil unterworfen hätten, wäre das Land ein völlig anderes.

Aber hat dies dazu geführt, dass die Filipinos verbittert auf ihre Geschichte zurückschauen? Dass sie ihren einstigen Unterdrückern gegenüber feindlich gesinnt sind? Mitnichten. Im Gegenteil, japanische Touristen sind heute hochwillkommen im Archipel, böse Kommentare müssen sie nicht befürchten. In Manila gibt es zahllose japanische Restaurants und Karaokebars, große japanische Unternehmen machen seit Jahrzehnten gute Geschäfte auf den Philippinen. Als Geldgeber für Infrastrukturprojekte zeigen sich die einstigen Aggressoren großzügig, viele Brücken und Gebäude tragen Plaketten mit der Aufschrift: Finanziert von Japan.

Noch präsenter im Alltag sind die USA. Manchmal denke ich, dass die Philippinen eigentlich einen Stern im Banner der Vereinigten Staaten verdient hätten. So selbstverständlich sind die Hinterlassenschaften der einstigen Besatzungsmacht und der »American Way of Life« mit dem Alltag der Filipinos verwoben, dass sie kaum noch als solche zu bemerken sind: Jeepneys, Fast Food, Soap Operas, das politische System, das Erziehungswesen und Englisch als offizielle Sprache. Unter meinen philippinischen Bekannten gibt es kaum einen, der nicht Familienangehörige in den USA hat. Oder der davon träumt, selbst in den USA leben zu können.

Die Unabhängigkeit

Doch die Filipinos sind auch echte Patrioten: Wenn ich aus unserer ersten Wohnung im 18. Stock hinunterschaute, sah ich jeden Morgen das gleiche Ritual. Vor Unterrichtsbeginn wurde in der nahegelegenen Schule die philippinische Flagge gehisst und die

Nationalhymne gesungen. »Lupang Hinirang« heißt die Hymne, die aus dem Revolutionsjahr 1898 stammt. In ihr wird das »Auserwählte Land« besungen, die »Wiege tapferer Helden«, die sich den Eroberern nie ergeben werden. Auch die vierfarbige Fahne erinnert an den Unabhängigkeitskampf der Filipinos: Der blaue obere Streifen steht für Frieden und Gerechtigkeit, der untere rote für Tapferkeit. Das weiße Dreieck auf der linken Seite symbolisiert die Gleichheit, die leuchtend gelbe Sonne darin verspricht Freiheit. Ihre acht Strahlen erinnern an die acht Provinzen, die als erste den Widerstand gegen die Spanier wagten. Um die Sonne kreisen drei Sterne – sie vertreten Luzon, Mindanao und die Visayas, die größten Inselgruppen des Archipels.

Der Stolz darauf, eine unabhängige Nation zu sein, findet sich in unzähligen Reden von Politikern, in Artikeln und Büchern, in Ansprachen bei jederlei Anlass. Es ist ein Thema, mit dem sich die Massen erreichen lassen und das soziale Gräben überwindet. Lange genug hatten die Filipinos darauf warten müssen, ein souveräner Staat zu werden: 1946 war es endlich so weit, am 4. Juli erklärte US-Präsident Harry S. Truman die Philippinen für unabhängig. Manuel A. Roxas hieß der erste Präsident der Republika ng Pilipinas.

Doch die Republik der Philippinen blieb der kleine Bruder des starken Amerika, dafür sorgten wirtschaftliche und politische Abkommen, die den USA nach wie vor Einfluss auf die einstige Kolonie garantierten. Besonders wichtig war es der Regierung in Washington, die geostrategisch ideal gelegenen Philippinen nicht als Militärstützpunkt zu verlieren – sie ließen sich vertraglich zusichern, auf viele Jahre Militärbasen im Inselstaat unterhalten zu dürfen.

Auch an der sozialen Pyramide änderte sich durch die offizielle Unabhängigkeit des Landes nichts. Die unter den Spaniern reich und mächtig gewordenen Clans hatten nicht nur ihre Güter *(haciendas)* hinübergerettet in das neue Zeitalter, sondern bestimmten als einflussreiche Strippenzieher in der jungen Demokratie die Geschicke des Landes mit.

Diktatur und Revolution

Als 1965 das Zeitalter von Ferdinand Marcos und seiner Frau Imelda begann, hatte die Elite ebenfalls nichts zu befürchten. Kleinere Landreformen konnten sie ebenso verschmerzen wie das infame *cronie*-System, ein Dschungel aus Vetternwirtschaft und Korruption, von dem Günstlinge und Verwandte des Präsidentenpaares immens profitierten. Gegen Ende der 1960er Jahre – Marcos hatte eine Wiederwahl gewonnen und seine zweite Amtszeit angetreten – begehrten vor allem Studenten gegen offensichtliche Misswirtschaft und Bestechungsskandale im Umfeld des Malacañang-Palastes auf. Landesweit kam es zu Unruhen und gewaltsamen Auseinandersetzungen. Die Marcos-Getreuen ebenso wie die alteingesessenen Oligarchen befehligten private paramilitärische Truppen, die Philippinen befanden sich auf einem instabilen Kurs in Richtung Unregierbarkeit und Bürgerkrieg. Ferdinand Marcos reagierte mit eiserner Hand – 1972 verhängte er das Kriegsrecht. Tausende Demonstranten, politische Oppositionelle und Anhänger der revolutionär-kommunistischen New People's Army wurden inhaftiert, gefoltert und ermordet. Marcos wurde mehr und mehr zu einem skrupellosen Despoten, die Philippinen zu einem von ihm und seinen *cronies* ausgebeuteten und unterjochten Staat. Pro forma hob der ehemalige Hoffnungsträger des Landes 1981 das Kriegsrecht auf – schließlich stand der Besuch von Papst Johannes Paul II. bevor – doch de facto reagierte er weiter mit diktatorischer Gewalt.

Dabei ging er einen Schritt zu weit: Auch wenn es nie bewiesen wurde, so führen die Spuren eines verhängnisvollen Attentates doch zum Präsidentenpalast. Als der beliebte Oppositionspolitiker Benigno »Ninoy« Aquino im August 1983 aus dem Exil nach Manila zurückkehrte, wartete sein Mörder bereits auf ihn. Der tödliche Anschlag noch auf dem Flughafen brachte Hunderttausende auf die Straßen der Hauptstadt, Aquinos Witwe Corazon wurde zur Heroine der von der Kirche unterstützten Widerstandsbewegung.

Den USA gefiel der Aufruhr in ihrer einstigen Kolonie gar nicht – auf ihr Drängen kam es Anfang 1986 zu vorgezogenen Neuwahlen. Marcos erklärte sich trotz offenkundigen Wahlbetrugs zum Sieger über seine Gegenkandidatin Corazon Aquino. Dies fachte den öffentlichen Widerstand erneut an, und dieses Mal waren die Proteste nicht zu stoppen. Als sich Ex-Verteidigungsminister Juan Ponce Enrile und der amtierende Vize-Generalstabschef Fidel Ramos auf die Seite der Marcos-Gegner schlugen, weigerte sich das Militär, gegen die Demonstranten vorzugehen. Die gewaltlose »People Power Revolution« beendete ein mehr als 20 Jahre währendes düsteres Kapitel in der jüngeren philippinischen Geschichte. Die USA flogen ihren einstigen Verbündeten, den Anti-Kommunisten Marcos nach Hawaii aus, wo er 1989 im Exil starb.

Ein Neuanfang mit Schwächen

Was Corazon Aquino als neue Staatschefin vorfand, war ein Scherbenhaufen. Die so unversehens ins Rampenlicht der Weltöffentlichkeit katapultierte Politikerwitwe war mit den gewaltigen Aufgaben, die sich ihr stellten, überfordert. Zweifelsohne hatte »Cory« Aquino gute Absichten, und es ist wohl allein ihrer integrativen Kraft und ihrer großen Beliebtheit zu verdanken, dass die Philippinen nicht im Chaos versanken. Die Presse- und Meinungsfreiheit wurde wiederhergestellt, Bürgerrechte etabliert, die Justiz konnte wieder unabhängig agieren. Doch ihre eigene Koalition war zerstritten, im Militär gärte es bis hin zu Putschversuchen, die glücklicherweise alle scheiterten. Es war ein jahrelanger Kraftakt, die Philippinen durch diese raue See zu steuern. Ob es an den vielen, drängenden Problemen lag, oder eher daran, dass Corazon Aquino selbst einer Großgrundbesitzerfamilie entstammte, die so dringend notwendigen Landreformen blieben jedenfalls stecken, für Millionen Bauern änderte sich nichts an ihrer kläglichen Situation, als Tagelöhner für die Plantagenbesitzer knechten zu müssen. Im Hinblick auf die sozialen Strukturen war die sechsjährige Amtszeit von Corazon Aquino ein »weiter wie bisher«, die Privilegien und Machtpositionen der steinreichen Elite wurden nicht angetastet. Dennoch – am Ende ihrer Amtszeit waren die Philippinen eine wenn auch schwache Demokratie.

Ihr Nachfolger im Amt war ab 1992 eine energischere Figur: Fidel Ramos, der frühere Marcos-Rebell, trieb demokratische und wirtschaftliche Reformen weiter voran und machte die Wiederherstellung des inneren Friedens zur Chefsache. Doch statt auf Militärgewalt setzte der ehemalige General auf Verhandlungen, und das mit Erfolg. Gespräche mit kommunistischen Kämpfern ebenso wie mit militanten islamischen Gruppen, mit denen Ramos 1996 ein Friedensabkommen abschließen konnte, gehören zu den größten Verdiensten seiner Amtszeit.

Was dann kam, warf die Philippinen wieder zurück. 1998 zog Joseph »Erap« Estrada, der unter Fidel Ramos bereits Vize-Präsident gewesen war, in den Malacañang-Palast ein. Der aus armen Verhältnissen stammende Estrada überzeugte die Massen leicht mit seinem Slogan »Erap para sa mahirap« – Erap für die Armen. Zumal der Mann mit dem Menjou-Bärtchen seit Jahrzehnten als Schauspieler den Draufgänger und Kämpfer für die Unterdrückten gegeben hatte. Doch der Filmheld versagte in seiner wichtigsten Rolle. Estrada konnte den Versuchungen der Macht nicht widerstehen: Anstatt wie angekündigt Korruption und die soziale Ungerechtigkeit zu bekämpfen, füllte er sich die eigenen Taschen. Bereits nach drei Jahren war sein illegales Treiben so offenkundig, dass es zu Massenprotesten kam. Der Hoffnungsträger der Armen hatte ausgespielt, 2001 wurde »Erap« seines Amtes enthoben und verhaftet. Sechs Jahre später wurde der Schauspieler-Präsident wegen Plünderung der Staatskasse – 70 Millionen Euro konnten nachgewiesen werden – zu lebenslanger Haft verurteilt.

Auch Estradas Nachfolgerin Gloria Macapagal Arroyo, von den Medien salopp »GMA« genannt, machte mehr negative als positive Schlagzeilen. Als Vize-Präsidentin fiel ihr das Amt nach

»Eraps« Amtsenthebung verfassungsgemäß zu. Die Tochter aus betuchtem und an politische Macht gewöhntem Hause – ihr Vater war Anfang der 1960er Jahre Präsident der Philippinen gewesen – versprach wie so viele ihrer Vorgänger, Korruption und Vetternwirtschaft einzudämmen, die Wirtschaft in Schwung zu bringen sowie Armut und Ungleichheit zu bekämpfen. Viel zu schnell erwies sich, dass »GMA« sich auf die Kunst der politischen Hohlsätze ebenso verstand wie auf die Fertigkeit, sich und ihr enges Umfeld zu bereichern.

Der Unmut darüber entlud sich im Juli 2003: Ich hatte gerade das Laufband im Sportstudio gestartet und drückte mich durch die lokalen Fernsehkanäle. Auf dem TV-Schirm an der Wand sah ich Panzer und andere Militärfahrzeuge auf Manilas Hauptverkehrsader EDSA rollen. Interessant, das muss eine Doku zur Revolte gegen Marcos sein, dachte ich. Eigenartig war nur, dass die riesigen Werbetafeln entlang der mehrspurigen Straße genau jene waren, die ich vom täglichen Weg zur Schule kannte ... die Bilder von der nur wenige hundert Meter entfernten Trasse waren live! Das Militär war unterwegs zu einem Apartment- und Einkaufskomplex, wie eine hastig zugeschaltete Reporterin aufgeregt ins Mikrofon rief. Junge Offiziere hatten sich dort mit Geiseln verschanzt und forderten den Rücktritt der Präsidentin. Ihr Putschversuch scheiterte nach wenigen Stunden, war aber der Beginn politischer Instabilität und mehrerer erfolgloser Aufstände, mit denen Arroyos Regierung zu kämpfen hatte.

Offensichtliche Wahlfälschungen garantierten GMA im Jahr 2004 weitere sechs Jahre im »Selbstbedienungsladen« Malacañang-Palast. Zehn lange Jahre regierte Gloria Macapagal-Arroyo die Philippinen. Es war eine ökonomisch lahme, menschenrechtlich und sozial desaströse Dekade. Die Frustration über das Staatsoberhaupt, das wie fast alle ihrer Amtsvorgänger der privilegierten Elite des Landes angehörte, war groß. Wie andere vor ihr hatte sie ihre Versprechen gebrochen und das eigene vor das Gemeinwohl gesetzt.

Und doch kam auch der nächste Präsident aus der Oberschicht. Selbstverständlich profitierte Benigno »Noynoy« Aquino von seinem prominenten Namen: Der Sohn des ermordeten Marcos-Gegners Benigno »Ninoy« Aquino und der vom Volk verehrten Ex-Präsidentin Corazon Aquino sollte es nun richten. Und tatsächlich bemühte sich Aquino redlich, die Philippinen zu stabilisieren. Eine unter seiner Führung prosperierende Wirtschaft ermöglichte Investitionen in Infrastruktur- und Arbeitsbeschaffungsprojekte. Zwei Friedensabkommen mit der militanten Muslimgruppe MILF (Moro Islamic Liberation Front) waren wichtige Meilensteine seiner Präsidentschaft. Allerdings gelang es auch dem auf der öffentlichen Bühne stets etwas blass wirkenden Aquino nicht, energisch gegen Vetternwirtschaft und Korruption vorzugehen. Dass er die Durchsetzung der Landreform, die Zehntausenden Farmarbeitern endlich ein eigenes Stück Boden bescheren würde, ebenfalls nicht mit voller Kraft verfolgte, verwundert nicht, gehören seiner Familie doch gewaltige Ländereien in der Provinz Tarlac. Wirklich profitiert haben die Armen des Landes nicht von Aquinos Amtszeit. Die florierende Wirtschaft beförderte zwar das Wachstum des Mittelstandes und machte die Reichen noch reicher. Ganz unten, da wo es am nötigsten gebraucht wurde, kam von den erwirtschafteten Profiten indes nichts an.

Der alte starke Mann

Im Frühjahr 2016 sorgte Rodrigo Duterte, ein damals 71-jähriger Bürgermeister aus Mindanao, dessen Name zuvor kaum über die Ländergrenzen hinaus bekannt gewesen war, zum ersten Mal für Aufsehen. »Rody«, wie ihn Freunde und Anhänger gern nennen, mischte als Kandidat für das Amt des Präsidenten gerade kräftig die politische Bühne des Inselstaates auf. Bisher kannte man ihn nur als Bürgermeister von Davao City, der drittgrößten Stadt der Philippinen, die er insgesamt mehr als 20 Jahre als Bürgermeister regiert hatte. Doch die Hafenmetropole auf Mindanao liegt am anderen Ende des Archipels, Kunde von dort kam in der Hauptstadt spärlich an. Mit Dutertes Entscheidung, sich um das Präsidentenamt zu bewerben, änderte sich das schlagartig. Mit großer Klappe, rotzigen Sprüchen und geballter Faust versprach »Rody« dem zunächst staunenden, dann begeisterten Wahlvolk das Blaue vom Himmel.

Über die politische Elite in Manila sprach er verächtlich, Frauen waren das Ziel zotiger Witze, Kriminellen und Drogensüchtigen drohte Duterte an, »dass sie bald zu Tausenden tot in der Manila Bay schwimmen« würden. Ex-Diktator Ferdinand Marcos lobte er als einen der »besten Anführer, die wir je hatten.«

Mir schwante nichts Gutes, als ich die Begeisterung in den Gesichtern der Filipinos sah, die massenhaft zu Dutertes Wahlveranstaltungen strömten. Seine Reden entfachten enthusiastischen Applaus: Da stand endlich mal einer auf der Bühne, der Tacheles redete! Der auf geschliffene Formulierungen und hohle Phrasen verzichtete, und stattdessen in bester Macho-Manier hemdsärmelig lospolterte, als säße er mit einem Bier in der Hand auf einem Plastikstuhl im Kreis seiner Kumpels in irgendeinem Hinterhof. Duterte hat kein Diplom einer amerikanischen Elite-Universität vorzuweisen, er ist auch kein Filmstar oder Wirtschaftsmagnat. Und schon gar nicht entstammt er einer der superreichen Dynastien. Duterte ist ein erfolgreicher Lokalpolitiker, ein »tough guy«, der vor nichts zurückschreckt.

Das hat er in seiner Heimatstadt als Bürgermeister ausreichend unter Beweis gestellt. Davao City trug früher den unerfreulichen Spitznamen »Stadt der Mörder«, nirgendwo sonst im Inselstaat starben so viele Menschen auf gewaltsame Art. Doch der Jurist Duterte fand während seiner Amtszeit Wege am Gesetz vorbei, um mit eiserner Faust Ordnung zu schaffen. Ganz oben auf seiner Abschussliste standen Kleinkriminelle und Drogenhändler, Todeskommandos töteten Menschenrechtsorganisationen zufolge in Davao etwa 1400 Menschen während der Duterte-Jahre. Angeblich war der »Punisher« – Bestrafer – wie er regelmäßig bezeichnet wurde, mitunter selbst nachts im Einsatz, und hat sich gar öffentlich damit gebrüstet, einen mutmaßlichen Mörder aus einem fliegenden Helikopter gestoßen zu haben.

Dennoch – oder eher deswegen – war und ist Duterte in Davao City sehr beliebt, denn mit dem Rückgang der Kriminalität begann der wirtschaftliche Aufschwung der einst verrufenen Hafenstadt: Heute präsentiert sie sich als propere Metropole, selbst Rauchverbote und Anschnallpflicht werden eingehalten, die Müllentsorgung funktioniert.

Solch einen starken Mann sehnten sich viele Filipinos im Inselstaat herbei, die von den immer gleichen und nie erfüllten Versprechungen der politischen Machthaber die Nase voll hatten. So wie Donald Trump die verarmte Schicht weißer Amerikaner mobilisieren konnte, so gelang es Duterte nahezu zeitgleich, die breite Masse der Frustrierten und Hoffnungslosen auf den Philippinen für sich zu begeistern. Er gewann die Wahlen im Mai 2016 mit großem Vorsprung vor allen anderen Kandidaten.

Und »Duterte Harry« – ein weiterer Spitzname in Anlehnung an Clint Eastwoods »Dirty Harry« – begann umgehend damit, sein wichtigstes Wahlversprechen in die Tat umzusetzen: Tod den Drogenkriminellen. Für mich setzten arbeitsreiche Wochen ein. Während sich Anfragen zu Artikeln über die Philippinen sonst nur bei verheerenden Naturkatastrophen oder spektakulären Entführungen in meinem Postfach häufen, wollte nun jeder einen Bericht über Dutertes Drogenkrieg haben. Verstörende Bilder von auf offener Straße in Blutlachen liegenden Leichen gingen um die Welt.

Dealer und Junkies, selbst jene, die sich wie von der Regierung gefordert bei der Polizei selbst angezeigt hatten, waren und sind ihres Lebens nicht mehr sicher. Offiziellen Angaben zufolge starben bis Ende 2018 mehr als 5000 Menschen bei Razzien und anderen Polizeiaktionen, Menschenrechtsgruppen und Oppositionspolitiker glauben indes an mehr als 20 000 Tote. Ein Großteil der Opfer stammt aus den Armengebieten der Hauptstadt. Die Täter sind Polizisten, die bei einer versuchten Verhaftung vorgeblich auf bewaffneten Widerstand treffen und in Notwehr handeln, oder sogenannte *vigilantes,* wie dubiose Bürgerwehren und kaltblütige Auftragskiller umschrieben werden. Eine Chance auf ein faires Verfahren hatten die Ermordeten nicht, ebenso wenig wie später ihre Hinterbliebenen – wenn sie es überhaupt wagen, einen tödlichen Anschlag zur Anzeige zu bringen.

Aus dem Westen hagelt es Kritik an dem Drogenkrieg: Der Internationale Gerichtshof in Den Haag leitete im Februar 2018 eine vorläufige Untersuchung wegen möglicher Verbrechen gegen die Menschlichkeit ein, und im Juli 2019 beschloss der UN-Menschenrechtsrat eine Untersuchung des Drogenkriegs. Doch Präsident Duterte genießt zu Hause in Umfragen nach wie vor so konstant hohe Beliebtheitswerte wie keiner seiner Vorgänger.

Je mehr ich über den Drogenkrieg und die eklatanten Veränderungen auf der politischen Bühne und im gesellschaftlichen Leben schrieb, desto mehr begann ich mit meinem Gastland zu hadern. Eines der prägendsten Erlebnisse war das Gespräch mit einer in Verzweiflung erstarrten Witwe, deren drogenabhängiger Mann nachts vor den Augen seiner drei Kinder von *vigilantes* erschossen worden war. Die kleine Hütte der Familie, inmitten eines Slums der Hauptstadt gelegen, rissen die Behörden wenige Tage später ab. Rodrigo Duterte bezeichnet Abhängige wie diesen Slumbewohner als »Zombies«, die eine Gefahr für die Gesellschaft darstellten. Ihr gewaltsamer Tod ist nach der Ideologie des Präsidenten ein unabwendbarer Teil seiner Kampagne gegen die Drogenkriminalität im Land. Ebenso ist die wohnsitzlos gewordene Familie ohne Einkommen Kollateralschaden in Dutertes Drogenkrieg.

Auf der Rückfahrt steckte ich mal wieder im Verkehr fest. Zeit genug, um ins Grübeln zu kommen: Wie groß ist das Drogenproblem auf den Philippinen wirklich? Im Wahlkampf hatte Duterte von 3,2 Millionen Abhängigen gesprochen. Die zuständige Behörde zählte indes 1,8 Millionen, eine korrekte Angabe, wie der Präsident ein Jahr später einräumte. Dennoch hält er an seiner These fest, dass sein Land auf dem Weg zu einem »Narco-Staat« sei. Der Eindruck kann vor allem in den großen Städten entstehen, wo jede Gemeinde mit Drogenkriminalität zu kämpfen hat.

Am schlimmsten betroffen sind die ärmsten Gebiete, wo Rauschmittel eine stundenweise Flucht aus dem Elend zu bieten scheinen. Die am meisten benutzte Droge ist die synthetische Substanz Methamphetamin, auf den Philippinen *shabu* genannt. Sie wird in großem Stil zumeist von chinesischen Drogenkartellen ins Land geschmuggelt oder in Hinterhof-Laboren lokal hergestellt.

Drogenkriminalität ist eine Realität, mit der viele Länder auf der Welt zu kämpfen haben. Aber ein brutaler Feldzug gegen Abhängige und kleine Dealer – »dicke Fische« kommen bisher ungeschoren davon – wie ihn Rodrigo Duterte losgetreten hat, ist in dieser Art höchstens aus Brasilien bekannt, wo Jair Bolsonaro seit 2018 ähnlich brutal agiert. Und ich konnte, nein, ich mochte nicht glauben, dass dieser mörderische Umgang mit den Drogenproblemen von einer Mehrzahl der Filipinos als gut und richtig empfunden wird.

Am nächsten Morgen machte ich sehr früh einen Spaziergang in einem dicht bebauten Viertel am Pasig River, der trotz aller Rehabilitierungsbemühungen noch immer als trübe, in den heißesten Monaten auch stinkende Brühe durch die Stadt fließt. Reichlich ziellos streifte ich durch die Gegend, während Mopeds laut knatternd die schmalen Straßen entlangfuhren und Kinder in adretten Uniformen auf dem Weg zur ersten Schicht Schulstunde waren. Streunende Hunde und magere Katzen suchten nach Essbarem, Hühner gackerten aus Hinterhöfen. Dieses Manila der kleinen Leute ist nur durch den Fluss von Makati, dem reichsten Viertel der Hauptstadt, getrennt. Ihr Mikrokosmos im Schatten der glänzenden Hochhausfassaden ist Duterte-Hoheitsgebiet. Alte Wahlplakate von »Rody« hängen an Mauern, Aufkleber mit seinem Symbol, einer geballten Faust, haften an Autoscheiben.

Vor einem Sari-Sari-Store saß eine faltige, vom Alter gebeugte Filipina und blinzelte mich freundlich an. Ich gesellte mich zu ihr, wir redeten über die Hitze, die Enkel und ihren Schlaganfall, der sie schwach und hilfsbedürftig gemacht hatte. Mehr als für ein paar Stunden auf den kleinen Laden aufzupassen, könne sie nicht tun. Glücklicherweise kümmere sich ihre Familie aber um sie, denn Geld bekäme sie nicht vom Staat. Wie viele Filipinos habe sie zwar ihr ganzes Leben hart gearbeitet, aber nie genug Geld gehabt, um es in die Rentenkasse einzuzahlen.

Aus dem Haus hinter dem kleinen Geschäft kam ein älterer, aber sehr rüstig aussehender Mann. Auch er war gesprächig, während er seinen Instant-Kaffee aus einer angeschlagenen Tasse trank. Das kleine Haus teile er sich mit neun Verwandten, erzählte der 67-Jährige. Obgleich er offiziell seit sieben Jahren Rentner sei, könne er sich einen richtigen Ruhestand nicht leisten. »Meine Pension reicht hinten und vorne nicht«, meinte er gleichmütig, deswegen müsse er nach dem Kaffee auch gleich los in die Möbelfabrik, in der er an sechs Tagen in der Woche ab sieben Uhr früh arbeite. Das bringe ihm pro Schicht etwa sieben Euro, »ohne das hätte ich nicht genug zu essen«. Auch wenn der Job mies bezahlt ist, beneiden ihn viele Nachbarn darum. Es gibt etliche Arbeitslose oder Tagelöhner in dem Viertel, Frustration und Langeweile gehören zum Alltag. Ebenso wie Alkohol und Drogen, die wenigstens für eine Weile Trost und Ablenkung garantieren. Und wo der Bedarf groß ist, finden sich auch Drogendealer, *pusher* werden sie hier genannt. »Wir kennen die alle, diese Kriminellen, aber wir haben aus Furcht nie über sie geredet, weil wir keinen Ärger mit denen wollten. Ich bin sehr froh, dass Duterte jetzt aufräumt. Jetzt haben die mal Angst, nicht wir. Ich glaube auch, dass der Präsident mehr Jobs für uns Arme schaffen wird«, sagte der Alte. Unsere Unterhaltung war nicht unbeachtet geblieben, neugierig hinzugekommene Nachbarn stimmten ihm zu: »Mit einem starken Mann an der Macht fühlen wir uns sicherer«, so der Konsens.

Der Soziologieprofessor Walden Bello hat eine weitere Erklärung für Dutertes ungebrochene Popularität: »Man kann das nur verstehen, wenn man weiß, wie seine Vorgänger daran gescheitert sind, ihre Versprechen einzulösen. Unsere Eliten haben es immer wieder versäumt, die wahren Probleme anzupacken. Sie haben Mitschuld daran, dass die Massen so empfänglich für Dutertes simple Botschaften sind.«

Allerdings sind es nicht nur einfache Leute, sondern durchaus auch gut ausgebildete Filipinos, die sich frustriert abgewendet haben von den politischen Dynastien, die ihre Mandate vornehmlich zur persönlichen Bereicherung benutzt haben. Der Bruder einer guten Freundin gibt offen zu, dass er für Duterte gestimmt hat – auch wenn das in seiner Familie nicht gut ankam. Aber der Softwareentwickler mit Häuschen im Grünen und Kindern auf guten Schulen sagt: »Ich finde, dass er einen guten Job macht. Er baut Bürokratie ab, und sorgt für Ordnung auf unseren Straßen. Und er ist der erste Präsident, der aus Mindanao kommt. Ihm liegen alle Regionen am Herzen, nicht nur die Hauptstadt Manila.«

Dennoch: Sollte in einem christlichen Land die Nächstenliebe nicht ein Gebot sein, das die Akzeptanz massenhafter, unrechtmäßiger Tötungen unmöglich macht? Eine verstörende Erklärung, warum sich bisher keine ernstzunehmende Protestbewegung formierte, kam hinter vorgehaltener Hand von einer Soziologieprofessorin: Es sei leider so, dass die philippinische Gesellschaft keine christliche Nächstenliebe aufbringe für jene, die am unteren Ende der sozialen Leiter lebten. Auch eine Regierungsberaterin, die sich zu einem anonymen Telefonat bereiterklärt hatte, sah es ähnlich: »Es ist einfach so, dass ein Leben historisch bei uns nicht viel Wert besitzt. Dies ist ja nicht die erste Regierung, die Bürger umbringen lässt. Die Leute verstehen nicht wirklich, was Menschenrechte sind. Die Armen denken, sie haben keine Rechte. Und die Mächtigen denken, dass die Armen keine verdienen.« Dieser Mangel an Empathie und Nächstenliebe lässt sich wie schon beschrieben auch im Umgang vieler Filipinos mit den ethnischen Minderheiten beobachten, die stark diskriminiert werden.

Der freundliche Pensionär jedenfalls verstand nicht, was an dem Drogenkrieg falsch sein sollte. Aus seiner Sicht liegen die Dinge klar: »Mitleid mit den Opfern habe ich nicht. Duterte hat sie ja gewarnt. Und mir ist es lieber, die Drogengangster werden erschossen, als dass sie meine Enkel anfixen.«

Nur ein Abschied auf Zeit

Fällt in Deutschland ein Politiker in Ungnade, weil er zum Beispiel seinen Doktortitel nicht auf rechtmäßigem Weg erworben hat oder er gar bei krummen Geschäften erwischt worden ist, bedeutet dies in aller Regel das Ende seiner Karriere. Deutsche haben ein gutes Gedächtnis und fällen deutliche Urteile, wenn es um Fehlverhalten in öffentlichen Ämtern geht. Ein Comeback gelingt selten, und wenn, ist es von erregten öffentlichen Diskussionen begleitet. Auf den Philippinen ist das völlig anders: Wer gestrauchelt ist, muss nur ein wenig Geduld haben, bevor er in Amt und Würden zurückkehren kann. Und das ist unabhängig von der Schwere der begangenen Taten. Nehmen wir als besonders krasses Beispiel den bereits beschriebenen Marcos-Clan. Nachdem die Diktatoren Witwe Imelda Marcos 1991 mit dem balsamierten Leichnam ihres Gatten in die Heimat zurückkehren durfte, begann sie, erfolgreich Strippen zu ziehen und alte Seilschaften wiederzubeleben. In ihrem Windschatten haben es zwei ihrer Kinder weit gebracht: Tocher Imee und Sohn Ferdinand jun., genannt »Bongbong«, regierten Ilocos Norte, die Heimatprovinz ihres Vaters, jahrelang abwechselnd als Kongressabgeordnete und Gouverneure. Imee gelang bei den Halbzeitwahlen 2019 der Sprung in den Senat, »Bongbong« wurde bereits 2010 in das Oberhaus gewählt. Während seiner sechsjährigen Amtszeit soll er mehrere Millionen Euro veruntreut haben, die Verfahren sind noch anhängig. Nichtsdestotrotz bewarb sich Marcos jun. 2016 für das Amt des Vizepräsidenten, er verlor das Rennen nur knapp. Sehr zum Unwillen von Präsident Duterte, der dem Marcos-Clan eng verbunden ist – dieser hat große Summen für »Rodys« Wahlkampf gespendet – und bereits angedeutet hat, dass er vorzeitig sein Amt niederlegen würde, wenn »Bongbong« als Vize-Präsident bereitstünde. Auch Imee Marcos hat höchste Ambitionen, sie begründete ihre Kandidatur für den Senat damit, dass sie die Marcos-Dynastie zurück in den Malacañang-Palast bringen wolle.

Auch Gloria Macapagal-Arroyo, deren zehnjährige Präsidentschaft geprägt war von Wahlbetrug, Günstlingswirtschaft und Korruption, passt hervorragend in das Muster jener, die in höchste Staatsämter zurückkehren, als wäre nie etwas gewesen. Nach dem regulären Ende ihrer Präsidentschaft im Jahr 2010 kam es zunächst zu mehreren Anklagen und einer spektakulären Verhaftung im Flughafen von Manila: Die an einem Rückenleiden erkrankte Macapagal-Arroyo wurde im Rollstuhl sitzend festgenommen, als sie einen Flieger nach Deutschland besteigen wollte – obgleich das Justizministerium sie mit einem Reiseverbot belegt hatte. Als Grund ihrer Reise gab die Ex-Präsidentin Termine mit deutschen Rückenspezialisten an. In Wirklichkeit, so mutmaßten die Behörden ebenso wie die breite Öffentlichkeit, hatte sie unter dem Deckmantel, medizinischen Rat zu benötigen, illegal die Flucht ins Ausland antreten wollen.

Die nächsten Jahre verbrachte »GMA« unter Arrest in einem Militärhospital, während die juristischen Mühlen nur langsam mahlten. Trotz anhängiger Prozesse wurde sie als Abgeordnete ihrer Heimatprovinz Pangasinan 2013 in den Kongress gewählt. Dank einer Hauruck-Aktion, deren Regie Sara Duterte, der Tochter des Präsidenten, zugeschrieben wird, stieg Arroyo im Juli 2018 zur Präsidentin des Unterhauses auf. Eine Hand wäscht die andere: Arroyo nutzt ihre mächtige Position ganz im Sinne von Präsident Duterte, so zum Beispiel als sie im Januar 2019 das äußerst umstrittene Gesetz zur Senkung des Strafmündigkeitsalters von 15 auf zwölf Jahre im Kongress in aller Eile durchboxte. Ein Geschenk an Duterte, der sich dies gewünscht und seinem Wahlvolk versprochen hatte.

Ein weiterer »alter Bekannter« ist wie Phönix aus der Asche aufgetaucht: Ex-Präsident Joseph Estrada, der wegen Selbstbereicherung 2001 des Amtes enthoben und im September 2007 zu lebenslanger Haft verurteilt worden war, konnte sich bereits einen Monat nach dem Urteilsspruch über seine Begnadigung durch Präsidentin Macapagal-Arroyo freuen. Seinen Beteuerungen zum Trotz, dass er keine politischen Ämter mehr anstrebe, kandidierte »Erap« 2013 als Bürgermeister des Stadtteils Manila – und gewann haushoch.

Diese Liste ließe sich nach Belieben fortsetzen, vielleicht löst sie beim Lesen Kopfschütteln aus oder ungläubige Heiterkeit. Das Kuriositätenkabinett der philippinischen Politik ist so unendlich wie vorhersagbar. Meine Arbeit bringt es mit sich, dass ich immer wieder über diese politischen Aufstehmännchen berichte. Das ist ermüdend, vor allem aber ernüchternd, denn ich beschreibe die Wiederholung des Immergleichen, und damit Stillstand statt Fortschritt. Es hat mich gelehrt, dass die Philippinen von etwas gelähmt sind, dessen Wurzeln sich wie Unkraut tief in das politische und gesellschaftliche System eingegraben haben. Ursächlich für diese Dauermisere sind jene Hierarchien, Netzwerke und Abhängigkeiten, die den Archipel seit der Kolonisierung dominieren.

Dabei sieht auf dem Papier alles blendend aus: Die Philippinen sind in der Theorie eine vorbildliche Demokratie, in der regelmäßig Wahlen abgehalten werden. Die Verfassung von 1987 listet viele Bürgerrechte auf und schreibt die Teilnahme von kleinen Gruppierungen am politischen Prozess fest. Doch während sich die USA rühmen können, den Philippinen die Demokratie beschert zu haben, müssen sie sich auch dafür kritisieren lassen, dass sie es versäumt haben, das philippinische Volk dabei zu unterstützen, die oligarchischen Strukturen der hispanischen Ära zu beenden. Wie in alten Zeiten gibt es die da oben, die *malakas*, und die da unten, die *mahina*.

Die überwiegende Mehrzahl politischer Ämter ist fest in den Händen der *malakas*, die sich allenfalls gegenseitig bekämpfen, aber keinesfalls die Konkurrenz von *mahinas* befürchten müssen. Denn Politik ist auf den Philippinen von Personen bestimmt, nicht von Parteien. Zwar gibt es Parteien, doch inhaltlich unterscheiden sie sich minimal. Was zählt, ist der Name des Bewerbers und die Macht des Clans, den er repräsentiert.

Einen Wahlkampf kann sich nur jemand mit dickem Konto oder generösen Sponsoren leisten, die Bewerbung um einen Sitz im Kongress oder Senat kostet Millionen Pesos. Bewerber aus den unteren Schichten haben keine Chance, weil es keine Wahlkampfkostenerstattung gibt. Sie können lediglich auf die wenigen Abgeordnetensitze hoffen, die per Parteiliste zu ergattern sind. Der personenbezogene Wahlkampf trägt durchaus bizarre Züge, die mit ihren Showelementen nicht nur zufällig an die USA erinnern: Kein Auftritt eines Kandidaten ohne Filmstars oder Sportidole, Tanz und Musik, kostenlose Mahlzeiten und Geschenke fürs Wahlvolk.

Auf Dauer an der Macht bleiben kann dennoch nur, wer auf den unteren politischen Ebenen ein weitreichendes Netzwerk pflegt und sich vor allem in Wahlkampfzeiten großzügig zeigt. Lokalpolitiker »liefern« ihren Patronen zum Dank für Begünstigungen oder Geschenke zahlreiche Stimmen, die sie in ihrem Wahlbezirk nach dem gleichen Prinzip besorgen. Es ist ein feinmaschiges und stabiles Netz aus gegenseitigen Gefälligkeiten und Abhängigkeiten, das zudem verhindert, das Gestrauchelte ins Bodenlose stürzen.

Licht und Schatten

Helden der Arbeit

Eine der Fragen, die mir in Deutschland am häufigsten gestellt wird, ist die nach der medizinischen Versorgung auf den Philippinen. Und in der Regel wurde die Antwort gleich mitgeliefert: »Das ist doch sicher problematisch in so einem Entwicklungsland.« Falsch gedacht: Ich habe in einem Krankenhaus in Manila mein zweites Kind zur Welt gebracht, mein Mann und ich haben uns in einer Augenklinik die Sehfehler weglasern lassen und brauchen seither keine Brillen mehr, wir haben uns komplizierten Zahnoperationen in einer lokalen Praxis unterzogen und unsere Kinder nach Unfällen in der Notaufnahme des nächstgelegenen Krankenhauses betreuen lassen.

Zu Beginn unserer Zeit auf den Philippinen hatte ich freilich ebenfalls Vorurteile im Kopf. Umso überraschter war ich, in den Wartezimmern der Hauptstadtärzte gerahmte Diplome der Universitäten von Chicago, Boston oder New York zu entdecken. Dazu kamen Mitgliedschaften in internationalen Ärzteverbänden und Zertifikate von Weiterbildungskursen. Eine imponierende Sammlung, die sicherlich nicht nur mich beruhigt hat. Zugegeben: Ein Medizinstudium im Ausland können sich nur Stipendiaten oder Kinder aus betuchtem Hause leisten. Entsprechend sind ihre Honorare höher als die der lokal ausgebildeten Kollegen, in den Wartezimmern sitzen entsprechend einkommensstarke Einheimische oder Ausländer. Doch auch die Ärzte, die ihre Ausbildung an einer philippinischen Universität absolviert haben, überzeugten uns mit kompetenten Leistungen und freundlicher Patientenbetreuung ohne Blick auf die Uhr.

Das Problem, das fast alle Mediziner eint, ist ihr im internationalen Vergleich kleines Einkommen. Philippinische Ärzte, zumal jene, die auf dem Land arbeiten oder in staatlichen Kliniken Patienten versorgen, verdienen nur einen Bruchteil dessen, was ihre Kollegen in westeuropäischen Ländern oder den USA bekommen. Das wurmt viele der hochqualifizierten Fachkräfte, und da Besserung im eigenen Land nicht in Aussicht ist, interpretieren sie den Terminus »Ärzte ohne Grenzen« neu. Im ersten Jahrzehnt dieses Jahrhunderts sind Tausende Mediziner dem Lockruf des Geldes erlegen und haben im Ausland nach einem Job gesucht. Allerdings können sie dort in aller Regel mangels Zulassung nicht als Arzt, sondern nur als Krankenpfleger arbeiten. In maßgeschneiderten Kursen lernen philippinische Chirurgen, Anästhesisten oder Neurologen daher, wie man Patienten wäscht und füttert. Ein weltweit einzigartiges Phänomen, doch schließlich macht sich der Karriereknick im Ausland in klingender Münze bezahlt: Der Lohn einer Pflegekraft in den USA ist immer noch höher als das durchschnittliche Einkommen eines Arztes auf den Philippinen.

Der Bedarf an Pflegepersonal in vielen Industrieländern ist enorm, das Interesse an diesem Beruf vor Ort aber gering, weshalb es dort einen akuten Fachkräftemangel gibt. Was liegt da näher, als die Lücke mit Personal aus weniger entwickelten Ländern zu füllen? Und wer hätte nicht gern einen Krankenpfleger mit Doktortitel? Einige europäische Länder und die USA buhlen mit unkomplizierter Immigration für die ganze Familie und gutem Gehalt um Mediziner aus den ärmeren Regionen des Erdballs. Philippinische Fachkräfte sind besonders begehrt: Sie sprechen gut Englisch, sind vorbildlich ausgebildet und vom Wesen her besonders geduldig und sanft im Umgang mit Patienten.

So hat auch Deutschland ein Interesse, seit 2013 im Rahmen eines »Triple Win« genannten Programms philippinische Krankenpfleger an deutsche Krankenhäuser zu vermitteln. Anfang 2019 startete die jüngste Kampagne, mit der 400 philippinische Pflegekräfte gewonnen werden sollen. Ein zugesichertes Anfangsgehalt von 1900 Euro ist ein verlockendes Angebot – auf den Philippinen verdienen Krankenpfleger etwa 300 Euro im Monat. Die

Kandidaten besuchen noch auf den Philippinen Deutschkurse, bevor sie auf Kosten der künftigen Arbeitgeber nach Deutschland fliegen. Dort steht ihnen im Arbeitsalltag ein Mentor zur Seite, der das Einleben erleichtern soll. Zunächst ist die Beschäftigung zeitlich begrenzt, im Idealfall kommt es zu einer Festanstellung und der Möglichkeit, die Familie nachzuholen.

Während die überqualifizierten Fachkräfte aus dem Ausland eine billige Lösung für die reichen Länder sind, konnten die Philippinen den Aderlass zeitweise kaum verkraften. Der ehemalige Gesundheitsminister Dr. Jaime Galvez Tan warnte unermüdlich vor dem Infarkt der medizinischen Versorgung auf den Philippinen, in einem Interview malte er folgendes düstere Bild: »Was wir derzeit erleben, ist ein Massenexodus von Ärzten und Krankenschwestern. Auf dem Land finden Kranke kaum noch Hilfe, weil Hospitäler wegen Personalmangels schließen mussten. Die Situation ist katastrophal.«

Auf Nachwuchs von den medizinischen Fakultäten des Landes hoffte man vergebens. »Früher waren meine Veranstaltungen überlaufen und ich musste die Teilnehmerzahl limitieren. Jetzt sind meine Seminare spärlich gefüllt. Die Ausbildungsschulen für Krankenpfleger boomen hingegen«, erzählte mir unser Kinderzahnarzt, als ich ihn auf die Problematik ansprach. Er selbst habe zwar eine Zulassung für die USA, dennoch wolle er in Manila bleiben. »Ich verdiene im Gegensatz zu vielen lokalen Kollegen ausreichend, weil meine Patienten wohlhabend sind und meine höheren Honorare akzeptieren. Vor allem aber will ich meinem Land etwas zurückgeben. Deswegen lehre ich auch an der Uni.«

Gut zehn Jahre später hat sich die Situation etwas entspannt, weil die boomenden Ausbildungsstätten des Landes deutlich mehr Personal für heimische wie ausländische Kliniken auf den Markt bringen als vor einem Jahrzehnt. Auch die philippinische Regierung hat Maßnahmen ergriffen: 2017 versprach sie Studenten an staatlichen Ausbildungsstätten eine kostenlose Ausbildung, wenn diese sich verpflichten, nach ihrem Abschluss die ersten Jahre ihrer Karriere als Ärzte oder Pflegekräfte im Land zu bleiben.

Dennoch leidet der Inselstaat weiterhin unter einem konstanten Braindrain: Philippinische Lehrer, Ingenieure oder IT-Spezialisten sind im Ausland hoch begehrt. Doch sie sind nur die Speerspitze einer Massenbewegung – täglich verlassen mehrere Tausend Filipinos ihre Heimat. Am Ninoy Aquino Airport in Manila steigen sie in Flieger nach Dubai, Saudi-Arabien und Katar, nach Hongkong, Singapur oder Tokio, um dort die Personallücken vor allem im Niedriglohnsektor zu füllen. Die Stimmung an den Abfluggates ist gedrückt, denn oft ist es ein Abschied von der Heimat auf unbestimmte Zeit.

»Ich mache das jetzt schon seit zehn Jahren, aber leichter wird es nicht«, erzählte mir mal eine Filipina beim Anstehen vor dem Boarding eines Fluges nach Singapur. »Jedes Mal bricht es mir das Herz, weil ich weiß, dass ich meine Familie erst in zwei, vielleicht erst in drei Jahren wiedersehen werde. Aber ich muss im Ausland Geld verdienen, damit meine Kinder eine gute Ausbildung bekommen können.« Ihre Schwermut teilten einige Dutzend andere Filipinas in der Warteschlange, die in dem Stadtstaat in Hotels, Restaurants oder Privathaushalten Arbeit gefunden hatten.

Ganz anders ist die Stimmung, wenn vor allem an Weihnachten die Flieger zu den internationalen Flughäfen des Archipels voll sind mit den Helden der Arbeit, die lange gespart haben, um die Feiertage mit Familie und Freunden verbringen zu können. Hunderttausende kehren für das Fest der Feste in die Heimat zurück. Die Vorfreude und kindliche Ausgelassenheit, die sie dann ausstrahlen, sind ansteckend. Lange Flugstunden werden durch Unterhaltungen, Lachen und Singen verkürzt, zum Schlafen sind einige zu aufgekratzt. Setzt der Flieger auf der Landebahn auf, erhebt sich Jubel und wildfremde Menschen umarmen sich. So viel Heiterkeit ist ansteckend, zumal wenn in den Gängen des Flughafens Bands populäre philippinische Songs zu Begrüßung spielen und große Plakate die Heimkehrer begrüßen: »Willkommen zu Hause!« Während unwissende Touristen sich wundern, haben die Filipinos nur eins im Sinn: »Coming home for Christmas!«

Auf den Fließbändern drängeln sich an diesen Tagen nicht nur die Koffer der Reisenden, sondern auch Türme von Paketen in allen Größen. Es sind vor allem Elektrogeräte, vom großen TV-Schirm bis zum praktischen Reiskocher, die die *balikbayan*, die heimkehrenden Arbeitsmigranten, als Geschenke für ihre Lieben mitgebracht haben. Wenn ich die großzügigen Präsente auf dem Koffer-Karussell ihre Runden drehen sehe und die aufgekratzten *balikbayan* beobachte, bleibt ein Schmunzeln nicht aus. Gerade in den ersten Jahren unserer Zeit im Ausland, als das Heimweh noch stark war, habe ich den Sommerferien in Deutschland ähnlich entgegengefiebert. Wochen vorher begann ich mir Gedanken zu machen über die Geschenke, die ich für all die Menschen, die ich so vermisste, besorgen wollte. Dass mir eine 18-Stunden-Flugreise mit zwei Kleinkindern bevorstand, tat meiner Vorfreude keinen Abbruch. Und ebenso wie die Filipinos im Landeanflug auf Manila schaute ich dann durch das kleine Flugzeugfenster runter auf die mir vertrauten Wälder und Felder rund um Frankfurt. Der Begriff Heimat bekommt eine völlig neue Bedeutung, wenn man Tausende von Kilometern entfernt lebt.

Zumal wenn es nicht Abenteuerlust, Fernweh oder Neugier sind, die einen ins Ausland locken, sondern die wirtschaftliche Not zu Hause. Die Philippinen gehören zu den ärmsten Ländern Südostasiens, ungefähr 22 Prozent der knapp 106 Millionen Filipinos leben laut der Asian Development Bank unterhalb der Armutsgrenze. Für die schnell wachsende Bevölkerung gibt es bei weitem nicht ausreichend Jobs, vor allem in ländlichen Gebieten lässt sich kaum Arbeit finden. Der seit Jahrzehnten praktizierte Ausweg aus der Dauermisere ist die Jobsuche im Ausland. Bereits zu Beginn des 20. Jahrhunderts verdienten philippinische Bauern ihr Geld auf den Zuckerrohrplantagen Hawaiis. Eine zweite, größere Welle von Arbeitsmigranten gab es während der wirtschaftlich schlechten Zeiten unter Präsident Ferdinand Marcos, was von der Regierung unterstützt wurde. Die Asienkrise in den 1990er Jahren manifestierte schließlich die Tatsache, dass Arbeitsmigranten der größte Exportschlager der Philippinen sind.

Filipinos rackern in nahezu allen Ländern unseres Planeten, zehn Prozent der Bevölkerung sind es, wenn nicht mehr. Exakte Zahlen gibt es nicht, denn der Anteil der illegalen Jobsucher ist hoch. Sehr genau wird hingegen ermittelt, wie viel Geld die etwa zehn Millionen Auslandsmalocher nach Hause schicken. Es sind gigantische Summen, die scheinbar unaufhörlich steigen: Im Jahr 2017 waren es knapp 29 Milliarden US-Dollar!

Ohne diesen steten, gewaltigen Geldfluss ginge es Millionen philippinischer Familien deutlich schlechter. Die Überweisungen aus dem Ausland sind fester Bestandteil des oft karg bemessenen Budgets. Eine sechsköpfige Kinderschar hat nur ausreichend zu essen, weil der Vater als Seemann auf Containerschiffen anheuert. Teenager können die weiterführende Schule besuchen, weil die große Schwester im Oman das Haus reicher Araber putzt. Das beim letzten Taifun schwer beschädigte Haus kann repariert werden, weil die Mutter ihren Lohn als Kinderfrau in Hongkong zu großen Teilen nach Hause transferiert. Die Liste geht endlos weiter – längst sind die Philippinen abhängig von dem Geldsegen aus der Ferne. Denn auch der Staat rechnet mit den Milliarden der sogenannten OFW (Overseas Filipino Workers), die vor allem den heimischen Konsum- und Immobilienmarkt florieren lassen.

Es ist daher kein Wunder, dass die Regierung Strukturen geschaffen hat, die den OFW ihren Weg ins Ausland erleichtern sollen. Was bereits unter der Marcos-Regierung begann, ist inzwischen perfektioniert worden. Ein vom Ruß der vielen vorbeifahrenden Dieselfahrzeuge eingeschwärztes Gebäude beherbergt die vermutlich am meisten frequentierte Behörde des Landes – in der POEA (Philippine Overseas Employment Administration) herrscht an jedem Wochentag geschäftiges Treiben. Hunderte Filipinos stehen hier an Schaltern an oder warten auf unbequemen Plastikstühlen auf die für ihren Job im Ausland notwendigen Dokumente und Stempel. Von der vielbefahrenen Kreuzung vor der Tür dringen Hupen und Motorenlärm in die große Eingangshalle, Ventilatoren quirlen die stickige Tropenluft um, ohne wirklich Kühlung zu bringen. Es ist leicht, die OFW-Routiniers von den *rookies* zu unterscheiden: Schulterzuckende Gelassenheit bei den einen, nervöse Anspannung bei den anderen.

Wer hier sitzt, hat in der Regel bereits einen Arbeitsplatz im Ausland ergattert. Nicht wenige haben ihren künftigen Job einer weiteren staatlichen Einrichtung zu verdanken: der Fortbildungsstätte TESDA (Technical Education and Skills Development Authority). Die Palette der landesweit angebotenen, subventionierten TESDA-Kurse reicht von Tourismus und Service über IT und Buchhaltung bis zu handwerklichen Berufen wie Schweißer, Automechaniker oder Schneider. Die so erworbene Qualifikation dient vielen Filipinos als Sprungbrett für einen Wechsel ins Ausland.

Damit die Nachfrage gezielt bedient werden kann, erfahren die TESDA-Planer von der POEA, was auf dem internationalen Markt gerade gefragt ist. Ob Koch, Zimmermädchen oder Kinderbetreuerin – die Agentur sorgt mit maßgeschneiderten Kursen dafür, dass der Archipel sein Exportgut Mensch liefern kann. Unweit des TESDA-Hauptsitzes ist eine weitere Ausbildungsstätte, die Filipinos für spezifische Tätigkeiten schult, das Norwegian Training Center Manila (NTCM). Vor dem Gebäude wehen die philippinische und die norwegische Flagge in der leichten Tropenbrise. Eine seltsame Kombination, so scheint es. Doch für das skandinavische Land lohnt es sich, die Akademie in Manila zu betreiben und dort gute Leute für norwegische Schiffe auszubilden. Denn nicht nur in der Dauer-Fernsehserie »Traumschiff« sind Filipinos als Crewmitglieder immer wieder zu sehen. Sie stellen ein großes Kontingent der Seeleute weltweit, vom Kombüsenjungen bis zum Kapitän, ob auf Containerschiffen oder Kreuzfahrt-Riesen. Für das Kadettenprogramm bewerben sich jedes Jahr 10 000 Anwärter, nur wenige Hundert werden genommen. Wenn diese die Akademie vier Jahre später verlassen, ist ihnen ein Job garantiert.

Damit ist wieder eine Familie im sicheren Hafen angekommen, zumindest in finanzieller Hinsicht. Doch die philippinische Gesellschaft zahlt einen hohen Preis für die seit langem praktizierte Arbeitsmigration, denn die meist jahrelange Abwesenheit der OFW nagt an allerlei Beziehungen: Ehepartner entfremden sich im Laufe der Zeit; Kinder kennen ihre im Ausland schuftenden Eltern kaum; ältere Geschwister müssen ihre eigenen Ambitionen begraben, um für die Ausbildung der jüngeren Geld zu verdienen. Es ist eine ungesunde Dynamik, die vordergründig Heilsbringer ist, in der Tat aber das Fundament der philippinischen Gesellschaft, die Familie, allmählich unterhöhlt.

Doch die Diaspora der Filipinos wird weiterhin wachsen, zu groß ist zu Hause die Abhängigkeit von den Überweisungen der OFW. Und Millionen werden für die sogenannten »3D-Jobs« angeheuert: *dirty, difficult and dangerous* – dreckig, schwer und gefährlich. Dafür gibt es dann allzu häufig ein mickriges Gehalt, überlange Arbeitszeiten und miese Behandlung durch den Arbeitgeber. Gerade Länder des Mittleren Ostens, die den größten Bedarf an OFW haben – alleine in Saudi-Arabien arbeiten mehr als eine Million Filipinos – stehen im Verruf, Arbeitsmigranten nicht gut zu behandeln. Vor allem Filipinas sind von Misshandlungen, sexueller Ausbeutung und endlosen Arbeitstagen bei karger Ernährung bedroht. Immer wieder berichten hiesige Medien von extremen Fällen, regelmäßig flüchten OFW in die philippinischen Botschaften und Konsulate. Dort gibt es eigens Abteilungen, die sich um die Betreuung ihrer verstörten Landsleute kümmern und den Rückflug in die Heimat organisieren.

Und doch stehen an jedem beliebigen Tag Hunderte in den Straßen des Stadtteils Ermita Schlange vor kleinen Büros, in denen Vermittler Geld damit verdienen, vor allem ungelernten und unerfahrenen Jobsuchenden aus den Provinzen eine Stelle zu verschaffen. Die Grenze zwischen legal und illegal ist für Unerfahrene nicht auszumachen. Etwa 1500 Agenturen sind staatlich anerkennt, die Zahl der illegalen Arbeitsvermittlungen liegt im Dunkeln. Wer diesen Geschäftemachern in die Fänge geht, muss nicht nur fürchten, dass das Geld für die Vermittlungsgebühren, das die Familie in der Hoffnung auf eine bessere Zukunft zusammengeborgt hat, lediglich einen skrupellosen Betrüger bereichert.

Hier werden auch Jobs als Haushaltshilfe oder Küchenmädchen versprochen, die tatsächlich in Zwangsprostitution enden.

All diese Probleme sind offenkundig und werden öffentlich debattiert. Dennoch werde ich weiterhin am Flughafen auf traurige Abreisende oder bei der Ankunft auf begeisterte Heimkehrer treffen. Denn außer den immer gleichen Phrasen liefern die Politiker nichts. Auch Präsident Duterte versprach 2016 während seiner Wahlkampftournee durch die Golfstaaten das Unmögliche: »Ich schaffe Jobs zu Hause für euch, ich werde euch alle heimholen.« Das brachte ihm wohl eine Menge Stimmen aus dem Heer der Arbeitsmigranten, an deren Situation sich bisher allerdings nichts geändert hat. Die Philippinen bieten nach wie vor nicht annähernd genug Jobs für ihre rasch wachsende, arbeitsfähige Bevölkerung.

Im Schatten des Wirtschaftswachstums

Dabei gibt es gerade in Manila Orte, wie sie sich Helmut Kohl für den Osten Deutschlands gewünscht hatte: blühende Landschaften. Das offenbarste Beispiel ist ein großes, ehemaliges Militärareal, um das sich die Stadtteile Makati und Taguig seit Jahren streiten. Vor zwei Jahrzehnten hieß das Gelände noch Fort Bonifacio, allerdings gab es kein eindrucksvolles Fort zu bewundern, vielmehr führte uns der Weg zur Schule jahrelang durch dieses unbebaute, staubige Niemandsland. Es war ein trostloses Gebiet, an dessen einem Rand drei internationale Schulen standen, während am anderen gerade zwei teure Apartment-Hochhäuser bezugsfertig geworden waren. Nichts war zu ahnen von dem, was heute ganz im Zeitgeist Bonifacio Global City (BGC) heißt.

Wie im Zeitraffer ist hier binnen 15 Jahren ein Viertel entstanden, das modern und schick ist. Mehrere Einkaufszentren buhlen um Kunden, Hotels der Mittel- und Luxusklasse umwerben Gäste, Rolls Royce- und Lamborghini-Händler warten nicht vergeblich auf wohlhabende Autokäufer. Die Logos und Schriftzüge multinationaler Firmen prangen an Bürotürmen. Jeder Quadratmeter wird genutzt, die Grünflächen sind minimal, dafür wachsen noch immer Apartmenthäuser in die Höhe, deren zumeist kleine Wohnungen vom allmählich wachsenden Mittelstand oder heimkehrenden Arbeitsmigranten aufgekauft werden.

Das beliebte Zentrum von Bonifacio Global City ist die »High Street«. Diese Königsallee von Manila ist eine autofreie Einkaufs- und Flanierstraße, ein Novum in der Hauptstadt. Vor allem am Wochenende und abends lockt es Massen an, die froh sind, mal im Freien ohne Autolärm bummeln zu können. Wer es sich leisten kann, diniert auf den Terrassen der zahlreichen Restaurants. Für das Sandwich zwischendurch bieten sich die vielen Coffeeshops an. Kein Wochenende vergeht ohne Open-Air-Konzerte, Ausstellungen oder Märkte, auf denen Kunsthandwerk und hausgemachte Leckerbissen verkauft werden.

Hier präsentiert sich die Hauptstadt urban und aufstrebend, BGC blitzt und blinkt, es macht das andere, das arme und dreckige Manila fast vergessen. Aber es geht nicht weg, dieses Manila der Slums. Im Gegenteil, die Elendsgebiete wachsen, weil die Metropole nach wie vor verarmte Landbewohner anzieht wie das Licht die Mücken. Wie unter einem Brennglas kann man diese frappierenden Kontraste an vielen Stellen erleben. Zum Beispiel, wenn man auf der Hauptverkehrsachse EDSA in Richtung BGC unterwegs ist. An den großen Kreuzungen kampieren Obdachlose unter Überführungen, mangelernährte Kinder betteln am Autofenster um einige Pesos. Wenige hundert Meter weiter präsentiert sich jene schöne neue Welt, die für den Großteil der Bevölkerung immer nur eine nutzlose Kulisse bleiben wird.

Dass beides – bittere Not und opulenter Wohlstand – noch immer nebeneinander auf so kleinem Raum und in solch krassem Missverhältnis existieren, ist Ausdruck einer verfehlten Politik. Nicht nur wurde es in den Jahrzehnten nach der Unabhängigkeit versäumt, sich des kolonialen Erbes der Feudalstrukturen zu entledigen. Vielmehr haben auch die jüngsten Administrationen sich Umverteilungen und Bekämpfung der Ungleichheit nicht ernsthaft zur Aufgabe gemacht. Wenn es dem Land ökonomisch gut geht, heißt es noch lange nicht, dass sich auch die Situation der Armen verbessert.

Daher ist es für einen großen Teil der Bevölkerung leider auch unerheblich, dass die Philippinen in den Statistiken der Wirtschaftsforscher mit einem Plus dastehen. Seit Jahren hat das Land ein sehr solides Wirtschaftswachstum von sechs bis acht Prozent vorzuweisen, im Gegensatz zu einigen Nachbarstaaten überstand der Archipel die ökonomischen Weltkrisen im vergangenen Jahrzehnt bemerkenswert gut. Die deutsche Außenhandelskammer in Manila lobt das Inselreich als »Wachstumsmotor Südostasiens«. Als Mitglied der ASEAN-Handelsgruppe tritt das Land international in Erscheinung, mit der EU will man ein Freihandelsabkommen schließen.

Das alles klingt vielversprechend und einige Sektoren boomen in den letzten Jahren wahrlich. Allen voran die Callcenter-Industrie – wenn ich von München, Tokio oder Peking aus die Hotline einer Fluglinie, das Buchungszentrum einer Hotelkette oder die Beschwerdestelle meiner Krankenversicherung anrufe, klingt das philippinisch-melodische »Ma'am, what can I do for you?« so vertraut, als würde ich in einem Restaurant in Manila mit der Bedienung sprechen. Bis zu einer Million Filipinos sollen in Callcentern arbeiten, weltweit liegt der Archipel damit auf Platz zwei hinter Indien. Dass Englisch Schul- und Amtssprache ist, zahlt sich hier in barer Münze aus. Auch in anderen Bereichen des Business Outsourcing sind die Philippinen Weltklasse, bietet das Land mit seiner dominant jungen Bevölkerung – das Durchschnittsalter beträgt knapp 24 Jahre – doch einen riesigen Pool an Arbeitskräften. Multinationale Unternehmen überlassen gern ihre Buchhaltung oder Verwaltungsarbeiten philippinischen Uni-Absolventen. Ein anhaltender Trend mit zweistelligen Wachstumsraten, der Filipinos die Chance auf eine halbwegs anständig bezahlte, wenn auch nicht unbedingt karriereorientierte Tätigkeit gewährt.

Männliche Arbeitskräfte mit unzureichender Schulbildung haben immerhin auf den zahlreichen Großbaustellen in den Städten Chancen, allerdings sind die Bedingungen hart und die Bezahlung mau. In den Sonderwirtschaftszonen des Landes finden Frauen aus einfachen Verhältnissen in Unternehmen der Elektronikindustrie, des verarbeitenden Gewerbes und der im Aufbau befindlichen Umwelttechnologie Arbeit. Auch als Servicekräfte oder Hausangestellte können sie ein geregeltes, allerdings in der Regel niedriges Einkommen erarbeiten.

Auf dem Land geht es vielerorts indes nicht vorwärts. Man muss die Hauptstadt nicht allzu weit hinter sich lassen, um auf den Feldern Bauern und ihre Wasserbüffel bei der Arbeit zu beobachten. Das sieht für vorbeifahrende Touristen nett aus, ist aber tatsächlich Ausdruck einer lange währenden Fehlentwicklung. Obgleich etwa zwei Drittel der Bevölkerung in der Landwirtschaft arbeiten, müssen die Philippinen kräftig Grundnahrungsmittel importieren. Vor allem bei Reis, ohne den eine Mahlzeit unvollständig ist, ist der Inselstaat auf Einfuhren aus Thailand oder Vietnam angewiesen. Wenn ich auf einem sogenannten *wet market*, der philippinischen Version eines deutschen Bauernmarktes, vor all den Reissäcken stehe, nehme ich gern den Rat der Verkäufer in Anspruch. Nicht selten kommt dann beim Abwiegen eine Entschuldigung, dass der Reis so teuer sei, »weil er von so weit herkommt«.

Die Ursachen für den unproduktiven Agrarmarkt sind vielfältig: Nicht nur die zum Teil archaischen Anbaumethoden und die seit Jahrzehnten verschleppte Landreform, sondern auch das starke Bevölkerungswachstum sind schuld daran, dass das Hauptnahrungsmittel knapp und nicht für jeden erschwinglich ist. Wenn die Preise mal wieder durch die Decke gehen, öffnet die nationale Lebensmittelbehörde NFA (National Food Authority) ihre Lagerhallen und gibt subventionierten Reis aus, in den Armengebieten zum Teil gegen Lebensmittelmarken. Zugleich werden in Vietnam oder Thailand hastig Importe geordert, doch bevor die weißen Körner in den philippinischen Häfen ankommen, vergehen Wochen. Im Herbst 2018 war es wieder soweit, der Preis für ein Kilo Reis lag 15 Prozent über dem des Vorjahres. Marktmanipulationen durch Spekulanten und Ernteausfälle durch Taifun Mangkhut waren dieses Mal die Ursachen. Und wie üblich setzte der bekannte Mechanismus ein, die Regierung bestellte Reis im Ausland und die NFA räumte ihre Lager. Von Strukturreformen oder Investitionen in den Agrarsektor keine Spur, die Lernkurve der Duterte-Regierung verläuft da ebenso flach wie die ihrer Vorgänger.

Produkte, die in Mengen in den Export gehen wie die köstlichen Ananasfrüchte, die saftig-süßen Mangos und die variantenreichen Bananensorten, werden zumeist von den Riesen des weltweiten Agrarbusiness angebaut und vermarktet. Die fruchtbaren Böden Mindanaos ernähren nicht in erster Linie die lokale Bevölkerung, sondern mehren die Profite von Del Monte und Dole. Kokosnüsse sind ein weiterer Exportschlager der Philippinen, Inseln wie Leyte haben sich auf die Tropenfrucht spezialisiert. Als der Taifun Haiyan die endlosen Reihen der schlanken Palmen niedersäbelte, zerstörte er die Lebensgrundlage zahlloser Familien. Nicht nur die Jahresernte war zerstört: »Wir müssen ganz von vorne anfangen«, erzählte mir ein alter Mann unter Tränen, »das wird Jahre dauern. Aber wir kennen ja nichts anderes, meine Eltern und Großeltern haben auch schon Kokosnüsse angebaut.«

Korruption, Nepotismus und Bürokratie

Dass es mit der Armutsbekämpfung und der Lösung anderer drängender Probleme nicht wirklich vorwärtsgeht, hat eine weitere, ebenso verbreitete wie verfluchte Ursache, deren Auswirkungen auf die Politik schon beschrieben wurden: Korruption in allen Facetten. Die Zahlung von Bestechungsgeldern, Vorteilsnahme im Amt, Vetternwirtschaft – dies alles ist auf den Philippinen so alltäglich wie in Deutschland das Meckern übers schlechte Wetter. Alle schimpfen zwar über diese scheinbar unausrottbaren Übel, doch jeder macht sie sich zum eigenen Vorteil gemein.

Eine unsäglich langsame, ineffiziente und undurchschaubare Bürokratie lähmt das Land zusätzlich und verhindert die Kontrolle und Aufklärung von Vergehen.

Wer sich dem System der Gefälligkeitszahlungen widersetzt, muss entweder viel Geduld haben oder damit rechnen, nicht ans Ziel zu kommen. Ein Problem um die Geburtsurkunde unserer jüngeren Tochter beschäftigte uns dementsprechend lange. Weil sie in Manila geboren wurde, hätte sie nach philippinischem Recht den Nachnamen meines Mannes tragen müssen, nach deutschem Recht hingegen meinen. Die Hürde hätte sich auf philippinische Art und Weise wohl leicht aus der Welt schaffen lassen können, doch da wir uns darauf nicht einlassen wollten, zog sich der Clinch wie Kaugummi. Letztlich wurde eine gütliche Lösung gefunden, aber beim Abholen der Geburtsurkunde schienen die Blicke zu sagen: Das hättest du wahrlich einfacher haben können.

Korruption findet auf allen Ebenen statt: Es ist allemal billiger, dem Verkehrspolizisten ein Zubrot zukommen zu lassen, als die Strafe für das Überfahren einer roten Ampel zu zahlen. Straffrei kann davonkommen, wer en passant erwähnt, dass ein Verwandter ein höhergestellter Offizier ist oder mit einem hochgestellten Beamten die Schulbank gedrückt hat. Abseits der Korruption der kleinen Leute fließen generöse Bestechungsgelder, wenn es etwa um große Infrastrukturprojekte wie einen Staudamm oder eine Autobahn geht. Eine großzügige »Spende« kann den Zuschlag ebenso garantieren wie das Ausspielen verwandtschaftlicher oder freundschaftlicher Beziehungen. Etliche millionenschwere Skandale werden jedes Jahr bekannt, doch gegen die Schiebereien und Bestechungen ist kein Kraut gewachsen.

Das wirkt natürlich auf ausländische Investoren alles andere als einladend. Der philippinische Staat und die Unternehmen im Land haben wahrlich keinen guten Ruf als zuverlässige Geschäftspartner. Äußerst abschreckend hat der Skandal um das Terminal 3 des internationalen Flughafens in Manila auf die globale, vor allem aber auf die deutsche Wirtschaftsgemeinschaft gewirkt. Zwar liegt der aufsehenerregende Fall schon Jahre zurück, doch beschäftigte er Gerichte in Manila, Singapur und Washington bis 2016. Dabei hatte es Anfang 2002 danach ausgesehen, als würde Manila endlich einen modernen Flughafen bekommen, der das abgewirtschaftete und veraltete Terminal 1 würde ersetzen können. Da die Philippinen das Großprojekt nicht finanzieren konnten, vergaben sie es an ein internationales Unternehmenskonsortium. Diesem gehörte maßgeblich die deutsche Fraport AG an, die den Bau bezahlte und sich im Gegenzug die Betreiberrechte auf 25 Jahre garantieren ließ. Ein guter Deal für alle Beteiligten, so schien es. Doch als das Terminal quasi schlüsselfertig war, erklärte der Oberste Gerichtshof des Landes die Verträge mit dem Konsortium wegen vorgeblicher Mängel bei der Auftragsvergabe für nichtig. Die Fraport AG verlor damit das verabredete profitable Betreiberrecht. Den finanziellen Verlust von 293 Millionen Euro schrieb der Frankfurter Flughafenbetreiber ab, den juristischen Kampf nahm er indessen auf. Der damalige Fraport-Chef Wilhelm Bender warf der 2002 regierenden Präsidentin Gloria Macapagal-Arroyo »rechtswidriges Verhalten« vor. Die Bundesregierung fror vorübergehend ihre Kontakte mit Manila ein und sicherte Philippinen-Geschäfte nicht mehr mit Hermesbürgschaften ab.

Während sich die Gerichte mit dem komplizierten Fall beschäftigten, stand das dringend benötigte neue Terminal 3 sechs Jahre lang leer. Bei jeder Fahrt zu und von dem hoffnungslos überlasteten alten Terminal 1 kamen wir an dem modernen Abfertigungsgebäude vorbei, dessen Glasfassaden und lichte Architektur so einladend wirkten. Doch der äußere Schein trog: In der lokalen Presse gab es regelmäßig Berichte über den schleichenden Verfall des nicht in Schuss gehaltenen Gebäudes. Teile des Daches stürzten ein, Schimmel setzte sich in den nicht klimatisierten Hallen fest. 2008 ließ die Regierung die Schäden reparieren und startete einen »Testbetrieb« des Terminals, ungeachtet der ungeklärten juristischen Sachlage. Die Fraport AG musste weitere acht Jahre warten, bis sie letztendlich 2016 von den Philippinen eine Summe von 243 Millionen Euro erhielt und den Fall damit für erledigt erklärte.

Die Posse um das Terminal 3 trug sich während der Amtszeit von Gloria Macapagal-Arroyo zu, in der die Unkultur der Bestechung und Vetternwirtschaft besonders schlimm ausgeprägt war. Auch die Familie der Präsidentin war selbst immer wieder in fragwürdige Machenschaften verstrickt. Ihr Nachfolger Benigno »Noynoy« Aquino bemühte sich redlich gegen die Plage, war aber nicht energisch genug. Und Rodrigo Duterte? Der Hardliner droht korrupten Staatsdienern mit wüsten Sprüchen, schüttelt die Faust und verflucht die Missetäter namentlich, bevor er sie rausschmeißt. Das ist mehr, als seine Vorgänger taten, doch das »Unkraut Korruption« gedeiht hartnäckig weiter.

Die Medien im Visier der Mächtigen

Als mein ehemaliger Chefredakteur argwöhnte, dass die Philippinen ein gefährliches Pflaster seien, hat er sicher an Alltagskriminalität oder vielleicht auch an islamistische Terroristen gedacht. Was ihm vermutlich nicht bewusst war, ist der Fakt, dass der Inselstaat eines der weltweit gefährlichsten Arbeitsgebiete für Journalisten ist. Dabei garantiert die älteste Demokratie Asiens in ihrer Verfassung die Presse- und Meinungsfreiheit und im Gegensatz zu einigen Nachbarländern werden Publikationen nicht zensiert. Doch wer den Mächtigen in Medienberichten auf die Finger klopft, unerschrocken krumme Geschäfte aufdeckt oder über gekaufte Wählerstimmen berichtet, der muss mit dem Schlimmsten rechnen. Immer wieder werden Lokalreporter ermordet, die mit hartnäckigen Recherchen der Wahrheit zu nahegekommen waren.

Das Schema ist fast immer das gleiche: Vermummte auf Motorrädern geben auf offener Straße Schüsse auf das Opfer ab und verschwinden ebenso schnell wie sie gekommen sind. Der Aufschrei der Empörung über einen neuerlichen feigen Anschlag ist jedes Mal groß, Polizeichefs und Politiker geloben, die Täter zur Strecke zu bringen, mitunter lässt der Präsident eine Task Force gründen. Die Erfolgsquote ist indes beschämend gering, der Großteil der Fälle wird nie aufgeklärt. Als ich neu war in Manila und gerade dem Club der Auslandskorrespondenten beigetreten war, kam ich mit einer philippinischen Kollegin ins Gespräch, die verbittert von den sich wiederholenden Pleiten der Ermittlungsarbeiten berichtete: Zeugen verstummten, Beweise seien mit einem Mal unauffindbar, die Aufklärungsarbeit werde halbherzig betrieben und laufe in den meisten Fällen ins Leere.

Ihre Worte fallen mir immer ein, sobald ich das Wort Maguindanao höre. In der Provinz auf Mindanao hat sich am 23. November 2009 das bisher schlimmste Massaker an Journalisten in der Geschichte der Philippinen ereignet: 58 Menschen, darunter 32 Medienschaffende, wurden an jenem »schwarzen Montag« bei einem an Perfidie kaum zu überbietenden Überfall getötet. Es war Wahlkampfzeit, was auf den Philippinen gleichbedeutend mit dem Ausbruch von Feindschaften zwischen rivalisierenden Politikern und deren Clans ist. Bei der Erringung eines politischen Amtes geht es um viel – vor allem um viel Geld. Denn wer im Rathaus oder im Parlament sitzt, der hat alle Möglichkeiten, sich und seine Familie zu bereichern und den Machtanspruch in der Heimatstadt oder -provinz zu festigen. Erbitterte Wortgefechte, öffentliche Verunglimpfungen oder die Lancierung diskreditierender Hinweise auf ein Fehlverhalten des Konkurrenten sind dann an der Tagesordnung. Doch die Monate vor einem Urnengang sind immer auch geprägt von Meldungen über Killerkommandos, die einen Bewerber auf ein Bürgermeisteramt oder einen Sitz im Kongress ermordet haben. Auch für Journalisten, die durch ihre Berichterstattung den Unmut von Kandidaten auf sich ziehen, kann diese Zeit mörderisch sein.

Jene 32 Medienleute, die sich im November 2009 dem Konvoi des Politikers Esmael Mangudadatu anschlossen, fuhren in der Hoffnung auf eine gute Story mit in die Provinzhauptstadt Shariff Aguak, wo Mangudadatu seine Bewerbung für den Posten des Gouverneurs abgeben wollte. Doch die Region um Shariff Aguak war Feindesgebiet, hier regierte der gegnerische Clan der Ampatuans. Dort alleine aufzukreuzen, schien Mangudadatu zu riskant, weswegen er Familienmitglieder und Berichterstatter in großer Zahl um sich scharte, die quasi als Schutzschild dienen sollten. Den beantragten Polizeischutz bekam der Konvoi nicht, wohl weil die lokalen Polizeikräfte sich nicht den Zorn des regierenden Gouverneurs Datu Andal Ampatuan sen. zuziehen wollten.

Berichten der wenigen Überlebenden zufolge, wurde der Fahrzeugtross unterwegs von mehr als 100 Bewaffneten gestoppt, die ihre Opfer aus den Wagen zwangen und kaltblütig exekutierten. Der Schock über das Ausmaß und die Brutalität der Hinrichtungen waren groß, das Maguindanao-Massaker machte weltweit Schlagzeilen. Doch auch fast zehn Jahre nach dem Attentat sind keine Urteile gesprochen, auch wenn sich die Staatsanwaltschaft optimistisch gibt, dass der Hauptangeklagte Andal Datu Unsay Ampatuan jun. wegen mehrfachen Mordes verurteilt werden wird. Der Ampatuan-Clan hat indes nichts von seiner Macht und Dominanz eingebüßt.

Das Massaker von Maguindanao ist nur die Spitze des Eisbergs. Der Internationale Journalistenverband hat die Philippinen Ende 2018 als »tödlichstes Land in Friedenszeiten für Journalisten in Südostasien« bezeichnet. Während der ersten zwei Amtsjahre von Präsident Duterte kamen elf Journalisten gewaltsam ums Leben – so viele Journalisten-Morde in so kurzer Zeit hatte es zuvor unter keinem anderen Staatschef gegeben. Verwunderlich ist dies nicht, denn Duterte sieht Journalisten als Gegner: Unliebsame Medien müssen nun um ihre Lizenzen fürchten, in Ungnade gefallenen Reportern werden Akkreditierungen verweigert, investigative Journalisten mit Anklagen überzogen. Und wer gar zu hartnäckig und neugierig recherchiere, der müsse sich nicht wundern, wenn er Opfer eines Anschlags werde, erklärte Duterte während seines Wahlkampfes.

Doch nicht nur kritische Journalisten oder politische Rivalen, sondern auch Umweltschützer, links engagierte Studenten, Menschenrechtler und Kommunisten werden Opfer von sogenannten *extrajudicial killings* – außergerichtlichen Hinrichtungen. Vor allem während der Amtszeit von Gloria Macapagal-Arroyo kam es zu einem starken Anstieg an Morden oder dem »Verschwinden« von Aktivisten aller Art. Mehr als 1000 Menschen sollen ihr Leben gelassen haben, wie Amnesty International und andere Organisationen immer wieder anprangerten. Mich erreichten in jenen Jahren immer wieder E-Mails von Freunden, die um meine Sicherheit besorgt waren, doch als ausländische Journalistin war ich viel weniger eine Zielscheibe als meine lokalen Kollegen.

Immer wieder war und bin ich beeindruckt von dem Mut der Filipinos, die sich nicht einschüchtern und zum Schweigen bringen lassen wollen. Zu meinen Gesprächspartnern gehörten Gewerkschaftler, Menschenrechtler und Umweltschützer. Es waren Mütter darunter, die ihre Kinder seit Monaten nicht gesehen hatten, weil sie jede Nacht woanders schliefen. Oder Juristen, die mittellose Hinterbliebene von Opfern des Drogenkrieges gegen die Obrigkeit vertraten. Sie wussten um die Gefahr, in die sie sich brachten. Die Androhung von Gewalt hielt sie dennoch nicht ab: »Was diese Regierung macht, kann ich nicht akzeptieren. Sie schert sich nicht um uns kleinen Leute, um unsere Jobs, um unsere geringen Einkommen. Jemand muss sich doch dagegen auflehnen«, erzählte mir eine philippinische Gewerkschafterin, die wegen Morddrohungen abgetaucht war, damals am Telefon. Ihr Mut war ebenso beeindruckend wie die Situation alarmierend. Denn die Zunahme der feigen Anschläge durch bezahlte Killer war quasi vom Staat sanktioniert. Die von Macapagal-Arroyo im Jahr 2006 erlassene Exekutivorder 546 erlaubte es Patriarchen und Politikern, sich zum Schutz vor »terroristischen Elementen« paramilitärische Privatarmeen zu halten. Datu Andal Ampatuan sen. setzte seine Truppe beim Massaker von Maguindanao ein.

Es war ein Klima, in dem Jovito Palparan sich austoben konnte. Der Generalmajor, ein bekennender Kommunistenhasser, hinterließ eine blutige Spur, wo auch immer er unter GMA stationiert war. Während die Präsidentin den Chef des 7. Infanteriebataillons als Garant für Gerechtigkeit und Frieden pries, schickte der seine Untergebenen auf die Jagd nach Kommunisten und allen, die er für Unterstützer hielt. Auf sein Konto sollen hunderte Tote und spurlos verschwundene Menschen gehen. »Der Schlächter«, wie er genannt wurde, steckte auch hinter der Entführung zweier Studentinnen im Juni 2006. Bis heute gibt es keine Spur von den jungen Frauen. Doch ihre Mütter waren mutig genug, den juristischen Kampf gegen Palparan aufzunehmen.

Als 2011 ein Haftbefehl gegen den inzwischen pensionierten Generalmajor ausgestellt wurde, tauchte dieser ab. Drei Jahre später wurde der »Schlächter« gestellt, es hat weitere vier Jahre bis zum Urteilsspruch gedauert. Dieser war dann allerdings eine handfeste Überraschung: Der 68-Jährige wanderte 2018 für den Rest seines Lebens hinter Gitter. In den sozialen Netzwerken überschlugen sich Filipinos mit Lob für den mutigen Richter, Oppositionspolitiker wie Senator Francis Pangilinan lobten das Urteil als eine deutliche Warnung an »das Militär, die Polizei und den Rest der Regierung, dass das Gesetz und unser Justizsystem früher oder später jene zur Verantwortung zieht, die Menschenrechte verletzt haben«. Die Verurteilung Palparans ist bemerkenswert, kommen doch gerade mächtige oder reiche Übeltäter oft ungeschoren davon. Wie gut wäre es für die Philippinen, wenn Senator Pangilinan recht behielte.

Und jetzt das – der IS im Süden

Rodrigo Duterte war erst wenige Monate im Amt, als in seiner Heimatstadt Davao City, die er viele Jahre als Bürgermeister regiert hat, eine Bombenexplosion auf einem belebten Nachtmarkt 14 Menschen in den Tod riss. Die Spuren führten zu Isnilon Hapilon, dem früheren Anführer der Abu Sayyaf-Gruppe, die für einen islamischen Staat im Süden des Archipels kämpft. Ihr Markenzeichen sind Entführungen, mit denen sie Lösegeld für Waffenkäufe erpresst. Als einer der ersten militanten Muslimführer auf den Philippinen wandte sich Hapilon dem sogenannten Islamischen Staat (IS) zu. Unter seiner Führung formte sich eine Koalition, die aus verschiedensten Gruppierungen bestand. Ihr Ziel: Die Philippinen zur IS-Hochburg in Südostasien zu machen.

Während die USA auf den Dschihadisten als einen der meistgesuchten Terroristen ein Kopfgeld von fünf Millionen US-Dollar ausgesetzt hatten, nahmen das philippinische Militär und die Regierung in Manila die wachsende Bedrohung augenscheinlich nicht ernst genug. Nach Ansicht von Experten entging ihnen, dass die von Hapilon geführten Krieger ideologisch radikalisiert waren und Verstärkung durch aus Syrien und dem Irak vertriebene IS-Kämpfer fanden. Die dichten Dschungelgebiete von Mindanaos südlicher Provinz Lanao del Sur dienten Hapilons Gruppe als Versteck und Hauptquartier. Zu Hapilons Verbündeten gehörte der Maute-Clan, dessen Sitz Marawi ist, die Hauptstadt der Provinz Lanao del Sur.

Das philippinische Militär beging einen großen Fehler, als es am 23. Mai 2017 glaubte, Isnilon Hapilon in Marawi verhaften zu können. Die Hoffnung, den durch Zufall entdeckten Islamistenführer endlich festsetzen zu können, verleitete die Militärführung zu einer überhasteten Aktion. Doch anstatt Hapilons Quartier mit einem Überraschungsangriff zu überrennen, sahen sich die Soldaten mehreren hundert bestens ausgerüsteten und kampferprobten Islamisten gegenüber. Unter großen Verlusten mussten sich die Regierungstruppen zurückziehen. Es begann ein verheerender, fünf Monate dauernder Kampf um Marawi, bei dem die Stadt nahezu vollständig in Schutt und Asche gelegt wurde. Mehr als 1000 Menschen starben, die meisten gehören nach offiziellen Angaben zu den Terroristen. Die prominentesten Opfer waren Hapilon und die Anführer der Maute-Gruppe, die Brüder Abdullah Maute und Omar Maute. Das zerstörte Marawi gleicht bis heute einer Geisterstadt, mehr als 350 000 Menschen warten darauf, dass ihre Stadt wiederaufgebaut wird.

Der Tod von Isnilon Hapilon, den Maute-Brüdern und nahezu 1000 islamistischen Kämpfern war in Manila Anlass zu Erleichterung. Doch die Gefahr, dass der IS im Süden der Philippinen einen Stützpunkt errichtet, ist keineswegs gebannt. Während der Kongress im Dezember zum dritten Mal das Kriegsrecht für ganz Mindanao bis Ende 2019 verlängert hat, beunruhigt die militärische Führung, dass sich die IS-Unterstützer nicht geschlagen geben, sondern in Evakuierungslagern und im Umfeld von Koranschulen neue Kämpfer rekrutieren. Die Lage dafür scheint günstig: Dass die einstige »muslimische Hauptstadt der Philippinen« noch immer ein Trümmerfeld ist, nährt Frustration und Unzufriedenheit. Dies, so glauben Experten, mache es IS-Rekrutierern leicht, in den Flüchtlingszentren Anhänger zu gewinnen.

Al Haj Murad Ebrahim bereitet dies erhebliches Kopfzerbrechen. Auf dem Chef der früheren Kämpfergruppe MILF lastet eine große Verantwortung. Anfang 2019 stimmte ein Großteil der Bevölkerung in den muslimischen Gebieten Mindanaos für ein Gesetz, das die Regierung und Verwaltung dieser Provinzen und Städte neu regelt. Kernpunkte sind der Ausbau der 1989 gewonnenen Autonomie, ein eigenes Budget und ein 80-köpfiges Parlament, das bis zu Wahlen im Juni 2022 unter Ebrahims Führung stehen soll. Es ist zweifelsohne ein Meilenstein nach jahrzehntelangen, zähen Friedensverhandlungen zwischen Manila und muslimischen Rebellengruppen. Doch Ebrahim weiß, dass die so lange gewaltsam ausgetragenen Konflikte nicht durch ein neues Gesetz oder ein eigenes Parlament beendet werden können. »Alle Filipinos müssen bereit sein, uns als Partner zu Friedensfindung und Fortschritt zu akzeptieren«, mahnte er.

Dass die vor dem Krieg geflohenen Bewohner noch immer nicht nach Marawi zurückkehren könnten, sei »schrecklich«. Ebrahim weiß sehr gut, dass die Vernachlässigung des Wiederaufbaus des muslimischen Zentrums von Mindanao islamistischen Rekrutierern in die Hände spielt. Und dass mehr Autonomie jenen nicht genügt, die von einem unabhängigen Kalifat träumen. Es ist ein deutliches Zeichen, dass Ende Januar 2019, nur eine Woche nach der ersten erfolgreichen Volksabstimmung, zwei Bombenexplosionen die Kathedrale von Jolo im Sulu-Archipel erschütterten. Dabei kamen 21 Menschen ums Leben, mehr als hundert wurden verletzt. Die Attentäter gehören einer Zelle der Abu Sayyaf-Gruppe an, die an ihrem militanten Kampf festhält. Präsident Duterte befahl seinen Truppen nach den Anschlägen einen totalen Vernichtungskrieg gegen die Abu-Sayyaf-Terroristen. Keine Frage: Die Region bleibt eine tickende Zeitbombe. Es ist zweifelhaft, dass sie in absehbarer Zeit zu entschärfen sein wird.

Zuckerbrot und Peitsche

Ein amerikanischer Zerstörer pflügt durchs Meer, mit bloßem Auge ist die nächste Landmasse nur bei guter Sicht zu erkennen. Von dort nähert sich ein chinesisches Kriegsboot, es hält direkten Kurs auf das Schiff der US-Marine. Hektischer, aggressiver Funkverkehr setzt ein, die Chinesen fordern die Amerikaner wütend auf abzudrehen. Die schweigen und fahren weiter, das ist ihr Auftrag. Erst im letzten Moment ändert der Zerstörer seinen Kurs leicht und verhindert so eine Kollision mit den Chinesen, die bis auf 40 Meter herangekommen waren. Eine Dramaturgie wie aus einem Hollywood-Kriegsfilm, doch es sind dokumentarische Aufnahmen der Amerikaner.

Szenenwechsel: Ich bin in Manilas Geschäftsviertel Makati unterwegs, als aufgebrachte Stimmen durch den Verkehrslärm dringen. Die Geräuschquelle entpuppt sich als eine Gruppe Filipinos, die sich vor dem chinesischen Konsulat in Stellung gebracht haben. Auf ihren Plakaten steht: »Hände weg von den Spratlys« und »Verteidigt die philippinische Souveränität!«. Durch Megaphone rufen sie wütend: »Zieh ab, China!«

Beide Ereignisse aus dem Herbst 2018 sind eng miteinander verknüpft. Auslöser dafür sind Aktivitäten der Chinesen, die seit 2012 ein aus ihrer Sicht historisch begründetes Vorrecht im Südchinesischen Meer geltend machen. Damals häuften sich zunächst die Nachrichten in den lokalen Medien, dass philippinische Fischerboote aggressiv von größeren, chinesischen Schiffen an der Arbeit gehindert und aus ihren traditionellen Fischgründen vertrieben würden. Dabei waren sie in Gewässern auf der Westseite der Philippinen unterwegs, die bis dato als international frei zugänglich galten und zum Gebiet des Inselstaates gehörten.

Die Regierung in Manila nutzte diplomatische Kanäle zum Protest, doch aus Peking kam kein Einlenken. Im Gegenteil, die Machthaber aus dem Reich der Mitte erklärten den erstaunten Anrainerstaaten Malaysia, Brunei, Vietnam, Taiwan und den Philippinen, dass ein Großteil des Südchinesischen Meeres seit Jahrhunderten chinesisches Territorium sei. Dies schließe auch unbewohnte Inselgruppen und Atolle ein, die man in Zukunft zu nutzen gedenke. Selbst wenn sie, wie die Scarborough-Gruppe, nur 200 Kilometer von der philippinischen Küste, aber 900 Kilometer von Chinas Südzipfel entfernt liegen.

Sieben Jahre später hat China Tatsachen geschaffen: War zunächst nur von Forschungsstationen die Rede, die unter anderem auf den Spratly- und Paracelsus-Gruppen entstehen sollten, finden sich auf zum Teil künstlich aufgeschütteten und befestigten Inseln nun militärische Anlagen in Form von Flugzeughangars, Landebahnen und Anlegeplätzen, die groß genug für Kriegsschiffe sind. Nach Erkenntnissen ausländischer Beobachter sind auf den chinesisch kontrollierten Basen Bomber stationiert und Raketensysteme installiert, in deren Reichweite unter anderem die Philippinen liegen.

Das Interesse der Chinesen an den kargen, seit vielen Generationen unbeachteten Inselchen im Südchinesischen Meer ist vor allem geopolitischer Natur. Die Wasserstraße in Südostasien ist eine der am meisten befahrenen Schifffahrtsrouten der Welt, durch die täglich Waren im Wert von vielen Millionen Euro transportiert werden. Wer hier die Kontrolle hat, kann einen guten Teil des Welthandels kontrollieren. Aus militärischer Sicht sind die neuen Stützpunkte geeignet, ganz Südostasien inklusive den Erzfeind Japan zu bedrohen. Zudem soll es reiche Öl- und Gasvorkommen geben. Das Aufrüsten der Chinesen beunruhigt die internationale Staatengemeinschaft und ist immer wieder Thema bei politischen Gipfeltreffen in der Region. Die USA, aber auch Australien, Großbritannien oder Japan zeigen regelmäßig mit militärischen Schiffen Präsenz in den umstrittenen Gewässern, was zu erhöhten Spannungen mit China führt.

Wie aber reagierten die Philippinen, die es am unmittelbarsten mit der Expansionspolitik der ostasiatischen Großmacht zu tun bekommen haben? Zunächst eher hilflos, und auch ein wenig trotzig, wie ich zu Beginn des Konflikts erlebte. Ich war in einer Schreibwarenhandlung, weil meine Tochter eine Karte der Philippinen für ein Schulprojekt benötigte. Während ich die vorrätigen Karten entfaltete und anschaute, kam ein Verkäufer und sagte: »Warten Sie doch bis nächste Woche, dann bekommen wir die neuen Karten.« Auf meine Frage, was an denen anders sein sollte, zeigte der junge Filipino stolz mit dem Finger auf das umstrittene Seegebiet: »Da steht dann nicht mehr Südchinesisches, sondern Westphilippinisches Meer.« Tatsächlich hatte man sich in Manila überlegt, dass man Peking mit den eigenen Waffen schlagen könnte, hatten die Machthaber in China doch unter anderem ihre Gebietsansprüche von dem international gebräuchlichen Namen Südchinesisches Meer abgeleitet.

Abgesehen von dieser wirkungslosen Maßnahme hagelte es Protestnoten von Seiten aller Anrainerstaaten, der chinesische Botschafter wurde mehrfach ins philippinische Außenministerium einbestellt. Für mein Gastland war es eine völlig ungewohnte Situation, mit der die Regierung zunächst überfordert war. Um das zu verstehen, muss man die letzten Jahrzehnte kurz Revue passieren lassen: Seit dem Ende des Zweiten Weltkrieges und der 1946 erlangten Unabhängigkeit ging es im Inselstaat fast ausschließlich um innenpolitische Themen, auf der außenpolitischen Bühne spielten die Philippinen keine nennenswerte Rolle. Das Land bemühte sich um gute Beziehungen in alle Richtungen und hatte im Übrigen mit sich selbst genug zu tun.

Eine dominante Rolle spielten indes die USA als »großer Bruder« – die ehemalige Besatzungsmacht hatte sich nie völlig aus den Philippinen zurückgezogen, vielmehr waren und sind sie im Alltag der Filipinos präsent wie kein anderes Land. Bis 1992 unterhielten die Amerikaner ihren außerhalb der USA größten Militärstützpunkt in der nördlich von Manila gelegenen Subic Bay, auch die nahe gelegene Clark Air Base war bis 1991 ein wichtiger US-Militärflughafen. Als Ausbilder und Waffenlieferanten prägten die Amerikaner weiterhin das philippinische Militär. Auch im zivilen Bereich sind sie omnipräsent: Handelspartner, Kreditgeber, Entwicklungshelfer sind nur einige der Rollen, die die USA spielen. Und seit Peking im Südchinesischen Meer die Muskeln spielen lässt, halten die USA – auch im eigenen geostrategischen Interesse – dagegen.

Das Verhältnis der Philippinen mit China war vor 2012 hingegen vergleichsweise unauffällig gewesen. Die dann so unerwartete Provokation vor der Westküste beunruhigte viele meiner Bekannten, es machte sie aber auch zunehmend wütend. Bei einem Abendessen schimpfte eine philippinische Freundin über »die Chinesen, die sich wie Bullys aufführen und unsere Fischer terrorisieren«. Es entspann sich ein politisiertes Gespräch, meine Meinung als westliche Journalistin zählte dabei nicht viel. Ich könne nicht verstehen wie das sei, als arme Nation von einem in allen Bereichen überlegenen Gegner so in die Ecke gedrängt zu werden. Meine Freunde fühlten sich in ihrem Nationalstolz gekränkt, ihr Zorn richtete sich aber auch gegen das als zu zögerlich empfundene Vorgehen der eigenen Regierung.

Die Vergeblichkeit seiner diplomatischen Bemühungen sah letztlich auch der damalige Präsident Benigno »Noynoy« Aquino ein. Er wagte es als einziger Regierungschef der betroffenen Anrainer, dem starken Peking die Stirn zu bieten und verklagte China. Drei Jahre dauerte der Prozess vor einem UN-Schiedsgericht in Den Haag, das Urteil fiel 2016 und machte weltweit Schlagzeilen: China beanspruche zu Unrecht den größten Teil des Südchinesischen Meeres, beschied die internationale Jury. Es gebe keine Beweise für Pekings Argumentation, dass es historisch belegte Ansprüche auf die Gewässer habe. Vielmehr agiere China unrechmäßig in der 200 Seemeilen großen maritimen Sonderwirtschaftszone der Philippinen.

Der Jubel in meinem Gastland war riesig, Menschen feierten auf der Straße ihren juristischen Sieg gegen den Goliath Asiens. Die Begeisterung der Filipinos war ansteckend und nachvollziehbar. Ich hatte den Eindruck, sie waren vor Stolz ein Stück gewachsen. Allerdings kam die Ernüchterung ebenso vorhersehbar wie der Kater nach einer wilden Party: China scherte sich wie angekündigt nicht um den Urteilsspruch und baute seine Präsenz in der wichtigen Wasserstraße unbeirrt weiter aus.

Und auch die Philippinen machten keinen Gebrauch von dem so sehnsüchtig erhofften »Jahrhunderturteil«, wie es in manchen Medien genannt worden war. Denn zwei Wochen vor der Urteilsverkündung hatte es einen Machtwechsel im Präsidentenamt gegeben. Zwar hatte der neue Regierungschef Rodrigo Duterte im Wahlkampf noch unter dem Jubel seiner Anhänger verkündet: »Wenn ich euer Präsident werde, fahre ich persönlich auf einem Jetski zu diesen Inseln und hisse dort die philippinische Fahne!« Kein Wunder also, dass die Filipinos dachten, mit Duterte und dem Urteil zwei Trümpfe gegen China im Ärmel zu haben. Doch der starke Mann im Malacañang-Palast schwenkte auf eine gänzlich andere Linie ein. Kurz nach seinem Amtsantritt nahm Duterte den bis dahin engsten Verbündeten der Philippinen aufs Korn. Man brauche keine Almosen aus den USA mehr, erklärte Duterte brüsk, und beschimpfte den damaligen Präsidenten Barack Obama als »Hurensohn«. Aktueller Auslöser für Dutertes öffentliche Ausfälle war die deutliche Kritik an seinem Drogenkrieg, die aus den USA – wie auch aus vielen anderen Ländern, der EU und der UN – gekommen war. Dadurch fühlte sich Duterte persönlich angegriffen. Zudem mochte der Nationalist nicht dulden, dass sich reichere Nationen in innenpolitische Angelegenheiten der Philippinen einmischten und als moralische Instanz aufspielten.

Bei einem Großteil seiner Wähler kam das gut an, was auf den ersten Blick verwundern mag, ob all der Hilfsgelder und Unterstützung nach Naturkatastrophen, die eben jene Länder und Organisationen den Philippinen schon zur Verfügung gestellt haben. Doch bei genauerem Hinsehen kämpfen die Filipinos als Nation mit etwas, das man als kollektives Minderwertigkeitsgefühl beschreiben kann. Die Vergangenheit als jahrhundertelang fremdbeherrschtes Volk hat Spuren hinterlassen. Tony Meloto, der Gründer der vielfach ausgezeichneten Hilfsorganisation Gawad-Kalinga, die überall im Archipel und darüber hinaus soziale Projekte in Armen- und Katastrophengebieten durchführt, hat es im Vorwort zu einem Buch treffend analysiert. Er attestiert seinen Landsleuten eine »koloniale Mentalität« ebenso wie »Kleinmut und eine Unsicherheit, dass wir nicht weiß und nicht weise genug sind, um unsere eigene Identität zu definieren und unser Schicksal in die eigenen Hände zu nehmen. Der Beweis unserer bis zum heutigen Tag niedrigen Selbstachtung ist der Fakt, dass Hautaufheller das am meisten verkaufte Pflegeprodukt in unserem Land sind, weil wir einer Gehirnwäsche unterzogen worden sind, die uns glauben macht, dass dunkelhäutig zu sein, nicht gut genug ist.«

Während Duterte also mit seinen anti-amerikanischen und anti-europäischen Tiraden einen Nationalstolz in der Bevölkerung befeuerte, den ich zuvor nicht erlebt hatte, gab es auch Stimmen, die daran erinnerten, dass die USA als militärischer Partner und Beschützer wohl kaum zu ersetzen seien. Auch die vielen Familien, die Verwandte in den Vereinigten Staaten haben, waren nicht einverstanden mit dem neuen Kurs der Regierung. Eine Sorge trieb die Filipinos dann doch gemeinsam um: Wo sollten die Entwicklungshilfe und die Investitionen denn herkommen, wenn man den bisherigen Geberländern dermaßen ans Schienbein trete?

Duterte blieb die Antwort nicht schuldig: China und eventuell Russland sollten die neuen besten Freunde der Philippinen werden. In den sozialen Netzwerken und Leserforen las ich viele verblüffte, ängstliche und wütende Kommentare: China? Ausgerechnet China? Das Land, das sich in philippinischen Gewässern breitgemacht hat und das den juristischen Sieg der Philippinen stur ignoriert. Kein Zweifel, Dutertes Vorgehen hat viele Bürger des Landes politisiert und auch polarisiert, sie zum Nachdenken und Stellung beziehen gebracht. Das tut den Philippinen gut, denn viel zu häufig habe ich erlebt, dass Schulterzucken und »Auf uns hört ohnehin niemand« die Reaktionen auf politisch brisante Themen waren.

Aber zurück zu China: Tatsächlich ist Duterte bereits mehrfach in Peking gewesen, jeweils mit vielköpfigen Wirtschaftsdelegationen im Schlepptau. Den Machthabern im Reich der Mitte konnte nichts Besseres passieren: Sie empfingen den neuen Genossen mit Tamtam und schickten ihn mit Millionenverträgen und dem Versprechen auf die Finanzierung gewaltiger Infrastrukturprojekte wieder heim. Auch der Besuch von Präsident Xi Jinping in Manila im Herbst 2018 – der erste eines chinesischen Staatschefs seit 13 Jahren – betonte den Schmusekurs zwischen beiden Ländern. Der mächtige Kommunistenführer dankte Duterte für dessen »Entschlossenheit, unsere bilateralen Beziehungen auszubauen«, und gab sich beeindruckt von Dutertes »Verständnis der momentanen internationalen Situation«.

Im Gegenzug hält der philippinische Präsident still und lässt den ostasiatischen Goliath weiter seine Stellungen im Südchinesischen Meer ausbauen. Kritik aus dem Inland kontert Duterte stereotyp mit dem einleuchtenden Satz: »Wir können keinen Krieg gegen China gewinnen.« Damit hat er wohl recht, doch enttäuschte Filipinos werfen ihrem Staatschef vor, dass er die philippinische Souveränität an China verkaufe und deren Zuckerbrot und Peitsche-Politik akzeptiere.

Und die USA? Längst schon schimpft Duterte nicht mehr so auf die früheren Besatzer. Kein Wunder: Der aktuelle Präsident Donald Trump ist im Gegensatz zu seinem Vorgänger Barack Obama kein Kritiker, sondern ein Befürworter von Dutertes Drogenkrieg. Beide Staatschefs sind für Verbalattacken und eine harte Gangart gegen ihre Gegner bekannt. Bei einem Besuch in Manila hat US-Außenminister Mike Pompeo sich die Bemerkung erlaubt, dass »Duterte einfach wie Trump sei«. So fiel es Duterte auch nicht schwer, die dringend benötigte Hilfe und Ausrüstung der Amerikaner im Kampf um Marawi anzunehmen. Die Präsenz der US-Marine im Südchinesischen Meer wertet Duterte bisher indes als unnötige Provokation gegen China.

Dieser diplomatische Spagat der Wiederannäherung an die USA und des Opportunismus China gegenüber fällt dem unbeherrschten philippinischen Präsidenten sicherlich schwer. Auf absehbare Zeit wird er sich darin üben müssen, denn der Konflikt im Südchinesischen Meer wird die philippinische Bevölkerung noch über Jahre hinweg beunruhigen.

Klima und Umwelt(sünden)

Leben am Taifungürtel

Ob es so geklungen hat, wenn Seefahrer früher in Stürme gerieten? Tobender, heulender Wind und ächzendes, knarzendes Holz, das sich der Naturgewalt gerade noch widersetzen kann. Ich liege seit Stunden wach, an Schlaf inmitten der furchterregenden Kräfte, die um uns wüten, ist nicht zu denken. Mir fallen Entdeckerromane ein, die ich als Teenager gelesen habe. Sie handelten von wagemutigen Abenteurern, die auf offenem Meer in solche Tropenstürme geraten sind. Abenteurer sind wir freilich nicht, sondern Urlauber. Deswegen steht unsere Hütte auch auf festem Untergrund an einem Strand, immerhin.

Eigentlich sollte es so spät im Jahr keinen Taifun mehr geben, und schon gar nicht so weit im Westen der Philippinen, in Palawan. Doch die Realität sieht anders aus als die langjährige Wetterstatistik. Wegen des unplanmäßigen Wirbelsturms, dessen Kurs auch noch anders verlaufen ist als in den warnenden Vorhersagen angegeben, sind wir auf einer Insel gestrandet, zu der wir gar nicht wollten. Die Crew, die unser Auslegerboot lenkte, weigerte sich, die letzten Kilometer bis zu unserem tatsächlichen Ferienziel zu fahren. Glücklicherweise, denn wir hätten dort wegen des rasch zunehmenden Wellengangs gar nicht mehr wie üblich am Strand anlegen können.

Auf der Insel, auf der wir Zuflucht suchten, gab es einen kleinen Steg, an dem unser Boot längsseits anlegen konnte. Beim wackligen Ausstieg packten viele helfende Hände zu, unsere dreijährige Tochter wurde von sturmerprobten Einheimischen an Land gebracht. Einem raschen, provisorischen Abendessen folgte diese einschüchternde Sturmnacht.

Am nächsten Morgen ist der außerplanmäßige Taifun abgezogen, die Sonne scheint von einem blank gewienerten Himmel, das Meer hat das aufgewirbelte Grau gegen ein friedliches Türkisblau eingetauscht. Die Sturmschäden sind dennoch nicht zu übersehen: Teile des Piers fehlen, das schützende Holzdach darüber hat es komplett weggerissen. Aber niemand sei zu Schaden gekommen, hören wir, dem Himmel sei Dank. Mit stoischem Pragmatismus machen sich die Inselbewohner daran, aufzuräumen und Beschädigungen zu reparieren.

Darin haben die Filipinos viel Erfahrung: Bis zu 20 Taifune toben während der Saison von Juni bis November pro Jahr aus dem Pazifik heran, etwa ein halbes Dutzend der tropischen Wirbelstürme belassen es nicht bei Stippvisiten an den Küsten, sondern ziehen über die Inselgruppe hinweg, bevor sie Kurs auf Taiwan, Japan oder Hongkong nehmen. Besonders übel erwischt es oft den Osten und Norden der größten und am meisten bevölkerten Insel Luzon sowie die östlichen Inseln der Visayas-Gruppe wie Samar und Leyte. Außerhalb des üblichen Taifungürtels liegen Mindanao im Süden und die Eilande in der Sulu-See sowie das sich im Westen erstreckende Palawan.

Wir hatten also schlicht Pech gehabt, dass uns damals dieser aus der Reihe tanzende Sturm erwischte. Die bangen Stunden unserer Taifunnacht waren allerdings harmlos, verglichen mit den Schrecken, die die Bewohner von Leyte und Samar in der Nacht auf den 8. November 2013 durchmachten. Supertaifun Haiyan, einer der stärksten je gemessenen Wirbelstürme, traf mit Spitzengeschwindigkeiten von mehr als 300 Stundenkilometern auf die Inseln der östlichen Visayas.

Als Yolanda, wie der tödliche Taifun auf den Philippinen genannt wurde, am nächsten Tag abzog, sah es dort aus wie nach einem Krieg. Gebäude aller Art, von ärmlichen Hütten bis zu Flughäfen, Hospitälern und Kirchen, waren dem Erdboden gleichgemacht oder stark beschädigt. Tausende Menschen kamen in der Schreckensnacht ums Leben, erschlagen durch Mauern oder umstürzende Bäume; ertrunken in der Sturmflut, die der Taifun in die Straßen von Leytes Hauptstadt Tacloban gedrückt hatte. Millionen Filipinos standen vor dem Nichts: Häuser, Mobiliar, Felder und Boote zerstört, die Infrastruktur verwüstet. Die Kokosnussplantagen, die die Haupteinkommensquelle der Insulaner waren, gab es nicht mehr. Wo sich einst schlanke Palmen nach oben reckten, standen nur noch abgebrochene Baumstümpfe.

Es war eine der schlimmsten Naturkatastrophen der jüngeren Geschichte auf den Philippinen, Evakuierungsbemühungen hatten nicht verhindern können, dass so viele Menschen in der Sturmnacht ums Leben kamen. Im Gegenteil: Die große, dicht am Meer stehende Sportarena in Tacloban, die als Schutzraum für Tausende diente, wurde zur tödlichen Falle, als die Sturmflut dort durch die Gänge schoss.

Unberechenbarer Feuerring

Taifune sind allerdings nicht die einzige Bedrohung, der die Philippinen regelmäßig ausgesetzt sind. Denn der langgestreckte Archipel liegt auf dem Pazifischen Feuerring, der fragilsten geologischen Zone unseres Planeten, die von zahlreichen vulkanischen Aktivitäten und Erdbeben geprägt ist. Der Feuerring zieht sich in einem großen Bogen am Rand des Pazifiks von der Antarktis über Neuseeland, Indonesien, die Philippinen und Japan bis zu den Kurilen und Aleuten im Nordpazifik. Von dort verläuft er südlich an den Küsten Nord- und Südamerikas entlang.

Fast 40 000 Kilometer misst der Feuergürtel, hier treffen tektonische Platten aufeinander, deren Kollisionen in den angrenzenden Ländern zu Erdstößen und Vulkanausbrüchen führen. Im Philippinen-Graben prallen die eurasische und die pazifische Platte regelmäßig zusammen, entsprechend oft verzeichnen Messgeräte kleinere Beben im Inselstaat. Mitunter wackelt die Erde aber auch heftig, so wie zuletzt am 15. Oktober 2013, als ein Beben der Stärke 7,2 mehr als 200 Todesopfer auf der Insel Bohol forderte.

Eine unberechenbare Gefahr geht auch von den Vulkanen aus, die über den ganzen Archipel verteilt sind. Das philippinische Institut für Vulkanologie und Seismologie listet 24 aktive und 26 potenziell aktive Feuerberge auf. Einige sind über die Landesgrenzen hinaus bekannt: Der kleinste Vulkan der Welt ist der nur etwas über 300 Meter hohe »Taal Volcano«, der malerisch im Kratersee eines erloschenen Vulkans unweit der Hauptstadt Manila liegt. Der mächtigste Vulkan ist der Mount Apo auf Mindanao, der zugleich der höchste Berg der Philippinen ist. Sein knapp 3000 Meter hoher Gipfel ist regelmäßig das Ziel ehrgeiziger Wanderer. Auch der 500 Meter niedrigere Mount Mayon im Süden Luzons wird bestiegen, er ist fraglos der schönste Vulkan der Philippinen. Seine majestätische, ebenmäßige Silhouette überragt die Provinzhauptstadt Legaspi. Doch der Mount Mayon ist auch der aktivste feuerspeiende Berg des Landes. Der jüngste Ausbruch im Mai 2013 kostete drei deutsche Wanderer und deren einheimischen Führer das Leben. Dutzende andere Bergsteiger, die zum Zeitpunkt der Dampfgasexplosion ebenfalls unterwegs waren, überlebten glücklicherweise den Hagel aus Gesteinsbrocken, der die Flanken des Mayon bombardierte.

Der gewaltigste Vulkanausbruch des vergangenen Jahrhunderts fand in der Provinz Zambales, nördlich der Hauptstadt Manila statt. Dort hatte der 1780 Meter hohe Pinatubo knapp 600 Jahre lang keine Lebenszeichen von sich gegeben, an seinen fruchtbaren Hängen und in den umgebenden weiten Ebenen lebten Filipinos und Indigene vom Stamm der Aeta seit Generationen unbehelligt von dem schlafenden Riesen. Doch im Juni 1991 erwachte der erloschen geglaubte Vulkan mit einer kolossalen Explosion zum Leben – bis zu 40 Kilometer hoch katapultierte er Vulkanpartikel und Aschewolken, die für Stunden das Tageslicht nahmen.

Zwar hatten Seismologen rechtzeitig Alarm gegeben, so dass Hunderttausende Menschen aus der unmittelbaren Gefahrenzone gebracht werden konnten. Aber ein zum selben Zeitpunkt über Luzon hinwegziehender Taifun brachte ungeheure Regenmassen, die die dicken Ascheschichten, die der Pinatubo ausgespien hatte, in eine vernichtende, schwarze Schlammflut verwandelten. Meterhoch stieg das Lahar genannte Gemisch, das sich durch die Ebene wälzte und ganze Dörfer unter sich begrub. 800 Menschen kamen damals ums Leben, eine halbe Million Filipinos wurden heimatlos.

Bis heute ist das Gebiet am Mount Pinatubo eine surreale Landschaft, die wegen ihrer Einzigartigkeit zur Touristenattraktion und festen Einkommensquelle vieler Bewohner geworden ist. Wer den nächtlichen Start in Manila und die unbequeme Rüttelei in einem alten Jeep bis zum Endpunkt einer abenteuerlichen Piste in Kauf nimmt, kommt bei einer zweistündigen Wanderung durch die von den Laharfluten geschaffenen Schluchten an bizarren Felsformationen vorbei und durchquert mondähnliche Landschaften.

Ich wähnte mich in einer bizarren Filmkulisse, als ich, müde von der kurzen Nacht, hinter einem lokalen Führer hertrabte. Der hatte es eilig, nach mir wollte er noch eine zweite Tour schaffen. Zum Umschauen blieb nicht viel Zeit, für Erklärungen noch weniger. An einer Kirchturmspitze, die aus den dicken grauen Laharschichten ragte, wären wir beinahe vorbeigehastet. Ja, hier habe früher ein Dorf gestanden, nickte mein Guide auf Nachfrage. Einige der Menschen, die in dieser Kirche Schutz gesucht hatten, überlebten die Katastrophe – sie hatten durch die oberen Fenster am Turm entkommen können. Für die anderen Dorfbewohner hatte es keine Rettung gegeben.

Die Hitze stand in den Schluchten, aber immerhin kühlten sich die Füße bei der Durchquerung kleiner Wasserläufe ab. Die letzten 15 Minuten waren ein Genuss: Es ging plötzlich durch dichtes, sattes Grün bergauf, eine schattige Wohltat. Hochwillkommen war auch das Lüftchen, das oben am Mount Pinatubo wehte. Eine Viertelstunde Pause stand mir dort zu, ich ließ den Blick über den türkis schimmernden Kratersee schweifen. Friedlich lag er in der Sonne, eine idyllische Szenerie. Und doch so trügerisch – aus diesem Schlund hatte der Vulkan seinerzeit die tödliche Ladung geschleudert. Seit 1991 ruht der Pinatubo wieder. Für wie lange, weiß niemand. Der seit dem Ausbruch nur noch 1486 Meter hohe Berg – bei der Eruption hat er knapp 300 Meter eingebüßt – steht nun unter dauernder, strenger Überwachung durch Vulkanologen.

Eine Besonderheit bei dem gewaltigen Ausbruch von 1991 war die große Menge an Schwefelgas, die dabei in die Stratosphäre gelang und die Erde abkühlte. Im Hinblick auf die Auswirkungen auf das globale Kima war die Eruption von 1991 der größte Vulkanausbruch des 20. Jahrhunderts. Milliarden Tonnen Schwefel-Aerosole befanden sich nun in der Stratosphäre und schatteten die Erde von einem Teil des Sonnenlichts ab, schluckten allerdings auch teilweise die Wärmerückstrahlung der Erde. Dies hatte komplexe Auswirkungen auf das Klima. Die Philippinen sind auch deshalb von großem Interesse für internationale Klimaforscher.

Bedrohung durch den Klimawandel

Neben den geographisch bedingten Naturkatastrophen, die regelmäßig über das Land hereinbrechen, leiden die Philippinen auch in besonderem Maße an den Auswirkungen des menschengemachten Klimawandels. In jeder Studie über die Folgen der globalen Erwärmung gehört der Inselstaat zu den am meisten gefährdeten Ländern. Extreme Wetterphänomene haben sich nach Untersuchungen von Wissenschaftlern im letzten Jahrzehnt verschärft, anhaltende Dürren gehören in einigen Landesteilen ebenso dazu wie häufigere und vor allem stärkere Wirbelstürme in anderen Regionen.

Die Erklärung für Letzteres ist zunächst simpel: Die durch den Klimawandel steigenden Temperaturen heizen allmählich auch das Meer auf. Die Oberfläche des Wassers gibt Wärme an die Atmosphäre ab, über den Pazifik auf die Philippinen zujagende Stürme werden von diesem Effekt verstärkt. Als Archipel, der im

Taifungürtel liegt, bekommen die Philippinen dieses fatale Phänomen besonders häufig zu spüren.

Auch die Korallenriffe, die einer Vielzahl von Meeresbewohnern eine Heimat bieten und damit Garant für die außergewöhnliche marine Artenvielfalt des Inselstaates sind, leiden unter dem Anstieg der Wassertemperaturen. Ab 30 Grad Celsius beginnen sie auszubleichen und sind vom Absterben bedroht. Die Folgen für ein Land wie die Philippinen sind ebenso unmittelbar wie dramatisch. Immer wieder lese ich Artikel darüber, dass viele Fischer aufgrund des Klimawandels schon bald ihre Familien nicht mehr werden ernähren können.

Ein weiteres großes Problem ist der zu erwartende Anstieg des Meeresspiegels. Bei einem Inselstaat wie den Philippinen hat dieser verheerende Auswirkungen für die Menschen. Viele Dörfer, die seit Generationen dicht am Meer stehen, sind von Überflutung bedroht. Was in der Zeitung nur eine Meldung ist, die hastig überflogen wird, betrifft Millionen Menschen, die die Küstenstreifen der Philippinen bevölkern.

In Manila ist man sich der Dramatik durchaus bewusst, Präsident Duterte hat das Pariser Klimaschutzabkommen unterzeichnet und seinem Land vorgeschrieben, bis 2030 den Ausstoß von Treibhausgasen um 70 Prozent auf das Niveau von 1990 zu senken. Doch wie andere extrem bedrohte Länder, zu denen Bangladesch, Sri Lanka, die Malediven oder die Fidschi-Inseln gehören, zählen die Philippinen bei weitem nicht zu den größten Verursachern der Erderwärmung. Sie sind die Betroffenen einer globalen Problematik, die mit begrenzten Mitteln gegen die Folgen ankämpfen müssen.

Umweltsünden im Paradies

Andere Probleme sind hingegen durchaus hausgemacht. Ein Ausflug in den vielgerühmten »100 Islands National Park« in der nördlich von Manila gelegenen Provinz Pangasinan öffnete mir buchstäblich die Augen. Von Land aus sah der Nationalpark so vielversprechend aus: Die 123 bewaldeten Inselchen scheint ein Riese wie grüne Murmeln ins Meer fallengelassen zu haben, netterweise hat er hie und da auch noch an schöne Badebuchten gedacht. Das beliebteste Freizeitvergnügen in dem Legoland-Archipel ist denn auch *islandhopping*, bunte Bötchen warten am Festland auf erholungsbedürftige Touristen und schippern sie von Eiland zu Eiland. Meine Idee war eine andere: Statt mich mit Dutzenden Touristen an einen Strand zu legen, wollte ich lieber schauen, welche Schätze das in der Sonne glitzernde Meer unter der Oberfläche bereithielt. Doch was ich dann beim Schnorcheln durch meine Taucherbrille sah, war – nichts. Oder, um genauer zu sein: Wo früher bunte Korallenriffe Fische und anderes Meeresgetier beherbergten, breitete sich ein Unterwasser-Friedhof aus. Eine Viertelstunde schwamm ich zwischen zerstörten, bleichen Korallenskeletten herum, in der Hoffnung doch noch auf Leben zu treffen. Vergeblich. Nachdem ich mich ins Boot gezogen hatte, fragte ich die Crew, was hier geschehen sei. »Dynamitfischen, Ma'am«, war die knappe Antwort. Mehr wollten die sonst so redefreudigen Filipinos nicht sagen. Ob sie selber zu den Missetätern gehörten, oder Verwandte und Nachbarn, wer weiß.

Natürlich ist es auf den Philippinen offiziell verboten, bei der Jagd auf Fische Sprengstoff einzusetzen. Aber die Armut der Küstenbewohner ist ebenso groß wie die Anzahl der hungrigen Kinder. Die Versuchung, beim Fischen mit illegalen Mitteln nachzuhelfen, ist entsprechend hoch. Der Erfolg beim Einsatz von Dynamit ist unmittelbar, denn der Ertrag jeder Fahrt aufs Meer ist größer und die Arbeit einfacher – die betäubte Beute treibt an der Wasseroberfläche und muss nur noch eingesammelt werden. Wie verheerend die Konsequenzen sind, dass die Zerstörung der Korallen gleichbedeutend mit einem Verlust ihrer Existenzgrundlage ist, dämmerte vielen Fischern erst sehr spät. Inzwischen ist das Dynamitfischen nicht mehr verbreitet, doch die angerichtete Zerstörung ist von Dauer, wachsen Korallen doch nur sehr langsam. Der »100 Islands National Park« ist nach wie vor ein beliebtes Ausflugsziel – aber ganz sicher nicht für Schnorchler oder Taucher.

Während die Benutzung von Sprengstoff oder auch von Zyanid eher die Taten einzelner Fischer sind, ist der Einsatz von Chemie ein Markenzeichen gewerblicher Fisch- und Garnelenzüchter. Deren Becken säumen ganze Küstenstreifen, die zuvor von Mangroven »befreit« wurden. Auch dies ist eine kurzsichtige Umweltsünde, denn Mangrovenwälder bieten jungen Fischen Unterschlupf vor natürlichen Feinden und sind so ein wichtiger Garant der Artenvielfalt. Zudem sind sie ein natürlicher Schutzwall, wenn ein Taifun große Wellen vor sich her aufs Land treibt.

Dennoch ist inzwischen ein Großteil der philippinischen Mangrovenwälder verschwunden. Überall, wo zusätzlich Land gewonnen oder Strände »verschönert« werden sollten, mussten die im Wasser stehenden Bäume weichen. Inzwischen wird dies zwar als Umweltsünde gebrandmarkt und grundsätzlich lassen sich Mangroven auch leicht wieder ansiedeln. Allerdings nicht, wo Aquakultur betrieben wurde. Dort ist der Meeresboden so stark mit bei der Zucht von Fischen und Garnelen eingesetzten chemischen Stoffen belastet, dass Mangroven auf Jahre hin nicht gedeihen.

Nicht nur die Küstenstreifen wurden in den letzten Jahrzehnten gedankenlos »entwaldet«, großflächige Rodungen bedrohen Wälder selbst in den abgelegensten Gebieten des Archipels. Glaubt man Experten, war der Inselstaat ursprünglich zu etwa 90 Prozent von Bäumen bedeckt, heute sollen es nur noch um die 20 Prozent sein. Lediglich drei Prozent der Landesfläche gehören in die Kategorie Urwald. Dafür gibt es eine Vielzahl von Gründen: Holz wird auf den Philippinen gerade in ländlichen, armen Gebieten als Bau- und Brennstoff permanent benötigt. Mitunter ist der Wald auch einfach im Weg und muss der Bebauung und Landwirtschaft weichen. Bereits unter den spanischen Kolonialherren wurden viele Waldflächen für gewerbliche Zwecke gerodet, um Land für Gewinn versprechenden Anbau von

Zuckerrohr, Tabak oder Mais zu gewinnen. Eine Praxis, die bis heute in großem Ausmaß betrieben wird. Exportorientierter, landwirtschaftlicher Nutzung und der internationalen Nachfrage nach wertvollem Tropenholz fallen auf den Philippinen nach wie vor große Waldgebiete zum Opfer. Dahinter stecken einheimische Großgrundbesitzer ebenso wie multinationale Konzerne, die erheblichen Profit machen.

Bestes Beispiel ist die Insel Mindanao, wo seit der amerikanischen Besatzungszeit auf riesigen Obstplantagen Bananen, Ananas und andere Tropenfrüchte in Monokulturen gezogen werden, die zum Großteil für den ausländischen Markt bestimmt sind. Ein millionenschweres Geschäft für die Konzerne, die Umweltbilanz sieht indes anders aus. Mit Pestiziden und Insektiziden belastete Böden; erodierte Hänge, die während der Regenzeit unterspült werden und sich als tödliche Schlammlawinen in die Täler ergießen; ein starker Rückgang der Artenvielfalt – die Schäden sind gravierend und zum Teil unumkehrbar.

Man mag es angesichts dieser Umweltsünden kaum glauben, aber die Philippinen können sich rühmen, vorbildliche Naturschutzgesetze zu haben. Diese kommen allerdings selten zur Anwendung: Zu mächtig sind die Länderbarone in der Provinz, zu schwach der politische Wille der gewählten Volksvertreter. Die Regierenden im Betondschungel der Hauptstadt, so scheint es mir oft, glauben noch immer, dass die Ressourcen der Philippinen endlos sind.

Tourismus – Segen und Fluch zugleich

»Ich weiß noch, wie es auf Boracay aussah, als ich das erste Mal dort war: Dieser unglaublich lange, tolle Strand; glasklares Wasser und für die Handvoll Touristen gab es ein paar einfache Hütten. Man konnte sich fühlen wie Robinson Crusoe im Paradies!« Mein Friseur, ein Mitte der 1990er Jahre ausgewanderter Deutscher, kam aus dem Schwärmen gar nicht mehr raus: »Boracay ist eine der schönsten Inseln, die es gibt.« Auf meine Frage, ob wir dann unseren nächsten Urlaub dort verbringen sollten, wurde er zögerlich. Es habe sich ja viel verändert in den letzten Jahren, etliche neue Ressorts seien gebaut worden, und jede Menge Restaurants und Bars. »Boracay ist eben kein Geheimtipp mehr«, zuckte er die Schultern. »Probiert's aus, vielleicht gefällt es euch ja noch.«

Trotz der leisen Warnung buchten wir natürlich ein langes Wochenende auf der Vorzeigeinsel der Philippinen. Immerhin fehlte Boracay in keinem Reiseführer, der vier Kilometer lange »White Beach« war mehrfach als einer der zehn schönsten Strände der Welt ausgezeichnet worden. Die Erfahrung, die wir auf dem kleinen Eiland machten, war dann gemischter Natur. Der pudrige Sand des »White Beach« rechtfertigte das Attribut Traumstrand, das Wasser glitzerte verlockend in der Tropensonne. Rotgoldene Sonnenuntergänge, eiskaltes Kokosnusswasser, Schatten spendende Palmen – was will ein Urlauber mehr?

Keine Frage, das Antlitz von Boracay war wunderschön. Doch bereits in der zweiten Reihe, hinter den Palmen, wo die billigeren Unterkünfte standen, die Mopeds über eine löchrige Straße knatterten und Hühner gackerten, offenbarten sich beginnende Probleme. Unübersehbar flog Müll herum, an mehreren Stellen bahnten sich nach Kloake riechende Rinnsale ihren Weg.

Vorne hui, hinten pfui, so stellte sich Boracay 2003 dar. Fünfzehn Jahre später ist die Insel nach den Worten des philippinischen Präsidenten Rodrigo Duterte nur noch pfui. »Das ist eine Jauchegrube«, schimpfte er im Frühjahr 2018. »Die Insel gehört geschlossen und saniert!« Gesagt, getan – im April reisten die letzten Touristen ab, es begann eine sechsmonatige Reha-Kur, während der Boracay sich erholen und verschönt werden sollte. So etwas hatte es auf den Philippinen bisher nicht gegeben. Die Proteste blieben nicht aus, immerhin war die Schließung und Sanierung der Touristen-Hochburg ein sehr kostspieliges Unterfangen, Tausende Filipinos, die auf Boracay ihr Auskommen fanden, wurden in den Zwangsurlaub geschickt. Was aber war geschehen, dass eine solch drastische Maßnahme zur Rettung der beliebtesten Ferieninsel des Archipels ergriffen wurde?

Das einstige Robinson-Crusoe-Eiland ist an seiner eigenen Attraktivität erstickt. Jahr für Jahr kamen mehr Urlauber, Ausländer wie Einheimische. Zwei Millionen Besucher zählte die kleine Insel 2017. Paare in den Flitterwochen ebenso wie Familien oder Partygänger, die zu Zehntausenden die Megaparty »LaBoracay« stürmten. Entsprechend schossen Hotels, Geschäfte, Bars, Restaurants und Massagesalons aus dem Boden. Die vielen Arbeitskräfte, die benötigt wurden, siedelten sich derweil an, wo noch Platz war, auch wenn es sich um Schutzgebiete oder ungeeignetes Sumpfland handelte. Oft genug geschah dies ohne Baugenehmigung, bei Neubauten wurde der Sicherheitsabstand von 30 Metern zum Meer nicht eingehalten. Das unregulierte Wachstum ging einher mit einem bestenfalls schleppenden Ausbau der Infrastruktur, vielfach wurden Umweltschutzbestimmungen ignoriert. Nicht wenige Etablissements sparten sich den Anschluss an das Abwassernetz; die dreckige Brühe irgendwo versickern zu lassen oder heimlich ins Meer zu leiten, war die billige Alternative. Als bei heftigen Regenfällen stinkende Rinnsale durch Boracays Siedlungen flossen und Videos zeigten, wie ungeklärte Abwässer ins Meer strömten, zog die Regierung in Manila endlich die Notbremse. Trotz der lautstarken Proteste von Geschäftsleuten und Arbeitern – und wirtschaftlicher Bedenken ob des zu erwartenden finanziellen Verlustes für die philippinische Wirtschaft – setzte sich Duterte durch, von April bis Oktober 2018 betrat kein Tourist die Insel.

Während dieser sechs Monate wurden illegale Bauten abgerissen, Kanalisationsnetze angelegt, Straßen ausgebessert und Stromleitungen gezogen. Hotels und Restaurants mussten nachweisen, dass sie ihre Abwässer und ihren Müll gesetzmäßig entsorgen, um eine Akkreditierung zu erhalten. Ohne Akkreditierung kein Geschäft, so die neue Devise. Die drei bestehenden Spielkasinos wurden geschlossen, ein von einem chinesischen Investor geplantes Mega-Kasino soll nicht mehr gebaut werden.

Das Boracay, das Ende Oktober 2018 wiedereröffnet wurde, soll auf lange Sicht ein nachhaltiges Urlaubsziel werden. Dafür sorgen zahlreiche Restriktionen: Statt wie bisher 40 000 Übernachtungsgäste dürfen es nun nicht mehr als 19 000 pro Nacht sein, die Zahl der Betten wurde von 12 000 auf 6000 reduziert. Nur wer eine Buchung in einem akkreditierten Ressort hat, darf die Insel betreten. Wilde Partynächte sind verboten, ebenso wie Rauchen, Trinken und Grillen am Strand. Einmal-Plastik ist tabu, ebenso das auf den Philippinen verbreitete Wegwerfen von Abfall – hier kann es jetzt heftige Strafen setzen. Selbst Sonnenschirme, Strandliegen und Sandburgen sind nicht mehr erwünscht.

Boracay soll neu erfunden werden – oder besser, es soll wieder zu dem werden, was es einmal war. Das sind wunderbare Pläne, die Restriktionen wären sogar für ein Ferienparadies in der Schweiz ehrgeizig. Mit Staunen verfolgte ich die Entwicklung, die in ihrer ökologisch, sozial und ökonomisch nachhaltigen Ausrichtung so ungewöhnlich für die Philippinen ist. Und mit etwas Skepsis schaue ich in die Zukunft: Werden die neuen, gut gemeinten Regulierungen wieder mal nur auf dem Papier stehen? Können lokale Behörden den Verlockungen widerstehen oder setzt sich am Ende doch wieder die Korruption durch, und es wird weggeschaut und einkassiert? Wie beachtlich wäre es, wenn Boracay wieder zu der Insel wird, die zu Recht als eine der schönsten der Welt tituliert wird.

Noch bemerkenswerter wäre es, wenn solche Aufräumaktionen auch andernorts im Archipel stattfänden. Die vielfach gepriesene Bucht von El Nido auf der Insel Palawan ist ebenso planlos kommerzialisiert worden wie die Strände um Sabang auf Mindoro oder der Alona Beach auf Panglao Island. Im Jahr 2005 waren wir zum ersten Mal auf dieser kleinen, Bohol vorgelagerten Insel zu Besuch. Unser Gastgeber war ein Schweizer, der zwölf Bungalows vermietete, die in einem weitläufigen Gelände unter Palmen standen. Zum Strand war es ein kurzer Fußweg, links war ein einheimisches Restaurant, rechts eine Tauchbasis mit einfachen Gästezimmern. Die Atmosphäre war entspannt, man kannte sich und hatte Zeit für etwas Smalltalk. Die Anzahl der Ressorts am Alona Beach war überschaubar, bei Spaziergängen am Strand sammelte ich mit den Kindern Muscheln, mit denen wir unsere Sandburgen schmücken konnten. Kurzum – Alona Beach war das, was man unter einer tropischen Idylle versteht. Als wir zwei Jahre später wiederkamen, hatte sich das bereits geändert. Überall wurde gebaut, der Strand war belebt, kleine Auslegerboote warteten auf Urlauber, die zum Schnorcheln wollten. Der Alona Beach machte schnell Karriere, für Einheimische taten sich Einkommensquellen auf: Verkäufer, die Getränke, Schmuck oder Kunsthandwerk anboten, wanderten unermüdlich auf und ab. Filipinas hofften, mit Dienstleistungen wie Kinderbetreuung, Massagen oder Maniküre am Strand Geld zu verdienen.

2016 kam ich beruflich wieder an den Alona Beach und erkannte diesen kaum wieder. Dicht an dicht reihten sich nun die Gebäude, vom kleinen Backpacker-Hostel bis zur massiven Ferienburg. Einheimische Geschäftsleute wollen dort ebenso am Tourismus verdienen wie ausländische Investoren. Idyllisch ist er nicht mehr, der Alona Beach. Doch er ist offenbar noch attraktiv genug, um jede Menge Urlauber anzuziehen, ebenso wie El Nido oder andere über-kommerzialisierte Perlen des Archipels. Und auch, wenn das Tourismus-Ministerium im Oktober 2018 fünf der philippinischen Top-Destinationen aufgrund der Überentwicklung und negativer Auswirkungen auf die Umwelt unter besondere Beobachtung gestellt hat, jubelt es zur gleichen Zeit doch über den deutlichen Anstieg der Besucherzahlen. Im ersten Halbjahr 2018 zählte der Inselstaat 3,7 Millionen ausländische Touristen, ein Anstieg von 10,4 Prozent im Vergleich zum Vorjahr. Und das trotz der sechsmonatigen Schließung von Boracay. Die zuständige Ministerin Bernadette Romulo Puyat will diesen Trend beflügeln: Das Motto »It's more fun in the Philippines!« soll nach ihrem Wunsch vor allem Chinesen, Russen und Besucher aus dem Mittleren Osten anziehen, bei denen das Geld bekanntlich besonders locker sitzt.

Tatsächlich führen Südkoreaner, Chinesen, Japaner und Amerikaner derzeit die Hitliste der Feriengäste an. Zweifelsohne sind die Philippinen auf die Einnahmen aus der Tourismusindustrie – immerhin mehr als zwölf Prozent des Bruttoinlandsprodukts – angewiesen. Zudem sind offiziellen Zahlen zufolge mehr als fünf Millionen Filipinos in der Tourismusbranche beschäftigt, die damit eine der größten Job-Maschinen des Landes ist. Und keine Frage – die Philippinen haben ein gewaltiges, zum Teil noch völlig unberührtes Potential. Der Artenreichtum der Tierwelt über und unter Wasser sowie die Vielfalt der Flora machen den Archipel zu einem einzigartigen Schmuckkästchen der Natur. Wie oft bin ich in kleinen Maschinen tief über Inseln geflogen, die wie Smaragde im türkisblauen Meer liegen oder über langgezogene Strände mit vorgelagerten Korallenriffen. Viele der endlosen Küstenkilometer des Inselstaates sind in Gebieten, in die sich bisher kein Urlauber verirrt, so mancher Traumstrand schlummert hier noch im Dornröschenschlaf. Im Norden Palawans sind einige Eilande immerhin für behutsamen – allerdings auch sehr hochpreisigen – Tourismus erschlossen.

Im statistischen Vergleich mit südostasiatischen Nachbarländern haben die Philippinen Aufholbedarf. Thailand ist der einsame Spitzenreiter in der Region mit mehr als 35 Millionen ausländischen Touristen pro Jahr, auch Indonesien, Malaysia und Singapur können sich über deutlich mehr Urlauber freuen als die Philippinen. Das mag zum einen daran liegen, dass die Philippinen vor allem in westlichen Ländern ein schlechtes Image haben und als potenziell gefährliches Reiseland gelten. Ein ganz handfestes Problem ist aber die mangelhafte Infrastruktur: Veraltete Flughäfen, schlechte Straßen und lange Reisezeiten sind wenig attraktive Merkmale eines Ferienlandes. Daran wird sich zumindest kurzfristig auch nichts ändern, denn die notwendigen Investitionen können die Philippinen alleine nicht stemmen. Ausländische Geldgeber sind seit dem Drama um den Bau des Terminals 3 in Manila noch immer vorsichtig.

Es stellt sich allerdings die Frage, ob diese Fakten nicht nahelegen, von der Jagd auf steigende Besucherzahlen umzusteigen auf ein Konzept des nachhaltigen Tourismus. Boracay, Panglao oder El Nido haben gezeigt, dass Wachstum um jeden Preis genau das bedroht, weswegen Urlauber kommen: saubere Strände, klares Wasser, freundliche Gastgeber. Abgelegene, nur mit Zeit und Geduld zu erreichende Attraktionen hingegen, wie die majestätischen Reisterrassen in den Kordilleren Nord-Luzons, sehen zwar auch wachsende Besucherzahlen, doch (noch) nicht in einem Maße, dass aus dem 2000 Jahre alten Weltnaturerbe ein weiteres Südostasien-Disneyland zu werden droht.

Öko-Tourismus ist etwas für Westler, die es sich leisten können – so könnte man dagegen argumentieren. Und genau solche Besucher sollten die Philippinen als Zielgruppe erkennen und umwerben, fordert Fernando Martin Roxas, Tourismus-Experte am »Asian Institute of Management«. Seine These lautet: Nicht auf beliebigen Massentourismus setzen, für den die Infrastruktur fehle, sondern jene Urlauber umwerben, die bereit sind, mehr auszugeben für einen Aufenthalt in einmaliger Umgebung. »Ökotourismus ist der am schnellsten wachsende Sektor weltweit. Ich glaube, dass die Philippinen sich in diesem Markt positionieren können, wenn wir nur unsere Asse richtig ausspielen«, erklärte er in einer Pressekonferenz.

Klasse statt Masse, das ist ein anspruchsvolles Konzept für ein Entwicklungsland, in dem Jobs rar sind und die Armut groß ist. Aber sich den Ast abzusägen, auf dem man sitzt, indem man die Kommerzialisierung der beliebtesten Ferienorte so wie einst an der spanischen Mittelmeerküste ungezügelt vorantreibt, hat ebenfalls keine Zukunft. Die Reha-Kur Boracays war hoffentlich der Startschuss für ein grundlegendes Umdenken.

Denn die Philippinen brauchen den Tourismus nicht nur dringend, sie sind zudem wie wenige Länder in Asien als Urlaubsland prädestiniert: Filipinos sind die geborenen Gastgeber, bereits als Kinder lernen sie, sich um Besucher im Elternhaus zu bemühen. Als uns zum ersten Mal zur Begrüßung in einem Ressort die Bediensteten ein Ständchen brachten, war ich, das muss ich zugeben, peinlich berührt. Ich dachte an eine typische Touristenfalle, an Animateure in einem Ferienclub oder ähnliches. Mein steifes Lächeln war sicherlich ein deutlicher Kontrast zu dem herzlichen Willkommensgruß der philippinischen Belegschaft.

Denn Musik, Singen und Tanzen macht Filipinos Spaß und gute Laune – warum also sollten sie das nicht mit ihren Gästen teilen? Mein Mann hat sich denn auch rasch angewöhnt, bei dem oft vorgeführten *tinikling* mitzumachen. Bei diesem Tanz müssen die Mitwirkenden geschickt zwischen Bambusrohren hin und her springen, die im Takt der Musik zusammengeschlagen werden. Wer aus dem Rhythmus kommt, holt sich blaue Knöchel. Das passiert natürlich nie, denn die Filipinos, die die Bambusstangen zusammenschlagen, passen sich virtuos selbst stolpernden Gästen an.

Unsere Kinder haben unter der Belegschaft immer schnell Freunde gefunden, mit denen sie gemalt oder gespielt haben. Ein selbstverständlicher Babysitterservice, den man in westlichen Hotels entweder gar nicht bekommt oder teuer bezahlen müsste. Wir haben uns als Familie rasch getraut, im Archipel unterwegs zu sein. Auch wenn das Reisen an sich mühsam und zeitaufwendig war, und die vielerorts langsame Gangart Geduld erfordert, so haben wir es selten bereut, unser komfortables Apartment in Manila verlassen zu haben. Denn der Reiz der Philippinen und ihre liebenswerten Menschen offenbaren sich erst, wenn man außerhalb des anstrengenden Großstadtdschungels unterwegs ist.

Bergbau – großer Reibach, kleiner Lohn

Dass ausgerechnet der Hardliner Rodrigo Duterte, der Tote in seinem Drogenkrieg achselzuckend zur Kenntnis nimmt und politische Gegner unterdrückt, sich als einer entpuppen sollte, der sich Gedanken um die Umwelt macht, mag auf den ersten Blick verblüffen. Doch Duterte kommt von Mindanao, jener Insel, auf der Rodungen besonders großflächige Lücken in das früher so grüne Antlitz gefräst haben. Und wo jahrzehntelanger Bergbau unübersehbare Schäden angerichtet hat. Wenn er in einem Hubschrauber über seine Heimatinsel fliege, sehe er die Verheerungen, die der offene Tagebau vielerorts angerichtet habe, beklagte sich Duterte bereits im Wahlkampf. Dem wolle er ein Ende bereiten, drohte er – nur nahm ihm das kaum jemand als ernst gemeintes Vorhaben ab.

Doch der neu gewählte Präsident war auch in diesem Punkt konsequent, er holte mit Gina Lopez eine bekannte Naturschützerin als Umweltministerin in sein Kabinett. Zuvor war sie kaum bekannt, doch das sollte sich schnell ändern. Kaum ein Regierungsmitglied hat in so kurzer Zeit so viele Schlagzeilen gemacht wie die neue Ministerin, die einer der reichsten Familien des Landes entstammt. Dass sie mit einem Überfluss an Geld und Macht nichts zu tun haben wollte, bewies Lopez, als sie nach ihrem Studium zwei Jahrzehnte in Indien und Afrika verbrachte, wo sie Kindergärten und Heime gründete und in zum Teil ärmsten Verhältnissen lebte. Auch nach ihrer Rückkehr nach Manila entschied sich die Philanthropin gegen eine Mitarbeit im Familienimperium, um sich stattdessen ihren Projekten widmen zu können. Eine Karriere in der Politik strebte sie nicht an, doch das Angebot Dutertes eröffnete Gina Lopez neue Wege, sich für den Umweltschutz einzusetzen.

Besonders der unter Dutertes Vorgängern protegierte Bergbau-Sektor bekam sogleich zu spüren, dass der Wind in Manila nun aus einer anderen Richtung wehte. Dabei sind die Philippinen eines der für den Bergbau vielversprechendsten Gebiete unseres Planeten: Der Archipel ist besonders reich an Gold, Nickel und Kupfer, die Vorkommen summieren sich laut Angaben einer Regierungsbehörde auf einen Gesamtwert von 840 Milliarden US-Dollar. Ein Großteil der wertvollen Rohstoffe findet sich auf Mindanao, Palawan und Luzon, oftmals in Gebieten, die von ethnischen Minderheiten bewohnt werden. An der profitablen Ausbeutung sind nationale ebenso wie internationale Firmen beteiligt.

Investoren haben auf den Philippinen viele Jahre gute Bedingungen vorgefunden: 1995 wurde ein Bergbaugesetz verabschiedet, das ausländischen Firmen finanzielle Anreize und freizügigen Umgang mit natürlichen Ressourcen wie Wald und Wasser gewährte. Eingebracht hatte die Gesetzesvorlage die damalige Senatorin Gloria Macapagal-Arroyo, die dann als Präsidentin weitere Vergünstigungen für die Bergbauindustrie schuf. Dies lockte die Großen der Branche auf die Philippinen, was zwar Arbeitsplätze schuf, aber auch soziale Unruhe stiftete. Denn der in der Regel praktizierte, flächenintensive Tagebergbau hat einschneidende Folgen für Anwohner und Natur. Nicht selten mussten ganze Dörfer der Anlage gigantischer Gruben weichen, ohne dass ein fairer Ausgleich für die zwangsumgesiedelten Menschen stattfand. Felder und Wälder fielen dem Abbau der Metalle zum Opfer. Sinkende Grundwasserpegel, giftige Abfälle und verseuchter Klärschlamm belasteten die Umwelt, oder wurden bei Unfällen in großem Maße freigesetzt. Rehabilitierungsmaßnahmen wurden hingegen oft nicht in verabredetem Maße durchgeführt. Es ist also kein Wunder, dass es auf den Philippinen deutliche Kritik an dem Agieren der Bergbau-Unternehmen gibt, zumal die Jobs, die für Einheimische bleiben, nicht nur äußerst anstrengend, sondern auch noch mies bezahlt sind.

Die öffentliche Debatte um den richtigen Umgang mit den wertvollen Ressourcen begleitet mich, seitdem wir auf die Philippinen gezogen sind. Doch während es auf der politischen Bühne zäh zwischen der Mehrzahl der Befürworter eines intensiven Bergbaus und dem kleinen Grüppchen der Gegner hin- und herging, haben viele Gewalttaten im Umfeld der Gruben Schlagzeilen gemacht. Auf der einen Seite wurden lokale Umweltaktivisten ermordet, auf der anderen Seite griff die militante, kommunistische NPA immer wieder Tagebau-Projekte an, erschoss Wachmänner und zerstörte Maschinen.

Wie in anderen Bereichen schien es ein »dennoch immer weiter so« zu geben. Gina Lopez hat versucht, ein »auf keinen Fall weiter so« durchzusetzen. Sie stellte alle bestehenden und geplanten Bergbau-Projekte auf den Prüfstand und entzog Dutzenden die Zulassung. Das hatte es auf den Philippinen noch nie gegeben, und während Umweltschützer jubelten, hagelte es massive Kritik von Seiten der Wirtschaft. Obgleich Duterte seine Umweltministerin öffentlich lobte und sie gewähren ließ, wurde Lopez von der zuständigen Kommission der Philippinen, die jedes neue Kabinettsmitglied durchwinken muss, nicht im Amt bestätigt. Bereits nach zehn Monaten musste sie ihr Büro im Umweltministerium wieder räumen. Dass im Hintergrund Strippen gezogen worden sind, um die unbequeme Gegnerin der Bergbauindustrie rasch wieder loszuwerden, ist eine naheliegende Vermutung. Ebenso wahrscheinlich ist die Annahme, dass das Modell »Big Business vor Umweltschutz« die Oberhand gewinnen wird, und der Abbau wertvoller Rohmetalle in absehbarer Zeit wieder Fahrt aufnehmen wird.

Da geht noch was: Erneuerbare Energien statt Kohlekraftwerke

Nach unserer Rückkehr auf die Philippinen nach fünf Jahren in Peking nutzten wir das erste lange Wochenende, um auf die Insel Mindoro zu fahren. Wie schon so oft in der Vergangenheit war unser Ziel ein kleines Ressort, das eingebettet in einer Mangrovenbucht liegt. Der Weg dorthin ist uns sehr vertraut, x-mal schon sind wir in die Hafenstadt Batangas gefahren und dort in ein Boot umgestiegen. Es dauert etwas, den langgestreckten Landzipfel entlangzuschippern, vorbei an Raffinerien und Industrieanlagen, um dann Verde Island, die Grüne Insel, mit ihren tollen Tauchgründen links liegen zu lassen. Nach einer Stunde Fahrt tauchen in der Ferne die dicht bebauten Strände von Mindoros Touristen-Hotspot Sabang auf, das Schiff allerdings hält sich noch ein wenig nach Osten. Vorbei an der Bucht von Puerto Galera steuert es schließlich auf den Anleger des kleinen Ortes Balatero zu.

Mindoro ist eine sehr bergige Insel, die steilen, dicht bewaldeten Hänge drängen sich an dieser Stelle nahezu bis ans Meer. Fast immer ist der langgezogene Bergrücken, der sich über der Region erhebt, von Wolken überzogen, die in immer neuen Formationen Schatten auf die Wälder werfen. Ein kleines Naturschauspiel, das ich oft beobachtet habe. Doch dieses Mal fällt mein Augenmerk auf einen viele Meter hohen Pfeiler, der in einer Wolkenlücke erkennbar wird. Wie sich herausstellt, ist es der erste von acht Unterbauten für Windräder – Mindoro soll seinen ersten Windpark bekommen. Mit einer Kapazität von 48 Megawatt wird es zudem der bisher größte der Philippinen sein. Für die Insulaner sind das gute Nachrichten, denn allzu häufig fällt noch der Strom aus, müssen laute und reichlich Abgase ausstoßende Dieselgeneratoren einspringen. Außerdem, so versprechen es die Betreiber des Windparks, würden die 78 Meter hohen Windräder dafür sorgen, dass die Strompreise von bisher 13 Pesos auf 6,5 Pesos pro Kilowattstunde fallen könnten.

Bisher bezieht Mindoro seinen Strom genau wie überall im Archipel überwiegend aus fossilen Energieträgern. Den größten Anteil am nationalen Energiemix hatte 2018 Kohle mit etwa 26 Prozent, die aus heimischem Abbau ebenso wie aus ausländischen Gruben stammt. Gas aus philippinischen Offshore-Feldern deckt 18 Prozent ab, während teuer importiertes Öl einen Anteil von 23 Prozent hat. Der lukrative Strommarkt, der seit 2001 in der Hoffnung auf eine bessere Versorgungslage und niedrigere Preise großteilig privatisiert wurde, ist fest in der Hand einiger weniger philippinischer Tycoons. Doch die Versorgungslage gerade in ländlichen Gebieten ist weiterhin prekär, noch immer haben Millionen Familien keinen Anschluss an das öffentliche Stromnetz. Sie sind auf Holz oder Kerosin als Brennstoff angewiesen, Atemwegserkrankungen aufgrund des allgegenwärtigen Rauchs in den Häusern sind in abgelegenen Gemeinden weit verbreitet. Und in Sachen Strompreise gehören die Philippinen gar zu den Spitzenreitern in Asien.

In Manila ist man sich dieser Problemlage bewusst und stöhnt zudem über die teuren Öl- und Kohleimporte. Als die philippinische Wirtschaft unter Präsident Aquino Jahr für Jahr um etwa sieben Prozent wuchs, ließ das auch den Strombedarf ansteigen. Die Suche nach zusätzlichen Energiequellen brachte die natürlichen Ressourcen, über die die Philippinen in hohem Maße verfügen, in den Fokus. Der vulkanische Inselstaat ist wie geschaffen für die Nutzung geothermischer Energie. In der Tat wird diese Quelle bereits seit den 1980er Jahren angezapft, Geothermie liefert immerhin etwa zwölf Prozent des nationalen Strombedarfs. Nach Expertenmeinung ist das Potenzial aber längst nicht ausgeschöpft. Gleiches gilt für Wasserkraft: Das regenreiche Land hat bereits mehrere Großkraftwerke, die 21 Prozent des Stromes erzeugen. Allerdings ist die Nutzung der Wasserkraft umstritten, weil das Aufstauen von Flüssen, Überflutungen ganzer Gebiete und der Bau riesiger Staudämme große Flächen Land verschlingt und neben teilweise kritischen Folgen für die Umwelt auch Zwangsumsiedlungen nötig macht.

Andere alternative Energiequellen wie Sonne oder Wind könnten einen großen Anteil an der Erzeugung von Öko-Strom haben, die Ausnutzung liegt bisher aber im Promille-Bereich. Gesetzlich sind die großen Stromkonzerne seit einem Jahrzehnt dazu verpflichtet, einen bestimmten Anteil an Ökostrom in ihr Netz zu speisen. Wie so oft sieht die Realität aber anders aus, es finden sich immer Hintertüren, mit denen die kostenintensive Erschließung von alternativen Energieträgern verzögert werden kann. Kein Wunder also, dass das an natürlichen Energiequellen reiche Land derzeit den eigenen Ansprüchen und Vorgaben hinterherläuft.

Stattdessen erlebt die Kohleindustrie unter Rodrigo Duterte einen Aufschwung. Im Bereich Stromgenerierung lässt der Präsident seinen an anderer Stelle gezeigten Sinn für Umweltschutz vermissen. »Grüne Energie ist gut«, sagte der Politiker 2016 anlässlich der Eröffnung einer Wasserkraftanlage auf Mindanao, »aber um unser Wirtschaftswachstum nicht zu gefährden und mit anderen Ländern in der Region mitzuhalten, müssen wir Kohle nutzen.« Seither hat Duterte eine ganze Reihe großer Kohlekraftwerke eingeweiht, während Windparks wie der auf Mindoro die Ausnahme bleiben.

Dabei gibt es in der Bevölkerung durchaus ein Bewusstsein für die Vorteile von »grün« produziertem Strom: Gegen im Bau befindliche oder geplante Kohlekraftwerke kommt es häufig zu energischen Protesten von Anwohnern, Umweltschützern und kirchlichen Gruppen. Die großen Windräder auf dem Bergkamm über Puerto Galera begrüßen die meisten Einheimischen hingegen. »Es wäre gut, wenn es noch mehr Solar- oder Windanlagen gäbe. Ich verstehe gar nicht, warum dass nicht alles schneller vorangetrieben wird«, meinte ein Tauchlehrer, mit dem ich mich auf Mindoro unterhalten habe. »Aber was geht hier schon schnell«, lacht er dann mit landestypischem Pragmatismus. »Hauptsache, es passiert überhaupt etwas.«

Grüne Philippinen

Doch es gibt viele Filipinos, die es nicht bei einem Schulterzucken belassen wollen – lautstarke Aktivisten ebenso wie stille Macher. Auf der politischen Bühne spielt sich Naturschutz nur partiell ab, eine grüne Parteibewegung wie in Deutschland hat auf den Philippinen bisher nicht stattgefunden. Umweltaktivismus ist Bürgersache: Sogenannte *grassroot*-NGOs, lokale Gruppen, die sich in ihrer Gemeinde aufopferungsvoll für verschiedenste Belange einsetzen, sind weit verbreitet. Auch im Bereich Naturschutz, der von der Politik gern links liegen gelassen wird, ist die Anzahl dieser Nichtregierungs-Organisationen überraschend groß. Den Wunsch, etwas zum Besseren zu verändern, teilen sie mit Initiativen in industrialisierten Ländern. Was mich indes immer verblüfft und berührt, ist der Enthusiasmus, mit dem sich gerade die sogenannten »einfachen Leute« einbringen. Ihren Mangel an Bildung und Ressourcen machen sie durch Gemeinsinn und Eifer wett.

Bei einem Trip in die Provinz Pangasinan hatte ich ein Schlüsselerlebnis, als wir Pause in einem kleinen Fischerdorf machten. Ruckzuck war ich von aufgeregten Kindern umgeben, die von meiner Größe, der hellen Haut und den blonden Haaren fasziniert waren. Rasch kamen einige Mütter hinzu, ein Gespräch entspann sich, an dessen Ende ich in einen Raum geführt wurde, der mir stolz als Zentrale der örtlichen Umweltschutzgruppe vorgestellt wurde.

Es war ein karges Zimmer, ein Regal, ein Schreibtisch und einige Stühle waren das ganze Mobiliar, an der Decke baumelte eine nackte Glühbirne. Auf dem Tisch lagen Listen mit Namen – »Das sind alles Mitglieder unserer Gruppe. Und das hier sind unsere Einsatzpläne«, erklärte mir eine der Filipinas stolz. »Am Samstag gehen wir wieder raus und pflanzen Mangroven an. Das machen wir jedes Wochenende, obwohl wir eigentlich Wäsche waschen müssten oder uns ums Essen kümmern sollten«, lächelte sie. »Warum macht ihr es dann?«, fragte ich. »Na, ist doch klar. Die Mangroven sind wichtig für uns. Dann wird es hier bald mehr Fische geben. Das haben uns Studenten aus Manila erklärt, die mit uns die Pflanzaktion angefangen haben. Jetzt machen wir alleine weiter. Wir haben ja auch Spaß dabei, weil wir alle zusammenkommen und das für uns und unser Dorf machen.«

Damals habe ich verstanden, dass es die Kraft der Gemeinschaft ist, auf der viele Bewegungen auf den Philippinen beruhen. Die Attraktion, bei so etwas wie dieser Mangroven-Pflanzaktion mitzumachen, begründet sich auf der geteilten Erfahrung, mit Gleichgesinnten am selben Strang zu ziehen. Aus diesem Gemeinsinn ziehen Filipinos viel Energie und Begeisterung, die sie in Initiativen und Projekten einbringen.

Natürlich gibt es auch große, etablierte Natur- und Tierschutzorganisationen, mit festen Angestellten und eigener Webseite. Die Haribon Foundation ist eine der profiliertesten und ältesten des Landes. Der Name war zunächst Programm: Haribon ist die Zusammenfassung von *haring ibon*, wie der vom Aussterben bedrohte philippinische Adler in der Landessprache heißt. Doch aus der Bewegung, die sich 1972 dem Schutz des mächtigen Greifvogels verschrieben hatte, wurde rasch mehr. Mitte der 1980er Jahre sammelte die Organisation eine Million Unterschriften gegen kommerzielle Rodungen auf Palawan – ein Meilenstein der noch sehr kleinen grünen Bewegung auf den Philippinen. Heute steht Haribon auf den Philippinen gleichbedeutend für Umwelt- und Tierschutz.

Dabei geht es der Stiftung keineswegs nur darum, die Massen zu mobilisieren. Im Gegenteil, Mitarbeiter und Unterstützer sind es, die ihr Ansinnen auf die lokale Ebene bringen und jene Kleinst-Initiativen anstoßen, wie ich sie in Pangasinan und anderswo erlebt habe. Ihr Slogan »It can not be done alone« – »Es kann nicht alleine getan werden«, appelliert erfolgreich an den Gemeinsinn der Inselbewohner.

Mabuhay – als Fremde(r) im Archipel

Reise ins Ungewisse

»In diesen abgelegenen, von der Natur so reich ausgestatteten Inseln, wo der Druck von oben, der innere Trieb und jede äußere Anregung fehlte, hat sich das Leben bei geringen Bedürfnissen in voller Breite entfalten können. Von allen Ländern der Welt mögen die Philippinen wohl den Anforderungen an ein Schlaraffenland am meisten entsprechen.« Klingt es nicht herrlich und vielversprechend, was der deutsche Ethnologe Fedor Jagor anno 1873 über den Archipel schrieb? Mag man sich nicht wünschen, dass ein wenig von jenem müßiggängerischen Paradies sich dort am westlichen Rande des Pazifiks noch erhalten hat?

Jedes Jahr hoffen Zehntausende Besucher ebenjene Tropenträume auf den Philippinen erfahren zu können. Auch wir waren ja in dem guten Willen gekommen, die schönen Seiten zu genießen und mit den schlechten Seiten zu leben. Wobei die Übergänge fließend sein können, das haben wir gleich in den ersten Tagen erfahren. Als Mitteleuropäer, die bisher verschneite Bergwelten und schwedische Seenplatten als perfekte Urlaubsszenarien empfanden, war uns Südostasien gänzlich unbekannt. Die Ankunft auf dem abgewirtschafteten, muffig riechenden internationalen Flughafen von Manila erlebten wir nach dem anstrengenden 18-stündigen Flug inklusive Umsteigen in Bangkok und unruhigem Kleinkind auf dem Schoß wie in einem Tunnel. Passkontrolle, lange auf die Koffer warten, Fahrt zum Hotel organisieren, einchecken, Licht aus, schlafen.

Irgendwann weckte uns unsere Tochter auf, es war bereits Mittag, die Zeitverschiebung von sieben Stunden hatte uns den Vormittag als Nacht vorgegaukelt. Etwas ratlos begannen wir den ersten Tag unseres neuen Lebens zwar mit gewohnten Handgriffen, aber in jeder Sekunde war klar: Hier ist es anders. Die Klimaanlage brummte vor sich hin, beim Blick aus dem Fenster fiel mir Herbert Grönemeyers Song über das staubige Bochum ein. Großstadtdschungel statt Tropenlandschaft, Smog statt Meerespanorama. Die Entscheidung, wie wir den Rest des Tages verbringen wollten, fiel uns nicht schwer. Ein Ausflug in den Rizal-Park, laut Reiseführer die »grüne Lunge« Manilas, musste es sein.

Eine Stunde später kletterten wir aus einem Taxi, froh, den laut plärrenden Radio-Werbespots zu entkommen. Allerdings ließen wir auch den Komfort eines kühlen Sitzplatzes zurück, ein eklatanter Nachteil an einem frühen Nachmittag Ende März, wenn die Temperaturen gern auch mal Richtung 40 Grad klettern. Ist es Tapferkeit oder Sturheit, wenn man trotz der Backofentemperaturen versucht, die Situation so normal wie möglich zu gestalten? Wenn man also den Kleinkind-Buggy aufbaut, das bereits verschwitzte Töchterchen reinsetzt, das kleine Schirmchen gegen die brutale Tropensonne auszurichten versucht, um dann, als wäre es völlig alltäglich, zum Sonntagsspaziergang aufzubrechen.

Bis heute ist mir dieser Nachmittag ins Gedächtnis gebrannt: die überwältigende Hitze, all die Filipinos, die unsere blondgelockte, blauäugige Tochter »sooo cute« fanden und unbedingt fotografieren mussten, die Desillusion darüber, dass der Rizal Park zwar recht groß, ansonsten aber eher staubig und desolat war. Dann die vielen *fixer*, selbsternannte Touristenführer, die in uns leichte Beute sahen und sich kaum abschütteln ließen. Hartnäckig priesen sie die kolonialen Gebäude des angrenzenden Bezirks Intramuros oder versuchten, uns in eine *kalesa* zu verfrachten, jene von dürren Pferdchen gezogene, hochrädrige Kutsche. Alles für ein übertriebenes Honorar, versteht sich. Nach zwei Stunden gaben wir auf, den Rest des Tages verbrachten wir im klimatisierten Hotel und einer angrenzenden Shoppingmall.

Längst schon kann ich lachen über das Klischee der Neuankömmlinge, das wir damals abgaben. Die Philippinen sind uns inzwischen so vertraut wie sonst nur Deutschland. Ich kenne mich im Archipel leidlich aus, weiß die Körpersprache der Filipinos ganz gut zu deuten, erfreue mich nach wie vor an diesem unglaublichen Lächeln, das mich morgens begrüßt, wenn ich mit unseren Hunden durch die Nachbarschaft laufe, vorbei an Straße fegenden Frauen und Auto waschenden Männern. Wir hatten das Glück, mehr von diesem Inselstaat sehen zu dürfen als ein Großteil der philippinischen Bevölkerung.

Backpacker, Taucher, Honeymooner

Die meisten Ausländer kommen freilich als Touristen auf die Philippinen, weil sie ihre »schönsten Wochen des Jahres« in einem exotischen Land verbringen möchten. Von ihnen gibt es Jahr für Jahr mehr, die internationalen Werbekampagnen des Tourismusministeriums zeigen Wirkung. Im Vergleich zu asiatischen Nachbarländern sind die Philippinen dennoch im Hintertreffen: Thailand ist billiger, in Vietnam schmeckt das Essen besser, Kambodscha hat Angkor Wat, in Bhutan leben die glücklichsten Menschen des Planeten. Aber, so das Motto der hiesigen Werbestrategen: »It's more fun in the Philippines!« Spaß ist bekanntlich ein dehnbarer Begriff, doch der Archipel bietet in der Tat für jeden Besucher etwas. Das ist sein großes Plus. Backpacker, die jeden Peso dreimal umdrehen, finden noch immer billigste Strandunterkünfte. Allerdings wollen viele der modernen Nomaden sich ja nicht wirklich dem von Fedor Jagor beschriebenen Müßiggang im Schlaraffenland hingeben. Nein, im 21. Jahrhundert muss doch getwittert und gebloggt oder gevloggt werden, damit die Welt das Robinson-Crusoe-Feeling auch miterleben kann! Allerdings ist die Internetversorgung schon in der Hauptstadt durchwachsen, in der Provinz sind Drahtlosnetzwerke sehr rar gesät. Und so landen viele Rucksacktouristen dann doch in dritter Reihe auf einer der touristischen Inseln und klappern die Hotspots ab.

Beliebt sind sie bei den Einheimischen weniger. Nicht nur, dass sie weniger Geld ausgeben als der durchschnittliche Urlauber, sie fallen auch durch ihren ungebundenen Lebensstil aus dem Raster und stehen leicht im Verdacht, etwas mit Drogen zu tun zu haben. Was man auf den Philippinen übrigens tunlichst vermeiden sollte, die Strafen für Drogenbesitz sind drastisch, und seit Präsident Dutertes Amtsantritt wird bekanntlich hart durchgegriffen.

Viel lieber sind den Filipinos die Taucher, die zu Tausenden den Archipel bereisen, um dessen bezaubernde Unterwasserwelt zu erkunden. Viele Ressorts auf den Philippinen haben sich auf diese Touristengruppe spezialisiert und bieten neben Unterkünften und einem Restaurant auch ein komplett ausgestattetes *dive center* an. Taucher schaffen jede Menge Arbeitsplätze, denn neben den Servicemitarbeitern des Ressorts werden Tauchlehrer und Bootsbesatzungen benötigt. Die spektakulärsten Tauchgebiete finden sich *offshore,* weit entfernt von der nächsten bewohnten Insel: Das Tubbataha Reef ebenso wie das Apo Reef gehören zu den weltweit besten Tauchrevieren. Sie sind nur bei mehrtätigen Trips von sogenannten *liveaboard*-Schiffen aus zu erkunden, die Saison von Mitte März bis Mitte September ist kurz. Entsprechend groß ist der Andrang, die Betreiber der Tauchschiffe freuen sich bereits Monate vor der Saison über ausgebuchte Tubbataha-Reisen. Aber auch die Inseln Palawan, Mindoro, Bohol, Cebu und Negros, um nur einige zu nennen, verfügen über erstklassige Tauchgründe, ob mit tief gelegenen Schiffswracks aus dem Zweiten Weltkrieg oder rund um an Biodiversität kaum zu überbietenden Korallenriffen.

Als idealer Ort für eine Hochzeitsreise gelten die Philippinen hingegen vor allem bei den ostasiatischen Nachbarn. Meist bleiben die japanischen, koreanischen und in steigender Zahl chinesischen »Honeymooner« nur wenige Tage in den luxuriösesten Hotelanlagen des Inselstaates und genießen dort das volle Programm: Vom Frühstück im Bett über ausgedehnte Wellness-Behandlungen in angenehm duftenden Spa-Suiten, über private Bootstouren bis zum mehrgängigen, abendlichen Menü bei Kerzenlicht am Strand. Auch wenn die Filipinos als geborene Frohnaturen die zwischen höflich und ruppig changierenden Ostasiaten nicht begreifen, so wissen sie dank ihrer Kreativität und Liebenswürdigkeit doch, wie sie deren Flitterwochen dauerverschönern. Ihr Einsatz lohnt sich schließlich, denn Geld spielt für diese Kurzzeit-Urlauber keine Rolle.

Bloß nicht hingucken

Ein zierliches Mädchen schreit und wütet, sie schlägt mit dem Kopf an die gummierte Wand des abgedunkelten Raumes und reißt sich an den Haaren. Minutenlang geht das so. Dann fällt sie in sich zusammen, von Schluchzen geschüttelt. Ab und zu haut sie sich mit der geballten Faust an ihre Brust. Zusammengerollt schläft das Kind schließlich ein, der zierliche Körper entspannt sich langsam.

Ich möchte die Kleine Irma nennen, ihren wirklichen Namen wollte sie mir gegenüber nicht preisgeben. Auch ihr Alter ist unklar, vermutlich ist Irma noch nicht einmal ein Teenager. Ich habe das Mädchen und einige ihrer Leidensgenossinnen in einem Heim kennengelernt, in dem sich der irische Priester Shay Cullen und sein unermüdliches Helferteam um Kinder kümmern, die sie aus den Fängen der Sexmafia gerettet haben. Mehrere Dutzend Minderjährige leben in den schützenden Gebäuden der von Cullen gegründeten Hilfsorganisation Preda in Olongapo City, unweit von Angeles City. Stadt der Engel – welch ein Name für einen Ort, der seit der Besatzungszeit der Japaner und Amerikaner ein Riesenbordell ist und für Zehntausende Prostituierte die Hölle auf Erden.

Mit den Soldaten fing es an, mit Sextouristen aus Europa, Australien, den USA und Ostasien geht es weiter. In Angeles City und anderen Hotspots auf den Philippinen finden lüsterne Männer alles, was sie begehren. Für verhältnismäßig wenig Geld vermieten *mama-sans,* wie Zuhälterinnen einschlägig genannt werden, weibliche und männliche Prostituierte stunden- oder tageweise an Freier. Besonders begehrt sind die *cherries* – Kirschen, Szeneslang für Jungfrauen. NGOs schätzen, dass mehrere Hunderttausend Kinder landesweit anschaffen müssen.

Nachschub ist auf den bitterarmen aber kinderreichen Philippinen leicht zu bekommen: Nicht selten werden Minderjährige von den Eltern aus Not an Zuhälter verkauft: Sie opfern ein Kind, damit die anderen überleben können. Sextouristen finden sich auf den Philippinen in allen Alters- und Gewichtsklassen. Das Klischee vom dicken, weißen Mann mit einer eingekauften, jungen Schönheit im Arm ist allerorten anzutreffen. Nicht um Liebe, sondern um Sex geht es jenen Männern, die die Philippinen seit Jahrzehnten auf der Suche nach willigen und billigen Frauen und jungen Mädchen heimsuchen. Und dabei hinterlassen sie häufig schwer traumatisierte junge Menschen.

Der Inselstaat steht vor allem bei Pädophilen hoch im Kurs, weil sie kaum Furcht vor Strafverfolgung haben müssen. Zwar ist die Rechtslage eindeutig, den Kinderschändern drohen hohe Haftstrafen, »aber wir verlieren fast alle Fälle vor Gericht, weil sich jeder vor der Sexmafia fürchtet und sich lieber von denen bestechen lässt, Polizei und Justiz einbezogen«, klagte Pater Shay Cullen bei meinem Besuch frustriert. Dass die Drahtzieher der Massenprostitution auch vor einem Kirchenmann nicht zurückschrecken, weiß der irische Priester nur zu gut. Er ist verprügelt, verunglimpft und verhaftet worden, Morddrohungen zählt er gar nicht mehr. Dennoch hat er in den vergangenen 40 Jahren viele Hundert Kinder aus den Fängen der Sexindustrie befreit.

So wie Irma, die den Mut aufbrachte, ihrer *mama-san* zu entfliehen, doch nun an dem im Puff Erlebten zu zerbrechen droht. »Es dauert lange, sehr lange, bevor die Wut, der Ekel und die Verzweiflung abebben. Manche schaffen es auch nie, sie werden sich und ihre Umwelt immer hassen«, sagt Shay Cullen. Für Irma hat er Hoffnung, »weil sie ihre negativen Emotionen rauslässt und bereit ist, in Therapiesitzungen mit uns zu reden.«

Für den Großteil der Prostituierten auf den Philippinen besteht indes wenig Hoffnung. Es scheint, als würde ein gesellschaftlicher Konsens bestehen, dass man nicht an etwas rühre, das ohnehin nicht zu ändern sei. Bekannte spreche ich schon gar nicht mehr darauf an, ich möchte ihnen ersparen, dass ich sie mit dem Thema beschäme. In den Medien erscheinen allenfalls Berichte, wenn ein Pädophilenring aufgeflogen ist. Was nicht sehr häufig geschieht – Polizei und Justiz werden der Lage nicht Herr. Vielleicht wollen sie es auch gar nicht, denn sicherlich fällt für etliche Gesetzeshüter und Justizangestellte etwas vom einträglichen Sexgewerbe ab, wenn sie wegschauen und schweigen. Sextourismus ist fraglos eine der dunkelsten Facetten des Tropenparadieses, das die Philippinen so gern sein möchten.

Und wie viele Jahre bleibt ihr?

Als wir im Frühjahr 2002 in Manila landeten, hatte mein Mann einen Arbeitsvertrag für zwei Jahre in der Tasche. Das war ein Zeitraum, den wir uns vorstellen konnten. Für zwei Jahre kommt man doch überall zurecht, und wir wären deutlich vor der Einschulung unserer Tochter wieder in der Heimat, so unser Kalkül. Was wir nicht vorhergesehen hatten, war eine Art zweifacher Kulturschock. Zum einen hatten wir unseren Wohnort von einem Kontinent auf einen anderen verlegt. Der Wechsel des Kulturkreises brachte – wie schon beschrieben – allerlei unvorhergesehene Erlebnisse und Herausforderungen mit sich. Zum zweiten tauchten wir in diesem fremden Land als sogenannte Expatriates, kurz nur Expats genannt, in eine uns bis dato völlig unbekannte Lebenswelt ein. Zu dieser um den Globus vagabundierenden Gruppe gehören zum Beispiel Diplomaten und Lehrer, Ingenieure und Banker, Mitarbeiter von internationalen Organisationen und Manager von multinationalen Konzernen.

Die Expat-Gemeinschaft auf den Philippinen ist im Vergleich zu anderen Ländern in Asien überschaubar. Sie konzentriert sich auf die wenigen Metropolen, wo Botschaften, Firmenmultis und

Organisationen wie die Weltbank, die WHO oder die Asiatische Entwicklungsbank angesiedelt sind. Als Expat auf den Philippinen erlebt man, zumal wenn man erstmals die Heimat mit dem Neuland vertauscht, fast unweigerlich einen sozialen Aufstieg. Der Wohnraum ist deutlich größer, zum Haushalt gehören oft ein Fahrer, eine Haushaltshilfe und eventuell ein *yaya* genanntes Kindermädchen. Die sogenannten »Expat Packages« sehen einen Verdienst vor, der um ein Mehrfaches über dem Einkommen philippinischer Angestellter im gleichen Unternehmen liegt. Als Expat kann man auf den Philippinen ein überaus komfortables Leben führen, das es einem ermöglicht, unangenehme Seiten des Gastlandes zu ignorieren. Es ist eine Falle, in die nicht wenige Ausländer tappen.

Meine ersten, verwirrenden Kontakte mit dieser Szene hatte ich, als ich eine internationale Babyspielgruppe besuchte. Ich hatte erwartet, mich dort auf vertrautem Terrain zu bewegen, schließlich waren mir solche Spielgruppen aus Deutschland bekannt. Mit deutlicher Verspätung – Manilas Verkehrsproblematik war mir noch fremd – stieg ich damals vor einem großen Haus aus dem Taxi. Die Gastgeberin, eine Holländerin, begrüßte mich herzlich an der Tür. Aus dem Wohnbereich hörte ich Stimmengewirr, Englisch mit allerlei Akzenten. Ein großer Tisch war vollgestellt mit Leckereien, dazu gab es frisch gepressten Orangensaft, Kaffee, verschiedene Teesorten. Chic angezogene Frauen standen in kleinen Gruppen und unterhielten sich angeregt. Nur Kinder sah ich keine. »Ach so, die Kids sind mit den *yayas* im Spielzimmer«, klärte mich die Holländerin freundlich auf. »Du kannst deine Kleine ruhig dort lassen, die anderen *yayas* passen schon auf sie auf. Sonst kommst du ja gar nicht dazu, die anderen hier kennenzulernen«, erklärte sie noch, als sie meine Verwunderung bemerkte.

Ich behielt meine Tochter dann erst mal auf dem Arm und startete eine Vorstellungsrunde. Der erste Kontakt war sehr einfach, alle wussten, wie es sich anfühlt, in einem fremden Land die Neue zu sein. Aber alle, so schien es mir, waren schon seit Jahren

Expats und waren überaus bereit, ihren reichen Erfahrungsschatz mit mir zu teilen. Ich bräuchte dringend ein eigenes Auto und vor allem einen Fahrer, erfuhr ich. Taxis seien zwar billig, aber eben oft alt und heruntergekommen. Es sei überaus praktisch, wenn einen der Fahrer irgendwohin kutschiere, und man müsse sich weder mit dem mörderischen Verkehr rumärgern noch Gedanken um einen Parkplatz machen. Selber putzen tue niemand auf den Philippinen, selbst die Einheimischen hätten eine *maid*, wie die Allround-Helferinnen heißen, wenn sie es sich nur irgend leisten könnten. Und ohne ein Kindermädchen ginge es gar nicht, »sonst bist du die einzige Mutter auf dem Spielplatz«, wurde mir auch gleich nahegelegt.

Die am häufigsten gestellte Frage an diesem Morgen war: »Und wie lange bleibt ihr?« Auf meine ernst gemeinte Antwort: »Nicht länger als zwei Jahre«, erntete ich meist ausgelassene Heiterkeit. »Das kannst du vergessen. So haben wir alle angefangen, und jetzt sind wir seit Jahren im Expat-Zirkus unterwegs«, meinte eine Inderin, und zählte sogleich die verschiedenen Durchgangsstationen ihres Lebens auf.

Nach zwei Stunden verließ ich die Spielgruppe, meine Gefühlslage schwankte zwischen verwirrt, beeindruckt und, ja, auch ein wenig entrüstet. So hatte ich mir das nicht vorgestellt! Ich fuhr sehr gern Auto und wollte mich natürlich selbst um mein Kind kümmern. Ab und zu eine Putzfrau, das wäre nett, schließlich war unser Apartment recht groß. Wochenlang bemühte ich mich, an meinen Grundsätzen festzuhalten. Die Einsicht, dass die Dinge anders laufen auf den Philippinen, stellte sich erst allmählich ein. Ob Expat oder Einheimische mit einem Mittelklasseeinkommen, tatsächlich sind eigene Hausangestellte gang und gäbe. »Warum denn auch nicht?«, redete mir die Holländerin von der Spielgruppe zu, mit der ich mich inzwischen angefreundet hatte, »du schaffst doch so auch Arbeitsplätze. Du hast genug Geld, deine Putzfrau oder deinen Fahrer so gut zu bezahlen, dass die ihre Familie davon ernähren können.«

Damit hatte sie Recht, auf den Philippinen kreiert dieser

Dienstleistungssektor zahllose Jobs. Dass ich meinen Widerstand nach einiger Zeit schließlich aufgab, habe ich nicht bereut. Bis heute sind wir im Kontakt mit unseren Helfern aus der Anfangszeit, wir haben uns mit ihnen über Kinder und Enkelkinder gefreut oder bei Todesfällen mit ihnen getrauert. Ihre Sorgen und Nöte sind mir ebenso bekannt wie ihre Hoffnungen und Träume. Letztlich haben mir diese Begegnungen detaillierte Einblicke in den philippinischen Alltag beschert, die ich sonst verpasst hätte.

Auch unsere Freunde in Deutschland haben sich längst daran gewöhnt, dass wir während unserer Jahre auf den Philippinen – im Gegensatz zu der Zeit, die wir in Japan und in China verbrachten – gleich mehrere Einheimische beschäftigten. Ich bin mir sicher, dass dieser Umstand zu Hause zunächst hochgezogene Augenbrauen zur Folge hatte. Kindermädchen, Fahrer – das klingt doch arg nach einem elitären Lebensstil à la von Thurn und Taxis. Und tatsächlich gibt es gar nicht so wenige Ausländer, die aus der bequemen und privilegierten *expat bubble* gar nicht mehr aussteigen wollen.

Wem es gefällt, der kann auf den Philippinen ein voll-klimatisiertes, luxuriöses Leben zwischen großem Haus, exklusiven Geschäften, teuren Restaurants und tiefenentspannten Wellness-Oasen führen. Das Einkommen, das Expats üblicherweise zur Verfügung haben, reicht auf den Philippinen allemal für solche Annehmlichkeiten. Man kann auch jahrelang in einer Großstadt leben, deren Bevölkerung zu einem erheblichen Anteil bettelarm ist, ohne je ein Slumgebiet zu betreten. Dem mitunter etwas beschwerlichen Reisen im Inselstaat muss man sich nicht aussetzen – schließlich sind aufregende Glitzer-Destinationen wie Singapur, Hongkong oder Shanghai nur wenige Flugstunden entfernt und bieten beste Unterhaltung.

Es gibt aber auch jene Expats, die sich mit Haut und Haaren auf die Philippinen einlassen. Für Frauen, die mit ihrem Mann mitgezogen sind, selbst aber keine Aussichten auf einen anständig bezahlten Job haben, bieten die zahlreichen wohltätigen Vereinigungen und Stiftungen, die es im ganzen Land gibt, ein unendliches Betätigungsfeld. Statt zu Hause Frust zu schieben oder zum x-ten Mal durch dieselbe Mall zu flanieren, nehmen sie die Herausforderung an, sich außerhalb ihrer Komfortzone zu bewegen. Mit viel Energie und dem Wunsch nach Gemeinnützigkeit wirken sie in Kinderheimen, lehren an Schulen in Armengebieten oder organisieren Spendentransporte in Katastrophengebiete. Eine Schweizerin, die ich aus der Nachbarschaft kannte, war Hebamme und verbrachte ihre Tage damit, in einem Gesundheitszentrum mittellosen Filipinas bei der Entbindung zu helfen. »Es ist unglaublich, was ich da erlebe. Teenager, die ihr zweites oder drittes Kind zur Welt bringen. Arme Frauen, die keine Verhütung kennen und ihr sechstes, siebtes, achtes Baby erwarten. Manchmal ist es sehr frustrierend, das mitzuerleben. Aber gleichzeitig bin ich froh, dass ich helfen kann. Hier werde ich wirklich gebraucht, das motiviert mich immer wieder, auch wenn ich nichts dabei verdiene«, erzählte sie mir. In der Lobby unseres modernen Apartmenthauses wirkte sie in ihren verschwitzten Klamotten fehl am Platz, doch auf den Philippinen sind Menschen wie sie genau am richtigen Ort.

Eine gar nicht kleine Gruppe der Expat-Community sind die Männer, die als Singles auf der Durchreise mit Blick auf die nächste Stufe der Karriereleiter ankommen und als Ehegatten von Filipinas bleiben. Interkulturellen Paaren begegnet man vor allem in der Hauptstadt auf Schritt und Tritt, nur in seltenen Fällen ist dabei der Mann ein Filipino und die Frau eine Ausländerin: »East meets West« ist auf den Philippinen nicht nur ein Slogan, sondern für viele ein Lebenskonzept. Die wohl größte Herausforderung für den ausländischen Ehepartner ist die Tatsache, dass er mit der Hochzeit gleichsam einen Bund auch mit der Familie des philippinischen Partners eingeht. Mit einer Filipina oder einem Filipino verheiratet zu sein, bedeutet Verpflichtung: Ob es um die Teilnahme an zahlreichen Familienfesten, Geschenke für die weitverzweigte Verwandtschaft oder finanzielle Zuwendungen in Krankheits- oder anderen Notfällen geht – als angeheirateter Expat hat man diese Tribute zu leisten. Daran scheitern leider nicht wenige Ehen, im Laufe der Jahre haben wir einige Expats nach einer Trennung das Land verlassen sehen. Andere Partnerschaften nehmen diese Hürde mit Bravour, eine finnische Freundin liebt die ausgelassenen Feste, und das Zusammensein mit der Familie ihres philippinischen Mannes findet sie bereichernd. Heimat ist für sie der hohe Norden ebenso wie der tropische Süden.

Als Auswanderer auf die Philippinen

Wenn es in Deutschland um das Thema Auswanderung geht, denken viele Menschen an »klassische« Auswanderungsländer wie die Vereinigten Staaten, Australien, Neuseeland oder Kanada. Wer es exotischer mag, liebäugelt vielleicht mit einem lateinamerikanischen oder afrikanischen Land. In Südostasien ist Thailand der Deutschen liebstes Ziel. Die Philippinen hat hingegen kaum jemand auf dem Radar, zu unbekannt oder gar negativ ist das Image des Inselstaates.

Das gilt vor allem, wenn es darum geht, einen guten Ort für den lang herbeigesehnten Ruhestand zu finden. Dabei machen es die Philippinen gerade ausländischen Rentnern leicht, ein sogenanntes »Retirement Visa« zu erhalten. Auf Negros, Cebu und Bohol habe ich Auswanderer getroffen, die den Umzug in die Fremde in fortgeschrittenem Alter gewagt haben. Ihnen gemein war, dass sie Deutschland als zu eng, das Leben dort als zu stressig empfanden. Sie strebten nach tropischer Wärme, einem gehobenen Lebenskomfort, fremdenfreundlichem Umfeld und nicht zuletzt auch ein wenig Abenteuer. All das gibt es auf den Philippinen für vergleichsweise wenig Geld. Wessen Rente in Deutschland nur für eine kleine Zweizimmerwohnung reicht, der kann sich hier auf einer der vielen Inseln locker ein Haus mit Garten leisten.

Dieser Lebensstandard in Kombination mit englischsprachigen, hilfsbereiten Nachbarn sei ein zuverlässiges Fundament für ein zufriedenes Pensionärsdasein, versicherten mir die Auswanderer. Wenn es größere Probleme mit der Gesundheit gäbe, fänden sich in den jeweiligen Inselhauptstädten gute Kliniken und Ärzte. Stromausfälle, laute Karaoke-Partys in der Umgebung oder Sehnsucht nach Salami und Mehrkornbrot – die negativen Seiten des Rentnerdaseins auf den Philippinen hielten sich in Grenzen. Allerdings bedeutet ein Renterleben so fern von Europa auch die Abwesenheit von Familie und Freunden sowie der vertrauten Kultur, was durchaus eine große Herausforderung ist und auch zu Einsamkeit führen kann. Bereut haben die Auswanderer, mit denen ich gesprochen habe, ihren mutigen Schritt jedenfalls nicht: Den Ruhesitz unter Palmen gegen ein Leben als Pensionär in Deutschland eintauschen? »Auf keinen Fall«, so der Tenor.

Natürlich lockt der Inselstaat auch Auswanderer, die sich noch nicht auf den regelmäßigen Geldfluss durch eine Rente aus der Heimat verlassen können. Doch sich auf den Philippinen eine Existenz aufzubauen, hat seine Tücken. Der Slogan »It's more fun in the Philippines!« trifft ganz sicher nicht zu, wenn man sich mit den Behörden herumschlagen muss. Neben landestypischen Problemen, wie Korruption und einer sich selbst lähmenden Bürokratie, müssen Ausländer mit Einschränkungen kämpfen, die Filipinos nicht haben. So dürfen Fremde zwar Gebäude, also ein Privathaus, ein Büro oder eine Firma kaufen, aber nicht den Grund und Boden, auf dem sie stehen. Das kann jederzeit zu Streitigkeiten mit dem einheimischen Besitzer des Grundstücks führen, in den meisten Fällen ziehen Ausländer dann den Kürzeren.

Auch müssen Ausländer sich philippinische Geschäftspartner suchen, wenn sie ein eigenes Unternehmen gründen wollen. Oder mit einem Filipino oder einer Filipina verheiratet sein, die dann sowohl Land kaufen dürfen als auch als Mitbesitzer der Firma fungieren können. Letzteres scheint die Regel zu sein, jedenfalls haben alle ausländischen Selbständigen, die ich im Laufe der Jahre kennenlernte, einen philippinischen Ehepartner gehabt. Das Spektrum der Branchen, in denen Ausländer Fuß fassen können, ist weit gefächert: Ob Bäcker oder Metzger, Zahntechniker oder Friseur, Hemdenfabrikant oder Ressortbetreiber, ein Auskommen lässt sich auf den Philippinen in vielen Bereichen finden.

Ein beliebter Treffpunkt für deutsche Geschäftsleute ist der bereits 1906 gegründete German Club in Manilas Banken- und Büroviertel Makati. Die getäfelten Räume mit dem schweren Mobiliar und Gemälden in dicken Rahmen atmen Geschichte und erinnern eher an die Buddenbrooks in Lübeck als an ein Vereinsheim in einer asiatischen Metropole. Hier trifft man sich für einen raschen Businesslunch ebenso wie zu einem ausgiebigen Dinner mit Freunden oder Geschäftspartnern. Auf der Speisekarte finden sich deutsche Klassiker zuhauf: Erbsensuppe, Matjesheringe, Nürnberger Würste, Schweinshaxe oder Käsespätzle sind eine deftige Abwechslung zum asiatischen Essen.

Der traditionsreiche Club feierte 2018 zum 80sten Mal das Oktoberfest – ein stolzes Jubiläum. Zum Ausgleich für das süddeutsche Fest der Superlative gibt es die Hamburger Nacht mit Kohl und Pinkel, abends wird auch mal Skat gekloppt oder am Stammtisch diskutiert. Viele der Gäste sind in Ehren ergraut und genießen inzwischen ihren Lebensabend auf den Philippinen, umgeben von der angeheirateten Großfamilie. »Ich habe aber auch viele scheitern sehen im Laufe der Jahre«, erinnerte sich ein Industrieller bei einem Hintergrundgespräch. »Die kommen hier an, ohne Ahnung von Land und Leuten, aber voller Enthusiasmus und Tatendrang – meist stoßen sie sich ganz schnell die Hörner ab und verheddern sich im Bürokratiegewirr. Die Philippinen sind kein einfaches Ziel, wenn man sich etwas aufbauen will. Aber wenn man durchhält und es schafft, dann geht es einem hier richtig gut!«

Hochgezogene Augenbrauen zur Begrüßung

Einer der unbestrittenen Vorteile, die die Philippinen gegenüber ihren asiatischen Nachbarländern haben, ist die für Ausländer beruhigende Tatsache, dass Englisch als Lingua franca im Archipel weit verbreitet ist. Man findet letztlich immer jemanden, der Englisch spricht, allerdings kein britisches, sondern amerikanisches Englisch. Wobei die Filipinos dem Idiom einen melodischen Twist geben, der ebenso unverkennbar ist wie ein deutscher oder französischer Akzent. Es kann auch vorkommen, dass Einheimische, die sonst eher Tagalog sprechen, den Buchstaben »F« durch den Buchstaben »P« ersetzen. An diese Eigenheiten hatte ich mich schnell gewöhnt, auch daran, dass mein zu Beginn unserer Zeit in Asien noch stark ausgeprägter deutscher Akzent für Filipinos schwer zu verstehen war und zu allerlei Missverständnissen führte.

Als echte Stolpersteine erwiesen sich indes die permanent im Alltag benutzten Abkürzungen. So hatte ich während des Einzugs in unser erstes Apartment ein etwas surreales Gespräch mit einem Möbelpacker. »Ma'am, kann ich bitte Ihr CR mal benutzen?«, fragte er freundlich. Ich kramte vergeblich in meinem begrenzten Schulenglisch-Wortschatz und fragte zurück, was denn ein CR sei. »Naja, das ist ein comfort room«, sagte er, immer noch freundlich aber etwas dringlicher, und setzte gleich nach: »Ein restroom, Ma'am.« Ich war endgültig verwirrt – warum wollte der gute Mann einen Ruheraum aufsuchen? Und wo sollte sich ein solcher in meinem Apartment verstecken? Der arme Möbelpacker gab seine Höflichkeit auf und sagte: »Ma'am, ich muss mal dringend pinkeln.« Aha, ein CR ist also die philippinische Variante für WC! Diese wichtige Lektion war ebenso einprägsam wie nützlich, denn es gehört sich nicht, nach einer Toilette zu fragen.

Größere Schwierigkeiten machte mir zunächst auch das Zeitungslesen, denn die Überschriften der Artikel waren oft eine Ballung unverständlicher Abkürzungen. »GMA pushes for ChaCha«, hieß zum Beispiel eine Überschrift. Gemeint war: Gloria Macapagal-Arroyo – die damalige Präsidentin – setzt sich für »Charter Change« ein, die Änderung der Verfassung. Auch gut: »No ChaCha without ConCon«. Keine Verfassungsänderung ohne verfassunggebende Versammlung.

Viele SMS-Nachrichten, die in dem äußerst Gadget-affinen Land täglich zu Millionen verschickt wurden, konnte ich ebenfalls nur mit Hilfe entschlüsseln. Ein prägnantes Beispiel: C u 2nyte. Auch gut: Btw, will fwd msg asap. Nun, der erste Kurzzeiler bedeutet: »See you tonight« – wir sehen uns heute Abend. Die andere geheimnisvolle Nachricht besagt: »By the way, I will forward the message as soon as possible.« – Übrigens, ich leite dir die Nachricht so schnell wie möglich weiter. Abkürzungen haben den Vorteil, dass man weniger schreiben und sich daher schneller mitteilen kann. Und wenn man den Buchstabensalat erst mal drauf hat, benutzt man ihn ganz selbstverständlich. Mit den Smartphones und der automatischen Worterkennung hat der philippinische Code in der täglichen Kommunikation an Bedeutung verloren, Zeitungen sind indes noch immer sehr kreativ in der Benutzung von Abkürzungen.

Eine sprachliche Besonderheit trieb meine britische Sprachlehrerin oft an den Rand ihrer Contenance. Filipinos streuen das Wort »already« – schon – wahllos in den Redefluss ein. Ob es sich um ein Geschehen in der Vergangenheit, Gegenwart oder Zukunft handelt, ein »already« passt immer. Das saloppe »for a while« – einen Moment bitte – wird am Telefon statt des formaleren »please hold the line« – bitte bleiben Sie in der Leitung – benutzt. Wenn man diese Auskunft erhält, ob am Telefon oder in einem Geschäft, stellt man sich am besten gleich auf eine längere Wartezeit ein. Gewöhnungsbedürftig ist auch der kreative Gebrauch der Verben »open« – öffnen – und »close« – schließen. Wenn ein Filipino sagt: »Open the lights«, bittet er darum, dass jemand das Licht anmacht – die philippinische Variante von »turn on the lights«. Und während ein Engländer sagen würde: »Turn off the lights«, sagt ein Filipino eben »close the lights«.

Und dann ist da noch das Wörtchen »yes«, das im Inselstaat so ziemlich alles heißen kann. Von einem ehrlichen »Ja« über »Mal sehen« oder »Ich weiß nicht so recht« bis zu »Ehrlich gesagt, nein«. Ich habe so manchen Fettnapf erwischt, indem ich in meiner direkt-deutschen Art freundliche Fragen mit einem klaren Nein beantwortet habe. Irritierte Gesichter und hilflose Blicke waren die Reaktionen meiner einheimischen Gesprächspartner, denn ein Nein ohne Wenn und Aber hört man auf den Philippinen kaum, könnte es das Gegenüber doch verletzen oder in eine unangenehme Situation bringen. Lieber wird um den heißen Brei herumgeredet oder vom Thema abgelenkt. Oder wider besseres Wissen »Ja« gesagt, um Zeit zu gewinnen. Es wird sich schon herausstellen, dass man eigentlich Nein meinte. Ist die Antwort auf eine Verabredung zum Abendessen also ein spontanes »Yes, let's do that«, verstehe ich dies nicht als feste Zusage. Dahinter kann ebenso stecken: »Tut mir leid, ich habe keine Zeit.« Erst wenn ich bei späteren Nachfragen immer noch eine positive Antwort bekomme, weiß ich, dass die Verabredung steht.

Auch mit der Äußerung von Kritik bin ich vorsichtig geworden. Die Filipinos sind ebenso wie viele asiatische Nachbarn sehr darauf bedacht, dass das Gegenüber und man selbst das Gesicht wahren kann. Hat also ein Handwerker etwas falsch gemacht oder schlampig gearbeitet, und ich werfe ihm das direkt vor, stelle ich ihn bloß. Ich kann mir sicher sein, dass er sich keine Mühe geben wird, den Fehler zu beheben. Oder dass er andere Handwerker davor warnt, bei uns einen Job anzunehmen. Am besten verkleidet man Kritik in einen scherzhaften Spruch oder bittet freundlich darum, nochmal zu überprüfen, ob die Reparatur tatsächlich erfolgreich war.

Etwas länger als das Erlernen philippinischer Abkürzungen und Sprachvarianten hat es gedauert, die Körpersprache meiner Gastgeber zu entschlüsseln. Als Mittel der Kommunikation ist diese non-verbale Sprache im Alltag sehr verbreitet und man tut als Ausländer, der für längere Zeit auf den Philippinen bleiben will, gut daran, diese Zeichen zu begreifen. Wenn ich zum Beispiel im Vorbeigehen jemand grüßen will, den ich nur vom Sehen kenne, muss ich den Mund nicht aufmachen. Ich ziehe einfach beide Augenbrauen hoch, ein stummer, freundlicher Gruß, der von einem Lächeln begleitet werden kann.

Bei persönlichen Begrüßungen muss ich mich immer etwas anstrengen, um nicht gleich einen negativen Eindruck zu machen. Denn während es in unserem Kulturkreis üblich ist, durch einen festen Händedruck ein starkes Image zu kreieren, so ziehen die Filipinos einen kurzen, weichen Händedruck vor. Ein kräftiger Handschlag wirkt auf sie grob oder einschüchternd.

Frage ich einen Filipino, der entweder nicht an Ausländer gewöhnt ist oder nicht gut Englisch spricht, nach dem Weg, bin ich nicht überrascht, als Antwort eine vorgeschobene Unterlippe zu sehen. Dabei wird der Kopf in die Richtung gedreht, in die ich laufen soll. Die »dicke Lippe« dient im Alltag als Wegweiser. Ein Taxifahrer stoppt garantiert nicht, wenn ich ihm, wie ich es in Deutschland tun würde, mit einer zu mir gerichteten Schaufelbewegung des Armes signalisiere, dass ich mitfahren möchte. Stattdessen strecke ich den Arm mit der Handfläche nach unten aus, und wedele ausschließlich mit der Hand in meine Richtung.

Was von mir als Ausländerin nicht unbedingt erwartet wird, ist das Bemühen, sich aus Höflichkeit quasi unsichtbar zu machen. Aber wenn sich zwei Filipinos in einem engen Gang gegenüberstehen und unterhalten, wird eine dritte Person, die sich nicht außen vorbeiquetschen kann, mit gesenktem Kopf, gebücktem Rücken und vor der Brust aneinandergedrückten Händen zwischen den Redenden hindurchhuschen. Das Gleiche spielt sich ab, wenn jemand vor einer Schaufensterscheibe steht oder zu Hause im Sessel sitzt und Fernsehen schaut – sobald man also Gefahr läuft, andere bei einer Tätigkeit zu stören oder zu unterbrechen, faltet man sich zusammen und eilt rasch durch die Szene.

Den Filipinos gelten wir Deutschen ebenso wie andere westliche Nationen eher als mürrische oder unfrohe Menschen. Der Grund dafür ist, dass wir in der Regel eher ernst aussehen, und nur bei einer komischen Situation oder bei der Begrüßung befreundeter Personen lächeln. Die Bewohner der Philippinen hingegen haben ein umwerfendes Lächeln, das sie viel und gern zur Schau tragen. Allerdings ist die freundliche Mimik der Filipinos vieldeutig und kann allerlei Gefühlslagen widerspiegeln: Von Freude über Aufregung bis zur Unsicherheit. Ein Lächeln kann Traurigkeit überspielen oder sogar Ablehnung oder Distanz kaschieren. Das ist zunächst verwirrend und kann zu Missverständnissen führen, doch mit der Zeit lassen sich fragliche Nuancen oft entschlüsseln.

Die unendliche Langsamkeit der Tropen

Es ist ein heißer Nachmittag, in den Hochhausschluchten Manilas staut sich die schwüle Luft. Dampfsaunawetter, ganz typisch in der Regenzeit. Auch der Verkehr, oder besser der Stau, ist typisch. Mit zunehmend nervösen Blicken schaue ich auf meine Uhr, mein Arzttermin ist in 20 Minuten. Das ist kaum zu schaffen. Der Puls steigt in gleichem Maße wie meine Ungeduld. Als ich schließlich abgehetzt mit einer Viertelstunde Verspätung die Praxis betrete, lächelt mich die Arzthelferin strahlend an. »Sorry Ma'am, wir sind ein wenig hinter dem Zeitplan. Wollen Sie erst noch einen Kaffee trinken gehen?«

Ich bin reingefallen, mal wieder. Scheinbar gibt es Dinge, die ich nie lerne. Zum Beispiel, dass Pünktlichkeit auf den Philippinen nicht unbedingt eine Tugend ist, die einem schon im Kindesalter beigebracht wird. Im Gegenteil: Wer zur verabredeten Zeit an einem Treffpunkt auftaucht, wird in aller Regel alleine dastehen. Klopft man, so wie es auf der Einladung gedruckt zu lesen ist, um 20 Uhr beim Gastgeber einer Party an die Tür, bricht im Innern des Hauses Hektik aus, weil die Vorbereitungen noch im vollen Gange sind.

Pünktlich ist man, wenn man zu spät kommt. Das muss man auf den Philippinen akzeptieren, ebenso wie den grundsätzlich laxen Umgang der Filipinos mit Zeit und deren behäbige Einstellung zu so etwas wie Schnelligkeit oder »rasch mal etwas erledigen«. Viel zu oft hadere ich noch damit, dass ein Handwerker trotz aller Zusicherungen nicht vorbeischaut, um die defekte Klimaanlage zu reparieren. Nach dem Motto »Komme ich heute nicht, komme ich morgen auch nicht« funktionieren viele Dinge auf den Philippinen. Irgendwann werden sie erledigt – oder haben sich von alleine erledigt – nur eben ist es häufig nicht zum abgesprochenen Termin.

Geduld ist das Zauberwort, dass ich mir wie ein Mantra vorsage, leider ohne merklichen Erfolg. Wenn im Supermarkt die Kassiererin mal wieder einen netten Plausch mit ihrem Kollegen führt, der die Waren in Tüten verstauen soll, statt meine Einkäufe zügig zu scannen, kann ich mich nur an tiefenentspannten Tagen darüber amüsieren. Was gar nicht klappt, ist, mich dem verhaltenen Tempo meiner Gastgeber anzupassen. Denn die schlendern in Freundesgruppen oder der Familie im gemächlichen Flip-Flop-Schritt daher, gern die ganze Breite der Gehfläche einnehmend. Wozu die Eile, drücken ihre Blicke aus, wenn ich mich mit längeren Schritten vorbeidrücke. Doch selbst wenn ich ohne Termin unterwegs bin – meine Schrittfrequenz kann ich noch immer nicht auf den Landesdurchschnitt drosseln.

Dabei haben die Filipinos guten Grund, jegliche Hast zu unterlassen: Die unendliche Langsamkeit der Tropen erklärt sich eben auch durch das Klima. Wer sich draußen flott bewegt, ist in Nullkommanichts durchgeschwitzt. Es ist ein weitverbreitetes Phänomen, dass die Bewohner der südlichen Länder gemächlicher leben als ihre nördlichen Nachbarn. Und letztlich ist dieser stressfreie Lebensrhythmus der Filipinos ja auch ein Vorzug, der auf Urlauber zweifelsohne eine entspannende Wirkung hat.

Die Kunst des Frohsinns

Wenn mich jemand fragen würde, wie ich meine Gastgeber in einem Satz beschreiben würde, wäre meine Antwort: »Sie sind Frohnaturen.« Es ist für mich ein immerwährendes Faszinosum, wie heiter die Filipinos ihren oft schweren Alltag meistern. Zwar stehen die Philippinen im World Happiness Report von 2018 nur auf dem 71. Platz von insgesamt 104 gelisteten Ländern, gleich hinter dem kriegsgebeutelten Libyen und direkt vor dem von Drogen und Gewalt geprägten Honduras. Das schlechte Abschneiden des Inselstaates hat eine Erklärung: Die zugrunde liegenden Faktoren des Glücks-Rankings sind unter anderem Einkommen, Gesundheit und Lebenserwartung sowie funktionierende Sozialstrukturen und individuelle Entscheidungsfreiheit. Es verwundert also nicht, dass die Philippinen angesichts dieser Kriterien im unteren Drittel rangieren, während gleich fünf nordeuropäische Länder unter den Top Ten zu finden sind.

Auch in Asien können sich die Philippinen nicht rühmen, die glücklichste Nation zu sein. Dieses positive Attribut lockt zunehmend mehr Besucher in den kleinen Himalayastaat Bhutan, der zwischen Indien und China bis Mitte des letzten Jahrhunderts ein sehr abgeschiedenes Dasein fristete. Auf dem Papier ist Bhutan nach wie vor ein armes Land, doch was zählt, ist nicht das Bruttoinlandsprodukt, sondern das Bruttonationalglück, das in der Verfassung als Staatsziel festgeschrieben ist: »Der Staat bemüht sich, jene Bedingungen zu fördern, die das Streben nach Bruttoinlandsglück ermöglichen«, heißt es da in Artikel 9. Mit solch hehrem Streben können die Philippinen ebenso wenig punkten wie mit gesichertem Einkommen oder hoher Lebenserwartung. Arbeitslosigkeit, Armut und Perspektivlosigkeit bestimmen das Leben eines Großteils der Bevölkerung. Grund genug für latente oder offen zur Schau getragene Unzufriedenheit oder sich in Aggressionen umsetzende Frustrationen, so sollte man meinen.

Doch die Filipinos sind in dieser Hinsicht Lebenskünstler. Sie lassen keine Gelegenheit aus, eine gute Zeit zu haben, und das funktioniert am besten in der Gemeinschaft. Während ich es sehr genieße, mal eine ruhige Stunde mit einem guten Buch in einem Café verbringen zu können, wirkt das auf viele Filipinos eher deprimierend. »Die Arme sitzt da ganz allein am Tisch«, scheinen die Blicke zu sagen, die mich streifen. Und vielleicht ist es Einbildung, aber die Bedienung bemüht sich immer besonders, mit mir einen kleinen Plausch anzufangen, obgleich ich wirklich gern mein Buch lesen würde. Ein ruhiges Plätzchen dafür zu finden, ist gar nicht so einfach. Denn Filipinos sind, wie gesagt, am liebsten in Gruppen unterwegs und dabei äußerst kommunikativ. Jede noch so kurze Mittagspause oder nachmittägliche Merienda – das philippinische Äquivalent unserer Kaffee-und-Kuchen-Runden – wird zum Austauschen der neuesten Klatschgeschichten, dem Pläneschmieden fürs Wochenende oder den jüngsten Familientragödien gewidmet. Kreuz und quer wird geredet, ohne Punkt und Komma, dafür mit viel Gelächter.

Meine Freude am stillen Genuss einer freien Stunde steht immer im starken Kontrast zu den lauten Heiterkeitsausbrüchen am Nebentisch. Ich war daher nicht verwundert über die Aussage eines ehemaligen Kindermädchens, mit der ich mich bei einem Kaffee über ihre Arbeitsjahre in Deutschland unterhielt. Auf meine Frage, was für sie das Eigenartigste an Deutschland gewesen sei, antwortete die junge Filipina ohne Nachdenken: »Dass die Deutschen kein Problem damit haben, alleine zu sein. Das fand ich immer furchtbar traurig. Warum würde jemand freiwillig nicht mit Freunden zusammen sein? Und dann die Stille – vor allem Sonntagsmorgen wirken deutsche Orte wie ausgestorben, das ist so deprimierend.«

Es ist kein Zufall, dass Manila eine bemerkenswerte Fülle an Einkaufszentren zu bieten hat. *Malling* ist ein beliebter Zeitvertreib, den die Großfamilien vor allem am Wochenende gern betreiben. Während wir Deutschen einen Ausflug aufs Land machen, um dem Lärm der Großstadt zu entkommen und abzuschalten, tun die Filipinos gern das Gegenteil. Rein ins Getümmel, von morgens bis abends durch die langen, klimatisierten Gänge schlendern, nach Schnäppchen Ausschau halten, inklusive Mittagessen und Friseurbesuch, vielleicht reicht das Geld auch noch, um einen Film zu schauen. Die Kaufkraft der wachsenden Mittelschicht sowie der Empfänger von Geld aus dem Ausland spiegelt sich hier ganz famos wider. Geld ist für Filipinos zum Ausgeben da, Sparen oder Anlegen ist ein Konzept, das ein Großteil der Bevölkerung nicht attraktiv findet.

Sollte ein Filipino doch einmal ohne Gesellschaft sein, unterhält er sich selbst: Ich kenne kein Land, in dem so viel gesungen, geträllert, gesummt oder notfalls auch gepfiffen wird. Ob beim

Straße fegen, bei der Hausarbeit oder auf dem Weg zur Arbeit, Musik verschönert den Inselbewohnern ihren Alltag. Und Musik liegt dieser Nation im Blut, philippinische Entertainer sind weltweit gefragt. Ob auf Kreuzfahrtschiffen oder in Hotelbars, häufig stammen die Bands und die Sänger aus dem südostasiatischen Inselstaat.

Auch Tanzen ist eine naturgegebene Begabung der Filipinos, die sie mit großer Begeisterung ausleben. Mein Mann kann ein Lied davon singen, ist es in der Firma doch üblich, zu großen Festen wie Weihnachten eine Party mit Gesangs- und Tanzeinlagen zu veranstalten. Die Vorführungen geraten regelmäßig zu einem Wettbewerb zwischen den Abteilungen, die einander mit aufwendigen Kostümen und spektakulären Choreografien ausstechen wollen. Um die komplexen Schrittabfolgen bis zum großen Tag zu beherrschen, beginnt das Training Wochen vor dem Datum. Eine Stunde muss mein Mann sich zwischen grazilen Filipinas und gewandten Filipinos einreihen und so gut es eben geht den Rhythmus halten. Als eher hochgewachsener Mitteleuropäer scheidet Verstecken in der letzten Reihe aus.

Nichts bereitet Filipinos mehr Freude als Festivitäten; es gibt keinen Anlass, der nicht eine Party wert wäre. Doch ein Fest überstrahlt alle anderen in jeder Hinsicht: Weihnachten. Natürlich wird dieses Christenfest in einem katholischen Land zelebriert, doch über die Ausmaße waren wir, gelinde gesagt, überrascht. Wer hätte vermutet, dass die ungekrönten Weihnachts-Weltmeister dicht am Äquator zu finden sind? Ich staunte in unserem ersten Jahr in Manila nicht schlecht, als ich kurz nach der Rückkehr aus dem Sommerurlaub in den Schaufenstern dickbäuchige Santa-Claus-Figuren sah und aus allen Geschäften amerikanische *christmas carols* dudelten. »Bei uns beginnt Weihnachten mit dem ersten Monat, der auf ›ber‹ endet«, erklärte mir eine Freundin, »also September wie Dezember, verstehst du?« Noch immer konnte ich mir nicht vorstellen, dass nun vier Monate lang weihnachtlicher Ausnahmezustand herrschen sollte, doch ich wurde eines Besseren belehrt.

Mögen die Zeiten auch schlecht sein, die Politiker korrupt, ein Großteil der Bevölkerung furchtbar arm und einige Dutzend Familienclans unerhört reich – Weihnachten vereint die Filipinos in einem einzigartigen Festreigen. Dass »Dreaming of a white christmas« bei 30 Grad im Schatten auf ewig ein Traum bleiben wird, stört die Inselbewohner nicht. Mit großer Begeisterung verflechten sie westliche Traditionen mit landeseigenen Bräuchen. Christbäume werden oft bis zur Unkenntlichkeit mit Schmuck und Lichtern behängt. So sieht man wenigstens nicht, dass sie aus Plastik sind – importierte Nadelbäume magern in dem schwülheißen Klima nach wenigen Tagen zum Gerippe ab. *Parol* genannte Leuchten in Sternform strahlen und blinken mit den Weihnachtsbäumen um die Wette. Dieses philippinischste aller Weihnachtssymbole gibt es je nach Geldbeutel aus Bambus und dünnem Papier oder aus dem teuren Muschelprodukt Capiz.

Ein Muss in dem streng katholischen Land sind auch Krippenszenen, *Belen* genannt. In Parks und Einkaufszentren, in Büros und Schulen, aber auch in Gärten oder auf dem Vordach scharen sich die Figuren von Josef, Maria und den Heiligen drei Königen um Baby Jesus. Je bunter und aufwendiger, desto besser. Weihnachtsmuffel haben auf den Philippinen wahrlich nichts zu lachen. Denn auch das gab mir meine Freundin gleich mit auf den Weg: »Weihnachten, das ist für uns kein Fest, sondern ein Zustand.«

Zur Vorfreude auf das große Fest gehört wie bei uns natürlich auch die Aussicht auf die Bescherung. Während ich bis dato geglaubt hatte, ein verkaufsoffener Sonntag im deutschen Advent sei der ultimative Einkaufsstress, lernte ich in unserer neuen Heimat eine völlig andere Dimension des *christmas shopping* kennen. In Deutschland gilt es ja, »nur« Geschenke für Familie und Freunde zu ergattern. Auf den Philippinen, wo nicht nur die Familienclans und die Freundeskreise deutlich größer sind, ist die Liste derer, die ebenfalls mit einem Präsent oder zumindest einem Umschlag mit Geld bedacht werden müssen, viel länger. Darauf finden sich: Kollegen, Nachbarn, Freunde und Klassenkameraden der Kinder nebst aller Lehrer und Trainer, die Wachleute und Gärtner der Wohnanlage, der Wasserlieferant, die Haushaltshilfe, der Postbote – kurzum jeder, mit dem man im Jahresverlauf regelmäßig zu tun hat. Wehe dem, der nicht frühzeitig beginnt, sich um die Beschaffung und aufwendige Verpackung der Gaben zu kümmern. Reiche Filipinos delegieren diese Jobs an ihre Angestellten – verständlich, stehen auf deren Liste doch leicht mal mehrere Hundert Namen.

Glücklicherweise schießen ab Mitte Oktober überall *Tiangge* genannte Flohmärkte aus dem Boden, wo Leute mit schmalem Geldbeutel auf Geschenkejagd gehen. Wer ein größeres Budget hat, hetzt von einem »Xmas Bazaar« zum nächsten, die in Kongresshallen, Hotelsälen und klimatisierten Riesenzelten eher kühlen Kommerz statt stimmungsvollen Einkaufsbummel bieten. Ebenso wichtig wie die Geschenke ist die festliche Dekoration des Hauses. Dabei haben meine Kinder und ich gern mitgemacht, allerdings konnten wir den landesüblichen Standard nicht ganz erreichen. Mit unseren selbst gebastelten Strohsternen und dem hübschen, hölzernen Lichterbogen konnten wir nicht wirklich beeindrucken.

Auf den Philippinen gilt die Faustregel: Je bunter, blitzender und blinkender, desto besser. Sterne, Jesusfiguren oder Lichterketten leuchten selbst in einfachen Hütten in allen Spektralfarben. In den Wohngebieten der Wohlhabenden entbrennt gar ein regelrechter Wettkampf. Bodyguards, Fahrer und Gärtner müssen mächtig wuchten, um gewaltige Rentierschlitten, voluminöse Schneemänner und massive Santa-Claus-Figuren im Vorgarten oder auf den Balkonen der Residenzen in Szene zu setzen. So entsteht in tagelanger Arbeit ein tropisches »Winter Wonderland«, dessen nächtliche Illuminierung die Stromrechnung deutlich in die Höhe gehen lässt. Doch was soll's, Weihnachten ist ja nur einmal im Jahr – wenn auch für vier Monate.

Besinnlichkeit bei Kerzenschein und Glühweinduft können Filipinos nichts abgewinnen. Stattdessen dient die ultralange Vorweihnachtszeit als Anlass zu zahllosen Partys und Bällen. Ob als unprätentiöses Nachbarschaftsfest oder als glamouröse Veranstaltung mit mehreren hundert Namen auf der Gästeliste – alle Jahre wieder dreht sich der Festreigen bis zum 25. Dezember, dem eigentlichen Weihnachtstag, der freilich weder still noch wirklich heilig ist. Zwar wird er durch die Mitternachtsmesse feierlich eingeläutet, doch so mancher Kirchgänger mag mit den Gedanken statt bei der Geburt Jesu Christi schon bei der *Noche Buena* genannten Festivität sein, die ihn zu Hause erwartet. Dort biegen sich die Tische unter traditionellen Leckereien. Bei *lechon* – einem gegrillten Ferkel –, deftigem Weihnachtsschinken, viel Süßem und oft einer Menge Bier wird bis in die frühen Morgenstunden ungeniert geschlemmt. Nachbarn, Verwandte und Freunde sind herzlich willkommen, die Türen stehen die ganze Nacht offen. So zieht man am frühen 25. Dezember von Haus zu Haus, isst und lacht, feiert auf der Straße – bis die Ziellinie des Weihnachtsmarathons erreicht und es endlich Zeit für die Bescherung ist.

Spieglein, Spieglein an der Wand

Ich hatte noch eine Stunde Zeit vor der Verabredung zu einem Interview und beschloss, meine Haare, die sich in dem schwülen Klima lockig aufplusterten, zähmen zu lassen. In der Nähe des Treffpunktes war ein Einkaufszentrum, und wie sich an der Information herausstellte, gab es mehr als genug Friseurläden. »Oh ja Ma'am, wir haben fünf Salons, der nächste ist gleich da vorne«, sagte eine freundliche Filipina und wies mir den Weg. In den nächsten 45 Minuten war ich damit beschäftigt, dem Friseur zu versichern, dass ich tatsächlich nur einen Haarschnitt wollte. Und den möglichst binnen einer Dreiviertelstunde. Damit verstieß ich gleich gegen zwei Grundregeln der philippinischen Schönheits-Philosophie: Erstens ist der Besuch eines Salons dazu da, sich zu entspannen. Es ist kein Punkt auf einer To-Do-Liste, den man wie eine lästige Erledigung abhakt. Stattdessen werden einem eine im Preis inbegriffene Schulter- und Kopfmassage zuteil, während der Chef-Stylist seine Kunst noch an einer anderen Kundin unter Beweis stellt. Das Haarewaschen ist ein Ritual mit viel Schaum, noch mehr Massage und häufigen Fragen, ob die Wassertemperatur stimme und man vielleicht noch diese oder jene Spülung wolle.

Als der philippinische Friseurmeister schließlich stirnrunzelnd meinen Haarwust betrachtete, schwante mir nichts Gutes. »Mit einem Schnitt ist das nicht getan. Wir sollten dringend eine Haarkur machen, damit sie wieder etwas Glanz bekommen. Und vielleicht wollen Sie ihre Haare auch glätten lassen, dann sind sie zu Hause einfacher zu frisieren«, schlug er einfühlsam vor. »Nein danke, ich habe es ein wenig eilig, einfach schneiden bitte«, sagte ich und erntete hochgezogene Augenbrauen. Im Verlauf des folgenden, wenig unterhaltsamen Haarschnitts hatte ich verschiedene, gut gemeinte Angebote abzuwehren. »Wie wäre es mit einem foot spa und Pediküre, Ma'am? Oder Maniküre? Wir haben neuen Nagellack in tollen Farben«, versuchte eine junge Filipina mich zu überzeugen. Eine Kollegin wollte mir nach dem Haarschnitt die Augenbrauen zupfen und meine Gesichtshaut mit Cremes und Massagen jünger erscheinen lassen.

Meine Weigerungen, irgendetwas außer einem banalen Haarschnitt zu meiner Verschönerung zu unternehmen, war Regelverstoß Nummer zwei. Denn die Bewohner des Inselstaates lieben den schönen Schein und achten sehr auf ihr Äußeres. Das Märchen vom Mauerblümchen Imelda Marcos, die es zur Schönheitskönigin und Präsidentengattin gebracht hatte, verfehlt seine Wirkung nicht. Landauf, landab gibt es auf den Philippinen unzählige Schönheitswettbewerbe, bei denen die begehrten Krönchen vergeben werden. Übrigens auch an Männer und Kinder. Auch auf internationalem Parkett machen Filipinas eine gute Figur: Ob Miss Universe, Miss World oder Miss Earth – die begehrten Titel gehen regelmäßig auf die Philippinen. 2015 strahlte zum Beispiel die in Stuttgart geborene Deutsch-Filipina Pia Wurtzbach, als sie zur Miss Universe gekrönt wurde.

Es ist also kein Wunder, dass man buchstäblich an jeder Ecke einen Schönheitssalon findet oder eben beim Friseur ein mehrstündiges Komplett-Verschönerungs-Angebot genießen kann. Die Preise sind im Vergleich zu Deutschland niedrig, der Service ungleich besser. Wer sich die Dienste dennoch nicht leisten kann, verlässt sich auf Freundinnen oder Verwandte. Es ist in den ärmeren Wohngebieten ein verbreitetes Bild, dass Frauen vor ihrer kleinen Hütte sitzen und sich die Haare schneiden oder die Nägel lackieren lassen.

Ebenso wichtig wie gutes Aussehen ist den Filipinos ihre Reinlichkeit. Sie achten sehr auf Körperhygiene und duschen sich wenn möglich mehrmals täglich. Auch das findet notfalls nur durch einen Plastikvorhang vor neugierigen Blicken geschützt und mit einem Wasserbottich sowie einem *Tabo* genannten Schöpfer ausgestattet draußen vor dem Haus statt. Für Neuankömmlinge sieht es eigenartig aus: Viele Filipinos, vor allem Kinder, stecken sich am Rücken ein gefaltetes, kleines Handtuch ins T-Shirt oder die Bluse, das hinten am Kragen herausschaut. Es soll verhindern, dass die Kleidungsstücke in der tropischen Hitze zu rasch durchschwitzen und zu riechen beginnen. Notfalls kann man es auch benutzen, um sich den Schweiß von der Stirn zu wischen.

Doch nicht nur Körperhygiene wird großgeschrieben, auch die Kleidung soll gut riechen und sauber sein, selbst wenn sie bereits Löcher hat. In den beengten Wohnverhältnissen der ärmeren Viertel findet das Wäschewaschen ebenfalls im Freien statt. Es ist ein mühsames Geschäft, die Kleidung der oft großen Kinderschar sauber zu halten, doch Filipinas schrubben sich mit großer Energie und Geduld durch den Wäscheberg. Das Ergebnis ihrer Bemühungen trocknet dann auf Dächern, Zäunen oder an Leinen, die kreuz und quer zwischen den Hütten gespannt werden. Ein ordentliches Erscheinungsbild ist für Filipinos eine Sache der Ehre, unabhängig vom Geldbeutel oder der Wohnsituation, und wird solange wie möglich aufrechterhalten.

Das Angebot an Shampoos, Pflegespülungen, Körperlotionen und Deos in den Supermärkten und Drogerien der Städte ist beeindruckend. Längst habe ich mir angewöhnt, auf Autopilot zu stellen und mir bekannte Marken zu kaufen, statt mich der überbordenden Fülle zu stellen. Vor allem jüngere Filipinos sind da anders, mit Akribie studieren sie neue Produkte und chatten mit Bekannten über deren Vor- und Nachteile. Besonderes Interesse erwecken Mittelchen, die die braune Hautfarbe aufhellen sollen. *Whitening skin products* sind ein Allzeit-Verkaufsrenner auf den Philippinen. Dunkle Haut gilt als Merkmal der armen Schichten oder ethnischer Minderheiten und ist entsprechend unbeliebt. Während meine Töchter sich also um eine aus europäischer Sicht attraktive Sonnenbräune bemüht haben, versuchten ihre philippinischen Freundinnen ihre naturgegebene Bräune künstlich aufzuhellen und mehr wie westliche Bleichgesichter auszusehen. Es ist ein ungleicher Wettkampf, denn die Sonne macht ihre Sache deutlich besser als die teuren Kosmetikprodukte.

Einen lockeren Umgang pflegen die Filipinos indes mit üppiger Körperfülle. Obgleich sie von Natur aus eher von zierlicher Statur sind und die Schönheitsköniginnen des Archipels ein graziles und schlankes Model-Ideal verkörpern, sieht man zunehmend dicke Menschen. Überflüssige Pfunde sind indes kein Grund, sich unwohl in der eigenen Haut zu fühlen. Im Gegenteil, ein übergewichtiger Körper signalisiert, dass man ausreichend zu essen hat. Die Werbeindustrie bedient sich dicker Kinder, die pausbäckig von haushohen Plakaten für Fast-Food-Ketten, Sardinen und Corned Beef in Dosen oder zuckersüße Limonaden strahlen. »Das sollte mal einer bei uns versuchen«, wunderte sich ein Freund aus Deutschland, als wir im Stau stehend Zeit hatten, ein solches Werbebanner ausgiebig zu studieren. »Das ginge doch gar nicht, oder?« Damit hat er Recht: Während Übergewicht gerade bei Kindern aufgrund falscher Ernährung und mangelnder Bewegung in Deutschland und anderen Industriestaaten als problematisch gilt, gelten dicke Kinder hier eher als *cute,* also niedlich.

Kalorien zählen und fette Speisen meiden ist noch kein Trend im Inselstaat. Einen Geburtstag bei Jollibee, der einheimischen, äußerst populären Variante amerikanischer Fastfoodketten, zu feiern, ist für viele philippinische Kinder das Größte. Lokale Gerichte basieren oft auf Fleisch, vor allem dem günstigeren Schweinefleisch. Vegetarier oder gar Veganer müssen selbst in der Hauptstadt nach entsprechenden Restaurants suchen, auch das Angebot an Bio-Produkten ist sehr überschaubar. Der Einfluss des Westens ist in diesem Bereich noch begrenzt, Schlankheitswahn und Fitnesswelle haben um die Philippinen bisher einen Bogen gemacht.

Keine Angst

»Sag mal, was ist denn hier los? Habt ihr Terroralarm oder so was?« Unsere Freunde waren gerade erst in Manila angekommen, doch auf der halbstündigen Taxifahrt vom Flughafen zu unserem Haus hatten sie »so viele schwer bewaffnete Wachleute gesehen wie in keinem anderen Land bisher«. Ich war kurz verblüfft und überlegte, ob ich ein Attentat verpasst hatte oder mal wieder ein Putschversuch befürchtet wurde. Doch dann wurde klar, dass unsere Freunde nur eine Situation beschrieben, die für uns zum Alltag gehört und daher gar nicht mehr ins Bewusstsein dringt.

Tatsächlich stehen in den Städten an den Eingängen der vielen Einkaufszentren, vor Banken und Hotels und häufig auch bei Restaurants und Coffee Shops bewaffnete Wachleute an den Türen. Trotz des martialischen Anscheins halten sie den Kunden aber wie ein Concierge mit freundlichem Lächeln die Tür auf oder stochern allenfalls mit einem Holzstöckchen in der Handtasche herum, ohne wirklich einen Blick hineinzuwerfen. Fahre ich in eine Tiefgarage, presse ich ganz automatisch den Knopf, der den Kofferraum entriegelt. Ein Wachmann mit Pistole am Gürtel und Gewehr vor der Brust öffnet die Klappe pflichtbewusst – aber nur halb und ohne wirklich hineinzuschauen. Einen Blick ins Innere des Wagens kann er ohnehin nicht werfen, denn die Scheiben unseres Autos sind wie die aller anderen Vehikel gegen die Tropensonne mit dunklen Folien geschützt. Zum Abschluss kommt noch pro forma der Fünf-Sekunden-Check des Unterbodens mit einem langen Spiegel, dann ist das Ritual erledigt. »Vielen Dank Ma'am, Sie können jetzt fahren«, entlässt mich der Uniformierte freundlich. Hätte ich tatsächlich Sprengstoff an Bord, könnte ich ihn problemlos in die Tiefgarage schmuggeln.

Aber was soll das dann alles, mag man sich fragen. »Die Wachleute und Kontrollen müssen sein, weil sie den Kunden ein Gefühl der Sicherheit vermitteln. Wer sein Restaurant oder Geschäft nicht von bewaffnetem Personal schützen lässt, der kann sicher sein, dass wohlhabende Leute es nicht betreten werden. Wir werben damit, dass wir besonders strenge Sicherheitskontrollen haben, und das zahlt sich aus«, erklärte mir ein Hotelmanager, zu dessen Büro ich für ein Interview erst nach zahlreichen Checks hatte vordringen können.

Allerdings gibt es zahlreiche Filipinos, die sich nicht auf die omnipräsenten Polizisten und Wachleute verlassen. Reiche Geschäftsleute, prominente Sport- und Filmstars oder einflussreiche Politiker haben immer Personenschützer bei sich. Die Kinder dieser einheimischen Elite werden jeden Morgen mit einer kleinen Eskorte an unserer Schule abgeliefert. Immerhin: Bewaffnete Personenschützer dürfen nicht aufs Schulgelände. Was dazu führt, dass die Waffenkonzentration vor der Schule vor Unterrichtsbeginn und nach Unterrichtsende eine der höchsten in der Hauptstadt sein dürfte. Wenn wir abends mal ausgehen, sehen wir die Männer mit Knopf im Ohr vor den feinsten Lokalen Manilas warten. Ein klares Zeichen, dass drinnen ein VIP speist.

Doch nicht nur Profis tragen Waffen, Filipinos sind ebenso wie Amerikaner versessen darauf, ein Schießeisen zu besitzen. Genaue Zahlen lassen sich schwer ermitteln, denn der Schwarzmarkt ist unübersehbar, doch Schätzungen zufolge sind Millionen Revolver, Pistolen, Schrotflinten und Gewehre im Besitz von Privatpersonen. Um den Bedarf zu decken, werden viele Waffen eingeschmuggelt und unter dem Tresen angeboten. Neben legalen Herstellern gibt es landesweit zudem kleine, illegale Waffenschmieden.

Auf unsere Freunde wirkte das alles sehr beunruhigend: »Wie sieht es denn nun aus mit der Sicherheit?«, wollten sie wissen. Es fiel mir nicht schwer, eine Antwort zu finden: »Als Ausländer braucht ihr euch wenig Sorgen zu machen.«

Tatsächlich sind wir auf den Philippinen nie persönlich in Bedrängnis geraten oder haben eine Szene erlebt, in der Waffen zum Einsatz gekommen wären. Zum einen scheint das Konzept des bewaffneten Wachpersonals zu funktionieren. Zum anderen sind es reiche Einheimische, vor allem Geschäftsleute chinesischer Abstammung, die von Kriminellen ins Visier genommen werden. Sie haben nicht ohne Grund Bodyguards dabei, denn für sie sind Kidnapping und Lösegelderpressungen reale Gefahren. Und es stimmt: In den Zeitungen kann man täglich von Kapitalverbrechen lesen, die Mordrate im Land ist hoch. Dass ein Ausländer Opfer einer schweren Straftat wird, ist indes eine Ausnahme.

Mein Rat an Besucher ist immer, den gesunden Menschenverstand zu benutzen und aufmerksam zu sein. Das heißt, sich abends von verrufenen Gegenden oder Etablissements fernzuhalten. K.o.-Tropfen sind ein beliebtes Mittel, um unvorsichtige Ausländer in Bars zu betäuben und nachher in aller Ruhe auszurauben. Auch Taschendiebstahl im Gedränge oder das Unterjubeln von Falschgeld beim Einkauf oder Taxifahren kann einem den Urlaub vermiesen.

Die größten Gefahren bestehen in Gebieten, in denen die kommunistische Untergrundorganisation NPA (New People's Army), die sich regelmäßig blutige Gefechte mit dem philippinischen Militär liefert, oder islamische Freiheitskämpfer wie die Abu Sayyaf das Sagen haben. Letztere haben seit Beginn der 2000er Jahre immer wieder durch Entführungen Schlagzeilen gemacht. Wenn die geforderten Lösegelder nicht gezahlt werden, enthaupten die Terroristen ihre Opfer häufig, gleichgültig, ob es sich um Landsleute oder Ausländer handelt. Das Auswärtige Amt warnt daher vor Reisen in Gebiete Mindanaos, der Sulu-See oder in den Süden Palawans.

Aber zu denken, dass die Philippinen per se ein Sicherheitsrisiko für jeden Urlauber oder sogar Durchreisende darstellen, ist falsch. Ich war schon ein wenig fassungslos, als mich die E-Mail einer Unbekannten erreichte, die meinen Namen per Google gefunden hatte. Die Frau stellte sich als besorgte Mutter vor, deren volljährige Tochter einen Flug buchen wolle, bei dem sie in Manila umsteigen und einige Stunden im Flughafen verbringen müsse. Ob das nicht doch zu gefährlich sei, wollte die Frau wissen. Nein, sei es nicht, lautete meine Antwort. Meine Familie und ich seien doch Beweis genug, dass man sogar einige Jahre auf den Philippinen überleben könne.

Ungeschriebene Gesetze

Nach einigen Jahren in China sind wir im Sommer 2018 auf die Philippinen zurückgezogen. In der Hoffnung, dass unsere frühere Haushaltshilfe, die uns sehr ans Herz gewachsen war, einen Job brauchen könnte, kontaktierte ich sie. Doch sie bat mich, stattdessen ihre jüngere Schwester einzustellen, die vier Kinder, aber keine Arbeit habe. »Linda hat zwar noch nie für Ausländer gearbeitet, aber sie wird sich schnell dran gewöhnen«, so die optimistische Vorhersage. Lindas erster Arbeitstag war der Tag unseres Einzugs in das neue Haus. Es herrschte Chaos, überall standen Kisten, Schränke und Regale wurden aufgebaut, der Schweiß lief allen Beteiligten trotz Klimaanlage die Schläfen hinunter. Jede helfende Hand konnte also gebraucht werden.

Nach einem kurzen Rundgang durchs Haus zur Orientierung bat ich unsere Haushaltshilfe, rasch die Küchenschränke auszuwaschen, bevor wir das Geschirr einräumten. Danach sollte sie im oberen Stock dasselbe mit den Kleiderschränken tun. Mit einem lächelnden »Yes, Ma'am« wandte sich Linda ab, um mit der Arbeit zu beginnen. Jedenfalls vermutete ich das, und kümmerte mich um das Auspacken der Bücherboxen. Die Bemerkung eines Möbelpackers irritierte mich wenig später: »Ma'am, es tut mir leid, aber in der Küche kommen wir grad nicht weiter, der Boden ist ganz nass.« Tatsächlich glänzten die Fliesen feucht, es roch nach Reinigungsmitteln. »Linda, hast du den Boden gewischt?«, rief ich. »Yes, Ma'am«, erschallte es aus dem oberen Stockwerk. Die Küchenschränke waren indes weiter von einer Staubschicht überzogen.

Was war geschehen? Ich hatte im Durcheinander des Einzugs vergessen, dass Linda nie nachfragen würde, wenn sie mich schlecht oder gar nicht verstanden hätte. Das gebietet den Filipinos ihr *hiya*, ihr Scham- und Ehrgefühl. *Hiya* sorgt in vielen Lebenslagen dafür, dass peinliche Situationen vermieden werden können. Und klarzumachen, dass man seinen Boss nicht versteht, könnte für beide Seiten peinlich sein. Um *hiya* willen wird also brav genickt statt nachgefragt. Aus demselben Grund kann man sich auch nicht darauf verlassen, dass einem ein Filipino einen Hinweis gibt, wenn etwa der Reißverschluss der Hose auf ist oder am neuen T-Shirt noch ein Preisschild klebt. *Hiya* kann es auch mit sich bringen, dass Filipinos ihren Vorgesetzten ein wertvolles Geschenk machen, das sie sich eigentlich gar nicht leisten können. Oder sich für Festivitäten, zu denen Gäste erwartet werden, Geld borgen, um opulentes Essen auftischen zu können.

Linda und ich hatten noch einige *hiya*-Momente, doch mit Langmut und Freundlichkeit haben wir sie aus dem Weg geräumt. Als Ausländer – vor allem, wenn man länger auf den Philippinen bleiben möchte – ist es ratsam, *hiya* und andere gesellschaftlich erwartete oder akzeptierte Verhaltensregeln zu verstehen. Auch wenn die ältere Generation beklagt, dass diese traditionellen Normen und Werte zumindest in den Städten allmählich an Wichtigkeit verlören. Die jungen Filipinos orientierten sich zunehmend am westlichen Streben nach Individualität und Unabhängigkeit, so die gängige Klage.

Aus meiner Sicht stimmt dies nur bedingt. Zwar sind die Verhaltenscodices auf den Philippinen längst nicht so rigide wie zum

Beispiel in Japan, dennoch ruht die philippinische Gesellschaft auf einigen soliden Säulen. Da ist beispielsweise auch die althergebrachte Gepflogenheit, sich für das Gemeinwohl einzusetzen. *Bayanihan* heißt die Sitte, die die Gruppe über das Individuum stellt. Diese Art der Solidarität und Kooperation kommt in vielen Situationen zum Ausdruck. Ob bei einfacher Nachbarschaftshilfe, bei aufwendigen Projekten wie einer von den Eltern und Lehrern durchgeführten Schul-Renovierung oder aber nach einer privaten Tragödie. Filipinos können sich auf die Unterstützung und Hilfe ihrer Nachbarn, Bekannten, Kollegen und natürlich der Familie verlassen. Besonders wichtig und offenkundig wird *bayanihan* nach einer Naturkatastrophe. Wer das Glück hatte, dass sein Haus nach einem Taifun noch steht, lässt selbstredend obdachlos gewordene Nachbarn bei sich wohnen. Man rückt zusammen, und teilt das Wenige, das es gibt. Beim Wiederaufbau packen alle gemeinsam an, Drückeberger werden geächtet.

Im Zusammenhang mit *bayanihan* steht ein Verhaltensmuster, das das harmonische Miteinander garantieren soll und den gemeinschaftsliebenden Filipinos leichtfällt. *Pakikisama* umschreibt die Kunst, sich als Individuum einer Gruppe anzupassen – selbst, wenn es einem nicht in den Kram passt. Ob es die Auswahl eines Kinofilms ist oder die Entscheidung, in welches Restaurant man geht – wichtig ist, dass Konflikte oder Streite vermieden werden. Im Geist von *pakikisama* wird ein Vegetarier also mit ins »All you can eat«-Steakhaus gehen oder eine romantisch veranlagte Filipina nicht auf einer Liebeskomödie bestehen, sondern einen Horrorfilm mit ihrer Gang anschauen. Diese Art der Anpassung erfordert vor allem von westlichen Ausländern, sich zu zügeln. Ich habe es mir angewöhnt, mich in Entscheidungssituationen soweit es geht herauszuhalten. Ein nettes »Sucht ihr bitte aus, ich kenne mich hier nicht so gut aus« oder ein saloppes »Mir ist alles recht« kommt deutlich besser an, als wenn ich in direkter Manier für oder gegen etwas argumentieren würde.

Etwas, was ich an den Filipinos ebenso bestaune und mitunter bewundere, ist ihre Fähigkeit, die Härten des Lebens – die für

Millionen Bewohner der Philippinen den Alltag bestimmen – mit stoischer Ergebenheit zu ertragen. Man mag es fatalistisch nennen oder resigniert. Aber wenn Filipinos mit heiklen Situationen oder ihrem Leben in Armut und Elend überfordert sind, murmeln sie ein *bahala na*, kurz für *bahala na ang diyos* – Gott wird's schon richten, so hoffen die gläubigen Christen im Archipel. Und statt nach einer Lösung für ein Problem zu suchen oder sich gegen ein vorgeblich unausweichliches Schicksal aufzulehnen, überträgt man diese Aufgaben einer höheren Macht. Das Stoßgebet der Unglücklichen und Unzufriedenen begegnet einem auf den Philippinen häufiger als lautstarke Proteste oder wütendes Aufbegehren.

Für mich spiegeln sich in dem ergebenen *bahala na* Wesenszüge wider, die mir als Deutscher fremd waren und auch bleiben werden. Zu sehr sind wir daran gewöhnt, des »Glückes eigener Schmied« zu sein. Probleme sind schließlich da, um gelöst zu werden! So lautet das liberale Rezept fürs Leben. Nur, die Probleme, mit denen man in der Regel in Deutschland konfrontiert wird, unterscheiden sich fundamental von denen, die ein Großteil der philippinischen Bevölkerung tagtäglich bewältigen muss. Der aufklärerische Glaube an die eigene Vernunft und die eigene Fähigkeit, Dinge zu verstehen, Probleme zu lösen, benötigt eine Grundlage. Wenn Armut und Hoffnungslosigkeit einen von Kindesbeinen an auszehren, die Kindheit nach der Grundschule endet und über Generationen kein Weg aus dem Elend zu führen scheint, dann kommt man wohl an den Punkt, an dem ein gemurmeltes *bahala na* Entlastung schafft oder einem Halt gibt.

Als Ausländer mag einem diese stoische Einstellung dem eigenen Schicksal gegenüber eigenartig erscheinen. Ebenso wie der mitunter überbordende Frohsinn, der allen Filipinos in die Wiege gelegt zu sein scheint, gleichgültig zu welcher Gesellschaftsschicht sie gehören. Aber diese Wesenszüge, ebenso wie viele andere typische Eigenheiten, kennen- und akzeptieren zu lernen, ist eine spannende Aufgabe. Und gar nicht so selten wünschte ich mir, in angespannten Situationen ein wenig »philippinischer« zu sein.

Nachwort

»Mama, ist es nicht verrückt, dass wir in ein Flugzeug steigen und nach einigen Stunden in einer ganz anderen Welt landen?« Mit dieser Frage brachte mich eine meiner Töchter zum Innehalten, als ich übermüdet zwar und mit Rückenschmerzen nach dem langen Flug von Manila, aber doch sehr froh über den anstehenden Sommerurlaub in Deutschland, in Frankfurt Richtung Passkontrolle strebte. Die trainierte Geschäftigkeit, um mit zwei kleinen Kindern die Unbilden des Flughafenbetriebs reibungslos zu meistern, wich der Besinnung darauf, dass wir tatsächlich in verschiedenen Welten, den Philippinen und Deutschland, zu Hause waren. Und dass wir auf den Philippinen ebenfalls schockierend unterschiedliche Lebenswelten kennengelernt haben, zwischen denen nicht knapp 10 000 Kilometer, sondern nur wenige hundert Meter liegen. Hier Luxus im Überfluss, dort Elend ohne Perspektive. Es sind Kontraste, die das menschliche Empfindungsvermögen überfordern. Oder zumindest meines. Regelmäßig bin ich daran gescheitert, Ordnung in meine aufgewühlten Gedanken und Gefühle zu bringen. Morgens mit zehnjährigen Kindern, die seit Monaten wegen Lebensmitteldiebstahls unter üblen Bedingungen im Knast sitzen, für eine Reportage sprechen. Abends dem eigenen Kind eine Gute-Nacht-Geschichte vorlesen, das Lieblingskuscheltier reichen und das kleine Sternenlicht anschalten.

Aber das sind die Philippinen, hier leben Reichtum und Armut Tür an Tür. Und ab und an schafft es jemand, Einlass in die Welt von Pomp und Pracht zu finden. Manny Villar ist so einer: Als Junge verkaufte er Fische im Armenviertel Tondo, jetzt ist er ein Immobilientycoon und der reichste Mann des Landes. Das Forbes-Magazin schätzt sein Vermögen auf 15,5 Milliarden

US-Dollar. Es gibt sie, diese wunderbaren Geschichten vom steilen Aufstieg eines cleveren Burschen. Und vielleicht machen sie manchem auch Hoffnung und spornen junge Filipinos an.

Als ich neulich früh abends an einem belebten Platz auf eine Freundin gewartet habe, strebten um mich herum Aberhunderte Berufstätige dem Feierabend entgegen. Es waren fast ausschließlich Menschen unter 30 Jahren, ein Ausdruck dessen, wie jung die Bevölkerung der Philippinen ist. Ihnen gehört die Zukunft, so heißt es ja. Und sie waren gut drauf, scherzten mit ihren Freunden und Kollegen, viele hatten einen Kaffeebecher oder einen Snack in der Hand. Sie gehören zu den Glücklichen, denn sie haben einen Job im eigenen Land gefunden, und müssen nicht als OFW in der Fremde malochen. Das macht sie sicher zufrieden, dachte ich mir, und freute mich über die gute Stimmung. Ein wenig Wehmut war auch dabei, denn es ist absehbar, dass unsere Zeit auf den Philippinen sich dem Ende zuneigt. Das »sich aus der einen Welt hinaus- und in die andere Welt hineinkatapultieren« wird es nicht mehr geben. Deutschland hat sich sehr verändert in den vergangenen knapp zwei Jahrzehnten, die wir weg waren. Und die Philippinen? Nicht wirklich, leider. Die Ungleichheit, die Korruption, zementierte gesellschaftliche Strukturen – das Land braucht einen Aufbruch, einen Um- und Aufbau. Wird das Heer der Armen auf die Straße gehen und für Veränderung streiten? Ich bezweifle es. Wird die große Masse der jungen Filipinos das 21. Jahrhundert dazu nutzen, für Reformen zu kämpfen? Ich hoffe es.

»Pearl of the Orient seas, our Eden lost!«, so beschrieb der von den Spaniern verurteilte Nationalheld José Rizal in dem wenige Stunden vor seiner Exekution entstandenen Gedicht »Mi ultimo Adios« – Mein letzter Abschied – sein geliebtes Vaterland. Das verlorene Land Eden. Stück für Stück, davon möchte ich überzeugt sein, kann es wieder entstehen. Auch José Rizal glaubte daran: »The Youth is our Future«, beschwor der Freiheitskämpfer seine Zeitgenossen. Mehr als 120 Jahre später ist Rizal so aktuell wie während der Revolutionszeit im 19. Jahrhundert.

Anhang

Dank

Dieses Buch zu schreiben hat für mich viele Begebenheiten aus unserer Zeit auf den Philippinen wieder zum Leben erweckt. Meine Erfahrungen sind eng verknüpft mit den Menschen, die mir beruflich und privat begegnet sind und mir Einblick gewährt haben in ihr Leben. Ihre Offenheit, Hilfsbereitschaft und Herzlichkeit haben aus dem Gastland Philippinen unsere zweite Heimat gemacht. Großer Dank gilt Jenny Piñon, Edgardo Arceo, Mae Evangelista und Anita Antonio. Es gab keine Frage zu den Philippinen, die Jay Montelibano-McLeod nicht beantworten konnte – *maraming salamat po!*

Familie ist alles: Jürgen, Leonie und Birte – was für eine spannende Reise es war und ist mit euch. Tausend Dank dafür.

Literatur, Zeitschriften, Filme

Literatur

Rüdiger Bertram: Knastkinder. Reinbeck 2009
Ein Jugendroman, der die bittere Wirklichkeit tausender inhaftierter Kinder und Jugendlicher auf den Philippinen abbildet. Ein Junge, der mit seinen Eltern für die Ferien gekommen ist, gerät unschuldig und durch eine Verkettung unglücklicher Umstände ins Visier der Polizei. Er landet im Knast und erlebt die grausame Realität philippinischer Minderjähriger, die in völlig überfüllten Zellen Aggressionen, Hunger und Krankheit ausgesetzt sind.

Roland Dusik: Philippinen. Stefan Loose Travel Handbücher. Berlin 2017
Der Autor und Fotograf Roland Dusik bereist seit mehr als drei Jahrzehnten den philippinischen Archipel. Mit dem nötigen Respekt vor der Kultur des Landes und der Mentalität der Menschen recherchierte er sorgfältig diesen Reiseführer, der nicht nur zu den schönsten Plätzen des Inselreiches führt, sondern den Lesern zugleich einen Einblick in die Besonderheiten – die guten und die nicht so guten – des Landes gibt.

Thomas Graham: The Genius of the Poor. Manila 2014
Der englische Journalist Thomas Graham klappt sein Laptop nach einem Interview des Gawad-Kalinga-Gründers Tony Meloto zu und krempelt die Ärmel hoch. Anstatt sich von Meloto die Umwandlung von Elendsquartieren in bunte und funktionierende Wohngebiete erklären zu lassen, packt er selbst mit an. Mit Empathie und journalistischer Genauigkeit erfasst Graham die Widerstandskraft und innere Stärke der armen Filipinos und beschreibt fasziniert ihren Kampf für eine bessere Zukunft.

Fedor Jagor: Reisen in den Philippinen. Berlin 1982
Das Werk des deutschen Ethnologen, der 1859/60 auf den Philippinen weilte, gilt als präziseste und bestens recherchierte Beschreibung des Archipels zur Zeit der spanischen Kolonialherrschaft. Mit großer Neugier hat Jagor den Archipel bereist, so manches Ungemach in Kauf genommen, um seine Reiseberichte so detailliert wie möglich schreiben zu können. Ein Klassiker der Reiseliteratur.

Francisco Sionil Jose: Gagamba. Der Spinnenmann. Mark Landin 2014
Ein anrüchiges Luxusrestaurant in Manilas Nachtclubviertel Ermita stürzt bei einem Erdbeben ein, es gibt kaum Überlebende. Unter den Opfern sind Reiche wie Arme, Ausländer wie Einheimische, urbane Filipinos und solche vom Land – wie unter einer Lupe lässt Sionil den letzten Tag im Leben der Toten Revue pas-

sieren und zeichnet so ein komplexes Abbild der philippinischen Gesellschaft.

Bodo Kirchhoff: Infanta. Frankfurt 1990
Ein Liebesroman zwischen einer schönen jungen Filipina und einem junggebliebenen Deutschen. Mitwirkende sind fünf alte Missionare als lebensweise Kuppler. Der Ort des Geschehens: die schwüle Dschungellandschaft von Mindanao. Was nach einem grausigen Schundroman klingt, ist eine eng verwobene, atmosphärisch ungeheuer dichte Geschichte, die Kirchhoff mit philippinischer Allmählichkeit ausbreitet.

Belen T. G. Medina: The Filipino Family. Quezon City 2001
Obgleich in akademischem Umfeld entstanden, gelingt es der Autorin bei aller Recherche-Sorgfalt, die philippinische Familie und ihre überaus wichtige Rolle in der Gesellschaft begreifbar zu machen. Auch gern unter den Teppich gekehrte Themen wie Doppelmoral, Ehebruch und die Belastung der Familie als Institution durch die langen Abwesenheiten der Arbeitsmigranten werden beleuchtet.

Andy Mulligan: Trash. Reinbeck 2011
Der mehrfach ausgezeichnete und 2014 verfilmte Roman des Engländers Andy Mulligan ist nicht nur jugendlichen Lesern zu empfehlen. Die Abenteuer- und Krimigeschichte der drei Jungen Raphael, Gardo und Jun-Jun (Rat) spiegelt die Realität bettelarmer Müllkinder in Entwicklungsländern wie den Philippinen oder Brasilien ebenso wider wie das unlautere Gebaren der korrupten Elite. Zwar wird das Land nicht genannt, doch der Bezug zu den Slums von Manila, wo Mulligan zuletzt als Lehrer an einer internationalen Schule tätig war, ist unübersehbar. In der Filmversion spielt die Geschichte jedoch in einer brasilianischen Favela.

José Rizal: Die Rebellion. Heidelberg 2016
Bereits 1891 erschien das Buch des philippinischen Nationalhelden im belgischen Gent. Es reiht sich ein in Rizals literarische Werke

»Noli me Tangere« und »El Filibusterismo«, die die Herrschaft der spanischen Kolonialherren und der katholischen Kirche auf den Philippinen anklagen und den Funken der Revolution in seiner Heimat legten.

Aries C. Rufo: Altar of Secrets. Sex, Politics and Money in the Philippine Catholic Church. Manila 2013
Hinter den dicken Mauern der katholischen Kirchen hüllen sich Bischöfe und Priester in Schweigen über sexuellen Missbrauch und gravierende finanzielle Misswirtschaft. Aries C. Rufo hat einige der gut gehüteten Geheimnisse enthüllt und wirft ein Schlaglicht auf die jahrelang erfolgreiche politische Einflussnahme des Klerus. Reformen seien nötig und wären möglich, meint er – wenn die mächtigen Bischöfe ein Einsehen hätten.

Thilo Thielke: Philippinen. Unterwegs im Land der 7000 Inseln. Frankfurt 2011
Obgleich der langjährige Südostasienkorrespondent nie auf den Philippinen gelebt hat, merkt man seinen Geschichten an, dass ihn »diese schrille und reichlich extravagante Tropenwelt immer schon angezogen hat«. Mit genauem Blick und leichter Schreibe erzählt Thielke von Begegnungen mit VIPs und kleinen Leuten, von seinen Reisen in die Provinz und Erlebnissen im Moloch Manila.

Marites Danguilan Vitug: Rock Solid. How the Philippines won its Maritime Case against China. Manila 2018
Die vielfach ausgezeichnete Investigativjournalistin und Buchautorin macht den »Jahrhundertsieg« der Philippinen in der territorialen Auseinandersetzung mit China im Südchinesischen Meer für juristische Laien begreifbar. Wie weitreichend der Konflikt tatsächlich ist, stellt Vitug in Kapiteln über Fischereigründe, natürliche Ressourcen und die bedrohte nationale Sicherheit dar.

Zeitschriften

https://www.inquirer.net (Tageszeitung)
https://www.philstar.com (Tageszeitung)
https://www.rappler.com (Online-Nachrichten und Hintergrundberichte)

Filme

»Imelda«, 2003, Regisseurin: Ramona S. Diaz
Sehenswerte Dokumentation über die Diktatorenwitwe Imelda Marcos, in der sie selbst die Hauptrolle spielt. Unfreiwillig entlarvt sie ihre Extravaganzen und Schrullen, viele Interviews und Archivaufnahmen bereichern die (Selbst)-Darstellung.

»Lola«, 2009, Regisseur: Brillante Mendoza
Ein berührender Film über zwei mittellose Großmütter (Lolas), deren Leben durch einen Schicksalsschlag miteinander verknüpft wird: Der Enkel der einen soll den Enkel der anderen bei einem Raubüberfall umgebracht haben. Während die eine Lola versucht, das Geld für die Beerdigung zusammenzukratzen und einen Prozess anzustrengen, bemüht sich die andere, Geld für die Kaution aufzutreiben.

»Blanka«, 2018, Regisseur: Kohki Hasei
Dieser vielfach ausgezeichnete Film um ein junges Mädchen mit außergewöhnlicher Stimme, dass auf den Straßen Manilas dank der Hilfe des blinden Musikers Peter überlebt, hat viele Kritiker bei verschiedenen Filmfestivals begeistert. Ohne Zuckerguss beschreibt er den Kampf Blankas um ein besseres Leben in einer Welt, in der Straßenkindern kein Wert zuerkannt wird.

Basisdaten

Fläche: ca. 300 000 km² (Deutschland: 357 386 km²)
Geografie: Der Archipel besteht aus insgesamt 7641 Inseln, von denen 3144 einen Namen haben und etwa 880 von Menschen bewohnt sind. Die Küstenlänge der Philippinen beträgt 36 289 Kilometer.
Klima: maritimes Tropenklima, v.a. im Südosten ganzjährig humid; Nordost-Monsun (November bis April); Südwest-Monsun (Mai bis Oktober); von Juni bis November sind Taifune vor allem über der Mitte und dem Norden möglich.
Nachbarländer: Indonesien, Malaysia, Vietnam, China, Taiwan
Bevölkerung: ca. 106 Mio., Wachstumsrate ca. 1,55 % (Deutschland: 83 Mio., 0,3 %)
Bevölkerungsdichte: 357 Einw./km² (Deutschland: 231 Einw./km²)
Lebenserwartung: Männer 69 Jahre, Frauen 75 Jahre (Deutschland: Männer 78, Frauen 83)
Zusammensetzung der Bevölkerung: Tagalog 24,4 %, Cebuano 10 %, Ilocano 8,7 %, Bisaya/Binisaya 11,4 %, Hiligaynon Ilonggo 8,4 %, Bikol 6,8 %, Waray 4 %, Andere 26,3 % (Zählung 2013)
Religionszugehörigkeit: ca. 85 % katholische Christen, 2,8 % evangelische Christen, 5 % Muslime
Landessprachen: Englisch, Tagalog
Staatsform: Präsidialsystem, beruhend auf Verfassung von 1987
Parlament: Zwei-Kammer-System: Repräsentantenhaus und Senat, deren 286 bzw. 24 Mitglieder auf gesamtstaatlicher Ebene gewählt werden.
Nationalfeiertag: 12. Juni (Unabhängigkeitstag)
Hauptstadt: Metro Manila, National Capital Region/NCR (ca. 13 Mio. Einw.)
Metropolen: 46,9 % der Bevölkerung lebt in urbanen Regionen. Neben Manila zählen Davao City (1,7 Mio.), Cebu City (956 000) und Zamboanga (894 000) zu den größten Metropolen.
Bruttoinlandsprodukt nominal (2018): 331 Mrd. USD (Deutschland: 3997 Mrd. USD)
Bruttoinlandsprodukt pro Kopf nominal (2018): 3102 USD (Deutschland: 48 196 USD)

Quellen: Auswärtiges Amt, IMF & Statistisches Bundesamt für deutsche Vergleichszahlen, World Bank Data, CIA World Factbook

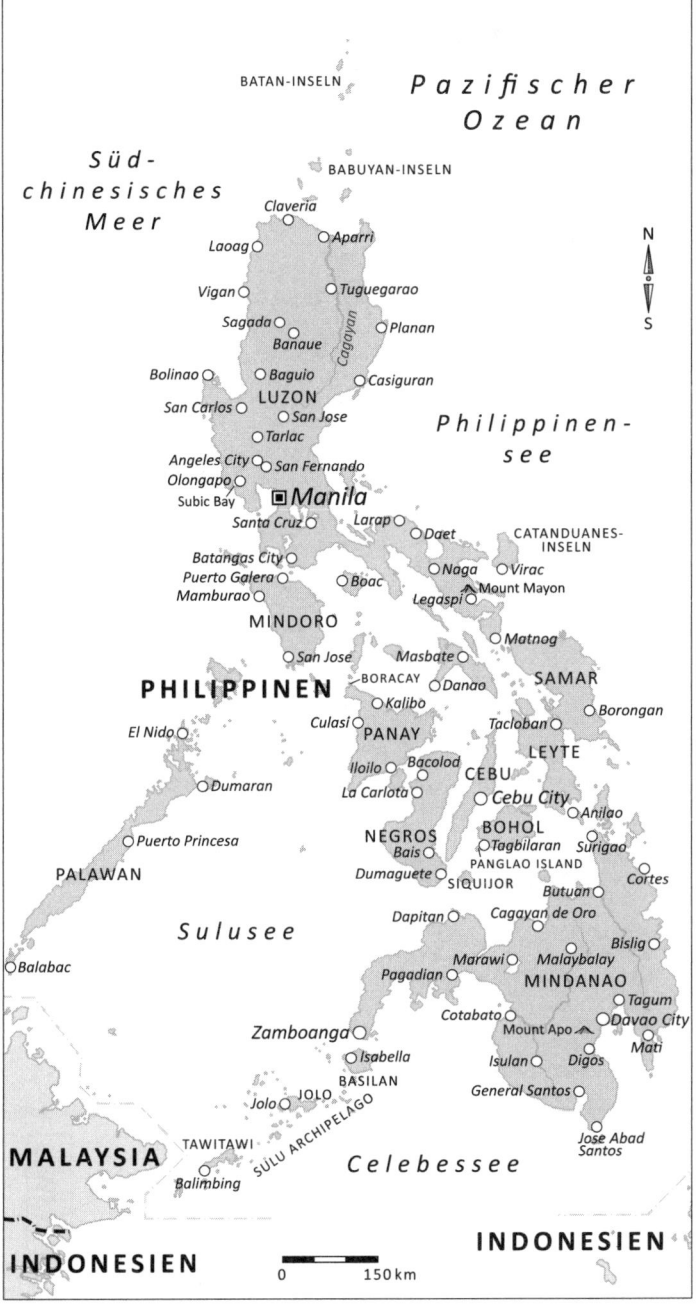

Länderporträts im Ch. Links Verlag
Alle Bände 18,00 € (D); 18,50 € (A)

Christiane Jaenicke
Albanien
ISBN 978-3-96289-043-8

Esther Blank
Australien
ISBN 978-3-86153-784-7

Bernd Müllender
Belgien
ISBN 978-3-86153-969-8

Ute Schürings
Benelux
ISBN 978-3-86153-919-3

Katharina Nickoleit
Bolivien
ISBN 978-3-96289-042-1

Marcus Hernig
China
ISBN 978-3-86153-935-3

Claudia Knauer
Dänemark
ISBN 978-3-86153-824-0

Holger Ehling
England
ISBN 978-3-86153-866-0

Günter Liehr
Frankreich
ISBN 978-3-86153-901-8

Dieter Boden
Georgien
ISBN 978-3-86153-994-0

Bernard Imhasly
Indien
ISBN 978-3-86153-822-6

Christina Schott
Indonesien
ISBN 978-3-86153-823-3

Markus Bäuchle
Irland
ISBN 978-3-86153-741-0

Ruth Kinet
Israel
ISBN 978-3-86153-714-4

Gianluca Falanga
Italien
ISBN 978-3-86153-902-5

Christian Tagsold
Japan
ISBN 978-3-86153-835-6

Ingrid Laurien
Kenia
ISBN 978-3-86153-836-3

Martin Specht
Kolumbien
ISBN 978-3-96289-018-6

Jürgen Neubauer
Mexiko
ISBN 978-3-86153-667-3

Ingrid Kölle
Neuseeland
ISBN 978-3-86153-851-6

Simon Kamm
Portugal
ISBN 978-3-96289-049-0

Rasso Knoller
Schweden
ISBN 978-3-86153-880-6

Martin Dahms
Spanien
ISBN 978-3-96289-048-3

Johannes Dieterich
Südafrika
ISBN 978-3-86153-945-2

Nicola Glass
Thailand
ISBN 978-3-96289-019-3

Hans-Jörg Schmidt
Tschechien
ISBN 978-3-86153-936-0

Ute Mehnert
USA
ISBN 978-3-86153-903-2

Heike Baldauf
Vietnam
ISBN 978-3-86153-881-3

Ralf Leonhard
Zentralamerika
ISBN 978-3-86153-917-9

Thomas Kunze
Zentralasien
ISBN 978-3-86153-995-7

www.laenderportraet.de
www.christoph-links-verlag.de